分り易く図で学ぶ

建築一般構造

第2版

江上外人・林 静雄 著

共立出版株式会社

第2版まえがき

　本書を出版して17年が経過し，これまで数回にわたり版を重ねてきた。この間，建築技術の進歩は著しく，また，1995年兵庫県南部地震による大災害は建築関係者に大きな衝撃を与えた。そして，日本建築学会の各種規準類の見直しが行われ，2000年には新しい建築基準法が施行された。また，1999年には，力や重さの単位をSI単位で表記することが義務付けられた。

　本書は建築一般構造に関する基本を記したものなので，これらの変化に影響を受けないが，細部において現行の基規準と整合しない部分が多くなってきたので，21世紀の始まりに際し，見直すことにした。今回の改訂の主旨は，①最新の基規準に基づくこと，②国際単位SIを使用することの2点だが，SI単位に移行していない基規準も残っている。したがって，部分的に従来単位が残っている。これを含め，今後も最新の情報に基づいて改訂を行っていきたい。

　また，この間，共著者である江上外人先生がお亡くなりになられた。これまでのご指導に感謝申し上げるとともに，ご冥福をお祈り申し上げる。

2001年1月1日

東京工業大学建築物理研究センター教授　　林　　静　雄

旧版まえがき

　建築士試験の科目に示すとおり，建築を勉強する場合に，建築を建築計画・建築構造・建築施工・建築法規および建築設計製図に大別することができる。建築専門家はこれらを一通り学んだうえで，それぞれ専門分野を追求することとなる。したがって，建築を初めて学ぶ者はまず建築全般を知らねばならない。建築全般を知るには，建築の骨組の構造とその仕上げ構造についての各部名称と仕組を知ることが必要である。すなわち，建築一般構造を理解することが必要である。建築構造を表わす方法は図によることになるが，図は平面的に表わされるので，この図から立体がうかばねばならない。それには骨組および仕上げは，どんな材料で，どのように組み立てるか，その材料と施工法がわかって，図面を本当に理解できるのである。

　筆者（江上）は，永年，福井大学で，建築材料と施工を組入れながら建築構造を学生に講義してきた。またそのかたわら，建築士試験が実施されるようになった1950年ごろから，建築士受験のための講習会においても同じ方法で講義を行ってきた。この方法は，初めて建築を学ぶ者には，建築をわかりやすく理解させるのに有効であることがわかった。

　本書では，建築が着工から竣工までの工程に従って，建築材料と施工法を述べながら建築一般構造を図で解説することを唯一の狙いとした。これによれば，従来，建築一般構造・建築材料・建築施工の講義・学習の際に内容が重複する弊害が除かれ，また初めて建築を学ぶ者は理解しやすくなるものと信じている。本書はさらに，各種構造の建築ごとに，工事が始まってから竣工するまでの建築工程に従って，具体的に解説することを試みた。ところがこれはぼう大となるので，紙面の都合により，一般的なものを本文に述べ，さらに研究する場合のために巻末に用語集をまとめ，本書一冊で建築一般構造を理解できるように試みた。

　本書の刊行の動機・内容は上記の通りだが，筆者らは次の読者層を念頭において執筆にあたった。
1. 工業高等学校・工業高等専門学校・短期大学・大学その他関連する各種学校の学生向き教科書（準教科書），参考書として適するように配慮した。
2. 建築士受験のための講習会テキスト・独習書に適するよう配慮した。
3. 建築設計・工事現場に携わる人々に，設計・施工の際に簡便に利用できるよう配慮した。

　以上の通りだが，それぞれの方々が，目的に合った形で本書を活用されるならば，筆者らとしてこれ以上の喜びはない。なお，本書の第1章〜第3章および第9章〜第16章は江上が担当し，第4章〜第8章は林が担当した。大方のご叱正によって，より一層充実したものにしていきたい。

　最後に，本書を書くにあたり，整理・浄書・校正を手伝っていただいた大久保浩実嬢，ならびに本書の重要部分である図表のトレースを書いていただいた宮美代子女史・稲木裕子嬢の方々に厚くお礼申し上げる。また，本書の企画から編集製作に至るまでの間，共立出版（株）の竹内正隆氏・中村康弘氏・小宮山和子女史には，とくにお世話になった。ここに厚くお礼申し上げる。

1984年8月22日

越前荘にて

福井工業大学教授　　江　上　外　人
東京工業大学工業
材料研究所助教授　　林　　静　雄

目　次

第1章　建築物と地盤 …………………………………………………………… *1*
　1.1　建築構造と基礎構造と地盤 ……………………………………………… *1*
　1.2　地盤調査 …………………………………………………………………… *1*
　　　　A．ボーリング　*1*　/　B．標準貫入試験　*2*　/　C．平板載荷試験　*2*
　1.3　土 工 事 …………………………………………………………………… *2*
　　　　A．地ならし　*2*　/　B．なわ張り　*2*　/　C．水盛りやりかた　*3*　/
　　　　D．根切り　*3*　/　E．山止め構　*4*　/　F．埋めもどし　*4*
　1.4　地　　業 …………………………………………………………………… *4*
　　　　A．玉石地業　*5*　/　B．割ぐり地業　*5*　/　C．くい打ち地業　*5*　/
　　　　D．特殊地業　*6*

第2章　基礎構造 ………………………………………………………………… *8*
　2.1　地盤と地業と基礎 ………………………………………………………… *8*
　2.2　基礎構造 …………………………………………………………………… *8*
　　　　A．独立基礎　*8*　/　B．複合基礎　*8*　/　C．布基礎　*8*　/
　　　　D．べた基礎　*8*

第3章　木 構 造 ………………………………………………………………… ***10***
　3.1　木　　材 …………………………………………………………………… *10*
　　　　A．可視的組織　*10*　/　B．木材の含水　*10*　/　C．木材の耐熱性　*11*　/
　　　　D．木材の強度　*11*
　3.2　接 合 部 …………………………………………………………………… *11*
　　　　A．接合部の一般原則　*12*　/　B．継　手　*12*　/　C．仕　口　*14*　/
　　　　D．接合部の補強　*14*
　3.3　軸　　組 …………………………………………………………………… *16*
　　　　A．軸組の構造　*16*　/　B．壁下地の構造　*21*　/　C．その他の軸組　*21*
　3.4　小 屋 組 …………………………………………………………………… *22*
　　　　A．和風小屋組の構造　*22*　/　B．軒先・妻部　*23*　/　C．洋風小屋組　*25*　/
　　　　D．小屋組連結材　*26*
　3.5　床　　組 …………………………………………………………………… *26*
　　　　A．最下階床組　*28*　/　B．二階床組　*30*

3.6 ツーバイフォー構法 ·· 31
　　A．一階床構造　31　／　B．一階外壁　31　　／　C．二階床　31　／
　　D．二階軸組　32　／　E．天井・屋根構造　32　／　F．接合部　32

第4章　鉄筋コンクリート構造 ·· **33**
4.1 鉄筋コンクリート構造とは ·· 33
　　A．はじめに　33　／　B．長所と短所　33　／　C．構造計画上の注意　35
4.2 鉄筋コンクリートの材料 ·· 35
　　A．コンクリート　35　　　／　B．まだ固まらないコンクリート　36　／
　　C．コンクリートの力学的性質　36　／　D．鉄　筋　37　／
　　E．鉄筋の力学的性質　38　　　／　F．鉄筋とコンクリートとの付着　38
4.3 構造設計の進め方 ·· 38
4.4 許容応力度 ·· 40
　　A．コンクリート　40　／　B．鉄　筋　41　／　C．付　着　41
4.5 は　り ·· 42
　　A．概　要　42　　　　　／　B．はり配筋の名称　42　／
　　C．はりの断面算定（許容曲げモーメント）　42　／　D．計算外の規定　43
4.6 柱 ·· 44
　　A．概　要　44　　　　　／　B．柱の配筋　44　／
　　C．断面算定（許容曲げモーメント，許容軸力）　44　／　D．計算外の規定　44
4.7 せん断補強 ·· 45
　　A．概　要　45　／　B．は　り　45　／　C．柱　45　／　D．柱はり接合部　45
　　E．その他　45
4.8 スラブ ·· 46
4.9 耐震壁 ·· 47
4.10 基　礎 ·· 48
4.11 鉄筋コンクリート工事 ·· 49
　　A．かぶり厚　49　／　B．加工精度　50　／　C．定　着　51　／　D．継手　53

第5章　壁式鉄筋コンクリート構造 ·· **55**
5.1 壁式鉄筋コンクリート構造とは ·· 55
5.2 構造の規模，材料の品質 ·· 55
5.3 構造規定 ·· 56
　　A．耐力壁の定義　56　　／　B．壁ばり　57　／
　　C．耐力壁の壁量，配置　57　／　D．基　礎　57　／　E．コンクリート工事　58

第6章 プレストレストコンクリート構造 59
- 6.1 プレストレストコンクリート構造とは 59
- 6.2 材　　料 63
  - A．PC 鋼材　60　/　B．コンクリート　60　/　C．定着装置　61
- 6.3 プレストレッシング 61
  - A．プレストレスの方法　61　/　B．プレストレッシングの注意　62
- 6.4 部材の設計 63
- 6.5 構造細則 63

第7章 鉄骨構造 64
- 7.1 鉄骨構造とは 64
  - A．鉄骨構造の概要　64　/　B．構造形式　64
  - C．鉄骨構造の長所と短所　64
- 7.2 材　　料 66
  - A．鋼材の種類　66　/　B．鋼材の力学的性質　67
- 7.3 接　　合 68
  - A．接合とは　68　/　B．リベット接合　68　/　C．ボルト接合　71　/
  - D．高力ボルト接合　72　/　E．溶　接　72　/　F．併用継手　77
- 7.4 はり・柱の構造 77
- 7.5 継手・仕口 77
- 7.6 部材の設計 78
  - A．許容応力度　78　/　B．引張材　79　/　C．圧縮材　80　/
  - D．は　り　82　/　E．柱　84　/　F．疲　労　84　/
  - G．柱　脚　85
- 7.7 耐火被覆 85

第8章 鉄骨鉄筋コンクリート構造 87
- 8.1 鉄骨鉄筋コンクリート構造とは 87
- 8.2 設計方針 87
- 8.3 はり・柱 88
- 8.4 柱はり接合部 88
- 8.5 その他 89

第9章 組積造 90
- 9.1 組積造とは 90
- 9.2 れんが造 90
  - A．普通れんが　90　/　B．目　地　90　/　C．れんが壁体　91

9.3　石　　　造 ……………………………………………………………………… 93
　　　　A．石　　材　93　/　B．石材の表面仕上　93　/　C．組　積　93

第10章　補強コンクリートブロック造 …………………………………………… 95
10.1　補強コンクリートブロック造とは ……………………………………………… 95
10.2　空洞コンクリートブロック ……………………………………………………… 95
　　　　A．ブロックの品質　95　/　B．ブロックの形状と寸法　96　/
　　　　C．補強ブロック造の規模　97
10.3　構造計画 …………………………………………………………………………… 96
　　　　A．耐力壁　97　/　B．まぐさ　99　/　C．がりょう　99　/
　　　　D．基礎ばり　100
10.4　施　　工 …………………………………………………………………………… 100

第11章　屋　　　根 ………………………………………………………………… 104
11.1　屋根とは …………………………………………………………………………… 104
11.2　屋根の形状 ………………………………………………………………………… 104
　　　　A．切妻屋根　104　/　B．寄せむね屋根　105　/　C．方形屋根　105　/
　　　　D．入もや屋根　105　/　E．ろく屋根　105
11.3　屋根勾配 …………………………………………………………………………… 106
11.4　屋根ぶき材料の選択 ……………………………………………………………… 106
11.5　屋根の構造 ………………………………………………………………………… 107
　　　　A．こけら板ぶき　107　/　B．ひわだぶき　107　/
　　　　C．日本がわらぶき　108　/　D．洋がわらぶき　110　/
　　　　E．セメントがわらぶき　111　/　F．天然スレートぶき　111　/
　　　　G．石綿スレートぶき　112　/　H．金属板ぶき　113　/
　　　　I．採光屋根　116　　　　　　/　J．ろく屋根　117
11.6　雨水排除 …………………………………………………………………………… 118

第12章　階　　　段 ………………………………………………………………… 121
12.1　階段とは …………………………………………………………………………… 121
　　　　A．階段の各部名称　121　/　B．階段設計上の要点　122
12.2　階段の分類 ………………………………………………………………………… 122
12.3　階段の構造 ………………………………………………………………………… 123
　　　　A．さるばしご　123　/　B．側げた階段　124　/　C．箱 階 段　125　/
　　　　D．ささらげた階段　125　/　E．らせん階段　126　/
　　　　F．片持ばり式階段　127　/　G．石造階段（段積階段）　127

目　次　　vii

第13章　天　井 ……………………………………………………………… **129**

13.1　天井とは ………………………………………………………………… 129
　　　A．天井の形状および高さ　*129*　　／　B．設計・施工上の要点　*129*

13.2　天井下地構造および塗り下地構造 ……………………………………… 129
　　　A．天井下地構造　*129*　　／　B．塗り下地構造　*131*

13.3　天井仕上 ………………………………………………………………… 133
　　　A．板張り天井　*133*　　／　B．数寄屋風天井　*134*　　／
　　　C．建築板張り天井　*135*　　／　D．紙・布張り天井　*136*　　／
　　　E．金属板天井　*136*　　／　F．塗り天井　*136*

第14章　壁体仕上 …………………………………………………………… **137**

14.1　壁体と壁仕上 …………………………………………………………… 137

14.2　壁の保護 ………………………………………………………………… 137
　　　A．木材幅木　*137*　／　B．石幅木　*137*　／　C．タイル幅木　*138*

14.3　乾式構造仕上 …………………………………………………………… 139
　　　A．張り下地　*139*　　／　B．下見板張り　*139*　　／　C．羽目板張り　*141*　　／
　　　D．鏡板張り　*141*　　／　E．建築板張り　*142*　　／　F．石綿スレート張り　*143*　　／
　　　G．金属板張り　*143*　　／　H．複合板張り　*145*　　／　I．ＡＬＣ板張り　*146*　　／
　　　J．採光壁　*147*　　／　K．紙・布張り　*147*　　／

14.4　コンクリート打放し …………………………………………………… 149

14.5　湿式構造仕上 …………………………………………………………… 149
　　　A．塗り壁　*149*　　／　B．タイル張り　*150*　　／　C．石張り　*150*

14.6　張り壁 …………………………………………………………………… 151
　　　A．非耐力壁　*151*　　／　B．カーテンウォール　*151*

14.7　木造断熱壁 ……………………………………………………………… 155

第15章　床仕上 ……………………………………………………………… **157**

15.1　床とは …………………………………………………………………… 157

15.2　和たたき・木口敷 ……………………………………………………… 157
　　　A．和たたき　*157*　　／　B．木口敷　*157*

15.3　木製床張り ……………………………………………………………… 157
　　　A．縁甲板張り　***157***　　　　／　B．寄せ木張り　*158*　／
　　　C．フローリングボード張り　*158*　　／　D．フローリングブロック張り　*158*　／
　　　E．コルク張り　*159*　　　　　／　F．その他　*159*

15.4　ゴム・合成樹脂系のタイル張り・シート張り ……………………… 159

15.5　塗り仕上 ………………………………………………………………… 160

A．セメントモルタル塗仕上　160　／　B．人造石塗仕上　160
　15.6　石張り・タイル張り仕上 ……………………………………………………… 160
　　　A．石張り仕上　160　／　B．陶性タイル張り仕上　161
　15.7　特　殊　床 ……………………………………………………………………… 162
　　　A．耐X線床　162　／　B．電導床　162

第16章　開口部・建具 …………………………………………………………… **164**
　16.1　建具とは …………………………………………………………………… 164
　　　A．出入口の大きさ　164　／　B．窓・出入口の採光および換気　164　／
　　　C．建具の開閉方式　165
　16.2　建具わく・額縁 …………………………………………………………… 166
　　　A．木製わく　166　／　B．金属わく　167
　16.3　建具の構造 ………………………………………………………………… 167
　　　A．木製建具　167　　　　　　　／　B．金属性建具　169　／
　　　C．ガラス・プラスチック製建具　169　／　D．特殊建具　169　／
　　　E．窓　建　具　170
　16.4　建具金物 …………………………………………………………………… 171
　　　A．開き戸支持金物　171　／　B．引戸・つり建具支持金物　174　／
　　　C．開閉調整金物　174　　／　D．取手金物　175　／
　　　E．戸締り金物　175
　16.5　ガラスのはめ込み ………………………………………………………… 175
　　　A．建築用ガラス　175　／　B．ガラスのはめ込み　177

建築用語の説明 ………… *179*
参考文献 ……………… *195*
索　　引 …………… *197*

第1章 建築物と地盤

1.1 建築構造と基礎構造と地盤

構造物に作用する力を**荷重**(load)といい,荷重を作用する力の原因からみて,次のように分類できる。

固定荷重(dead load)……建築物の骨組および仕上げ材等の自重
積載荷重(live load)………建築物に載る物品および人間等の自重
その他の荷重………………積雪荷重・風圧力・地震力・土圧・水圧・振動・衝撃等

荷重は方向別に鉛直荷重と水平荷重に分類することができる。一般に,固定荷重,積載荷重,積雪荷重は鉛直であり,風圧力,地震力は水平荷重である。

建築物の各層に作用する荷重は,図1.1のように,床・はり(梁)・壁・柱等を伝わって底部構造である**基礎**に集合し,基礎を介して大地に伝わる。この場合,建築物を支える大地を**地盤**という。したがって基礎構造は,建築構造部分としての強度をもちながら,建築物を地盤上に安全に保つような構造でなければならない。

地盤は地下水の減少とか圧力による空隙の縮小により圧密変形をするので,基礎も沈下する。もし基礎が不同沈下をすると,構造体は予測しない変形を起こして,ついに建築物は破壊に至る。したがって,沈下量の均一化をはかる目的で地盤に加工を加えることも必要である。この地盤改良を**地業**という。

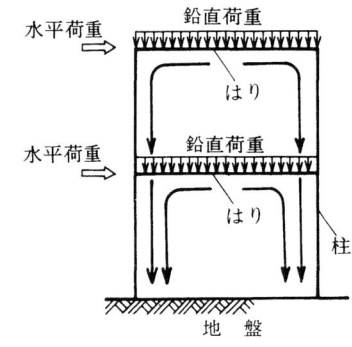

図1.1 荷重の伝達

1.2 地盤調査

地盤の耐力を**地耐力**という。地耐力の大きさ・地質の良否・地層の状態・湧水・水質・地下常水位等は基礎構造の設計・施工に重大な関係がある。これらを調べることを**地盤調査**という。地盤調査の方法には,試験掘り・探査かん(桿)・ボーリング(boring)・標準貫入試験・土質試験・載荷試験(平板載荷試験・くい(杭)載荷試験[1.1])・くい打ち試験[1.2]等がある。

A. ボーリング

ボーリングとは,鋼管を用いて地下を竪に掘り進み,その過程の地質標本を採取し,地層の状態を判断する方法である。ボーリングには,オーガーボーリング(auger boring[1.3]),ウォッシュボーリング(wash boring[1.4]),パーカッションボーリング(percussion boring[1.5]),ロータリーボーリン

グ (rotary boring) 等がある。ロータリーボーリングを図1.2に示す。

B. 標準貫入試験

ボーリングの孔底を利用し，ロッドの先端に取り付けたスプリットスプンサンプラー (split spoon sampler[1.6]) を63.5 kgのおもりで150 mmくらい先打ちし，その後おもりを750 mmの高さから自然落下させて，スプンを300 mm貫入させるのに要した打撃回数をN値という。N値を求める試験方法を**標準貫入試験**という。N値は地層の堅さを示し，N値が大きいほど締まって堅い地層である。

C. 平板載荷試験

平板載荷試験の方法は，まず敷地内の数箇所を選び，図1.3のように基礎を設ける底部まで地下を掘り下げる。その位置で300 mm×300 mm (厚さ25 mm以上)の鉄製の載荷板を据え，それに載荷台を傾かないように載せる。載荷台に砂・砂利・レール等を増加させながら載せて，そのつど載荷板の沈下を測定し，その位置の地耐力を求める。

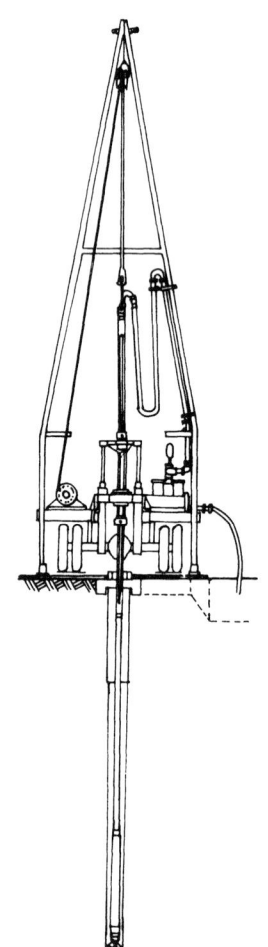

図1.2 ロータリーボーリング

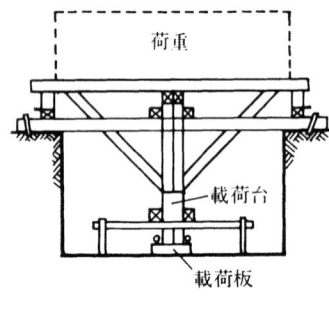

図1.3 平板載荷試験装置

1.3. 土 工 事

建築物を設計図の通り敷地の地盤に構築するには，基礎を築造することからはじめるが，その基礎とか地下室の構築に先立ち，敷地の**地ならし(均し)・根切り**の工事を行う。基礎の構築がおわったら，地盤面まで土砂を埋めもど(戻)す。この地ならし・根切り・埋めもどし等の工事を**土工事**という。このとき，地ならし終了後に，**なわ(縄)張り・水盛りやりかた(遣形)**という仮設工事をおえてから根切りを行う。

A. 地 な ら し

設計管理者は，敷地の地盤面(グランドプレイン: ground plane)を道路の中心の高さを基準にして指定する。凸部の土砂をすき(鋤)取り，また凹部を埋め立て，敷地の高低をこの地盤面にならすことを**地ならし**という。この際，衛生上有害な物とか施工に支障のある物を取り除く。

B. な わ 張 り

建築物の平面図を，配置図に従って敷地内に図1.4に示す通り実際に作って確かめることを**なわ張り**という。敷地の現況に

1.3 土工事

より，多少の変更も同時に行う。なわ張りの方法は，小さなくい(**地ぐい**)となわ(**切りなわ**または**地なわ**)とで実大の平面図を作る。

C．水盛りやりかた

構築する建築の水平および垂直な位置を定める基準となる仮設物を**やりかた**といい，**平やりかた・すみ(隅)やりかた・たて(竪)やりかた**[1,7]等がある。これらを，なわ張りに従って図1.5のように設ける。

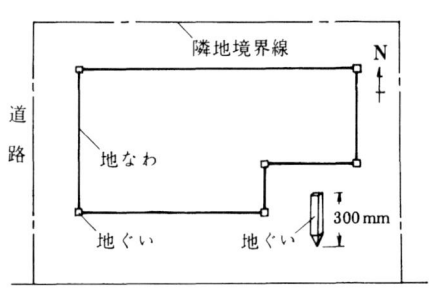

図1.4 なわ張り

やりかたの構造は図1.6のように，**水ぐい**に上面平滑にした**水ぬき(貫)**をくぎ(釘)打ちしてある。すべてのやりかたの水ぬきを同一水平面にそろえるための印を付ける作業を，**水盛**という。このとき，付近にある移動しない物に**基標**(ベンチマーク:bench mark)を印しておき，工事中にやりかたが移動したとき，やりかたを補正するための基標とする。

水ぬきには，壁心・壁幅・基礎幅等を印しておき，やりかた間に**水糸**を張って，壁心とかそれぞれの幅を定めるとともに，各部の高さを定める。

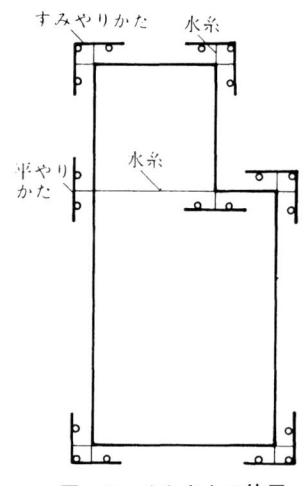

図1.5 やりかたの位置

D．根切り

基礎または地下室等を構築するため，所定の位置まで土砂を掘り下げることを**根切り**という。このとき土砂が崩壊することを**山がくる**といい，これを防ぐ構造を**山止め構**という。

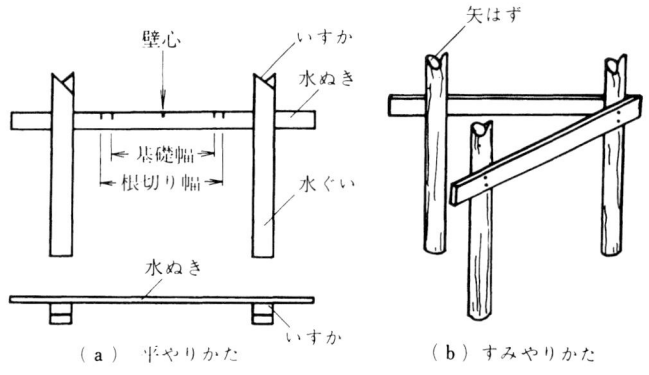

(a) 平やりかた (b) すみやりかた

図1.6 やりかたの構造

基礎構造の種類に応じて，図1.7のように分かれる。

(1) **つぼ(壷)掘り**　独立柱の独立基礎とか床づか(束)下の**つか石**等の根切りは，角または円形に掘り下げる。このように点状に掘り下げることを**つぼ掘り**という。

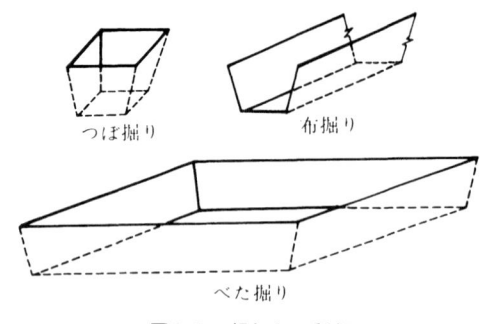

図1.7　根切りの種類

(2) 布掘り　細長い**布基礎**とか，**地中ばり**等の根切りは，それらに添って細長く掘り下げる。このように棒状に掘り下げることを**布掘り**という。

(3) 総掘り（べた掘り）　地耐力が小さいために建物底部を舟底のようにする構法の**べた基礎**とか地下室のある建築物では，建物全体の底部を掘り下げる。このように，面状に掘り下げることを**総掘り**という。

E．山止め構

根切りの際に土砂の崩壊を防ぐための山止め構であり，根切りが浅い小規模のときは図1.8のように，木製**矢板**を**腹起し**で支え，腹起しを**切張り**で支える構法とする。

地下室のある大規模な建築物で深く掘り下げるときとか，土圧が大きい場合の根切りでは，図1.9

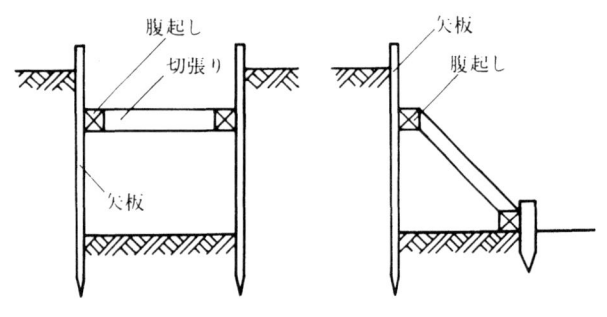

図1.8　山止め構

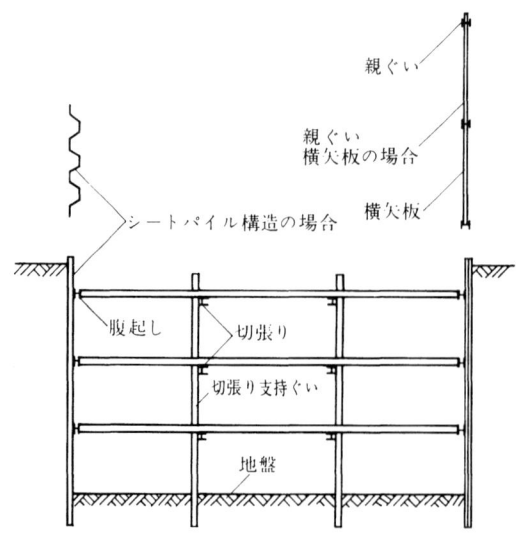

図1.9　鋼製切張り使用の大規模山止め構

のような山止めの構法を採用する。この山止め構を**支保工**という。すなわち**鋼製矢板**（シートパイル：sheet pile）を打込み，これを鋼製の腹起し・切張り・**方づえ（杖）**・支持ぐい等で構成する。

F．埋めもどし

地下の工事がおわったら，設計地盤面の高さまで土砂を埋めもどすことを**埋めもどし**という。

1.4　地　業

岩盤や洪積層にある圧密された砂利層とか粘土層等に基礎構造を据えるのが好まし

いが，経済上からも，すべての建築物にそれを実施できない。それに準じる方法として，地盤改良としての**地業**を行う。

地業は，地盤および建築物の用途・規模に応じて，突固め[1.8]・砂地業[1.9]・砂利地業[1.10]・玉石地業・割ぐり(栗)地業・ローソク地業[1.11]・いかだ(筏)地業[1.12]・砂ぐい工法(sand pile method)[1.13]・バイブロフローテーション工法(vibro-floatation method)[1.14]・セメント注入法(cement grout method)[1.15]・くい打ち地業・特殊地業[1.16]等がある。

A．玉石地業

簡単な建築物に利用され，図1.10のように柱下・床づか下・土台下等に**玉石**を据え，その底面積

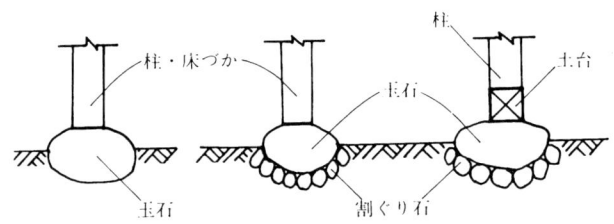

図1.10 玉石地業

を広げて，直下の地耐力で支える地業である。ときには**割ぐり地業**と併用することもある。

B．割ぐり地業

図1.11のように，根切り底に長径20cmくらいの硬石の**割石(割ぐり石)** を立てて(こば(小端)立てに)敷込み，割ぐり石の約1/3量の砂利(**目つぶし(潰し)砂利**)を加える。その上部から突固めて，耐力が大きい均一な地盤に改良する。

C．くい打ち地業

地耐力のみでは安全に建築物を支持することができない場合は，くいの耐力で建築物を支持する。図1.12のように，くいには**支持ぐい**(bearing pile)と**摩擦ぐい**(friction pile)とがある。

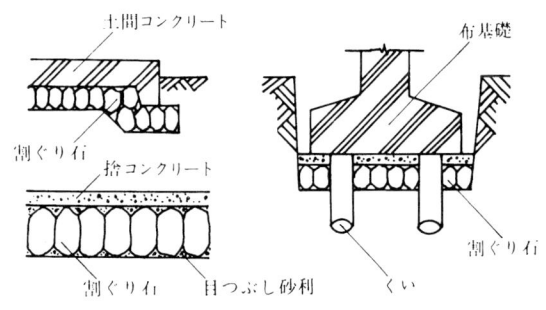

図1.11 割ぐり地業

(1) 支持ぐい　軟かい地盤の下部に堅い地層があるとき，その層に達するようにくいを打込み，くいの先端で支持するくいを支持ぐいという。

(2) 摩擦ぐい　軟かい地盤が深いとき，所定の長さのくいを打込み，くいの周囲に作用する土との摩擦抵抗によって支持するくいを摩擦ぐいという。

このように両者は支持機構が違うので，両者を混用するのはよくない。

くいの材料によって分類すると，次のようになる。

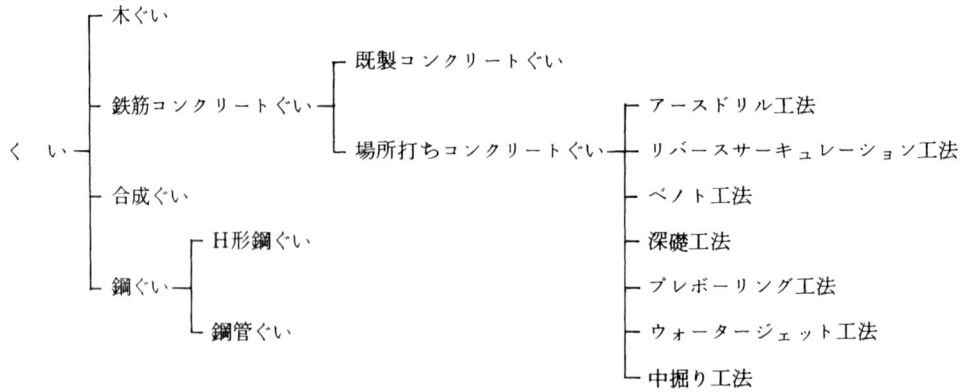

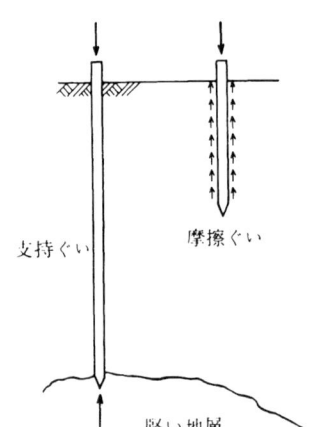

図1.12 摩擦ぐいと支持ぐい

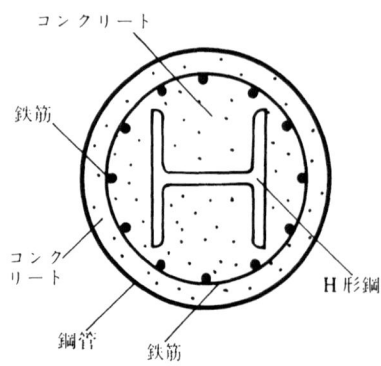

図1.13 鋼ぐい（H形鋼およびRC充てん）

(1) **木ぐい** 木ぐいには，主として松の生材の外皮を取り除いたものを使用する。くいの腐食を防ぐため，くいを地下常水位以下に打込む。

(2) **既製コンクリートぐい** 工場で製造する鉄筋コンクリートぐいで，4角，6角，8角，円，中空，その他の断面のものがある。工場製品なので，高強度のコンクリートを使用することができる。遠心力を用いて成形され，中空円筒形断面を持ち，プレストレスを導入してある，高強度プレストレスコンクリートくい（PHCくい）が一般的である。

(3) **鋼ぐい** 材料強度が大きく，支持層へ深く貫入できて支持力が大きい。継手は現場溶接により完全に施工できるので，長尺ぐいが得られる。地中であるので，腐食に注意しなければならない。

鋼管の内部に，図1.13のようにH形鋼および鉄筋コンクリートを充てん(填)すると，さらに大きな耐力の支持ぐいとなる。

D. 特殊地業

高層建築や重量の大きい建築物を支持する硬質地盤が非常に深い場合に**深礎工法**を応用するが，湧水量がきわめて多くて土砂の流入が激しいため掘削が困難な場合は，図1.14に示した**ニューマティックケーソン**(pneumatic caisson)**工法**とする。建物全体にケーソンを応用したものを，**潜かん(函)工法**(図1.15)という。

1.4 地業　　　　　　　　　　　　　　　　　　　　　　　　　　　　7

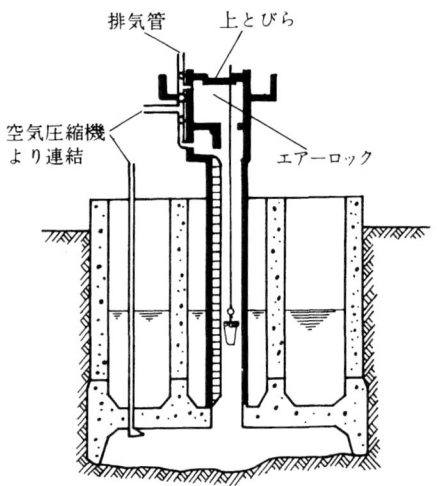

図1.14　ニューマティックケーソン

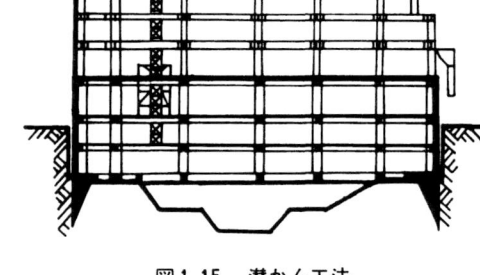

図1.15　潜かん工法

第2章 基礎構造

2.1 地盤と地業と基礎

堅い地盤では直接コンクリート基礎を据えるが，やや軟弱な地盤では割ぐり地業の上に基礎を据え，きわめて軟弱な地盤では，くい打ち地業または特殊地業の上に基礎を据える。

2.2 基礎構造

基礎には，無筋コンクリート基礎と鉄筋コンクリート基礎がある。軽微な建築物とか，建築物の一部の基礎に無筋コンクリート基礎を使用することがある。

基礎の構造は，点状の基礎と棒状の基礎および面状の基礎に分けることができる。

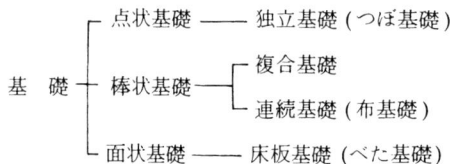

A. 独立基礎

地耐力が大きい場合か軽微な建築物の場合には，柱の直下につぼ掘りして地業を施し，その上に**独立基礎**を設ける。独立基礎は，基礎の不同沈下を起こしやすく，とくに地震時には別々に上下動等を起こしやすいので，**図 2.1，2.2** のように，**基礎つなぎ（繋ぎ）ばり**を設ける。

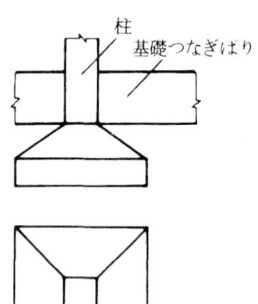

図2.1 独立基礎

B. 複合基礎

独立基礎の不同沈下を軽減する目的で，図 2.3 のように隣り合う2つの独立基礎を一体とするものを**複合基礎**という。これは，柱間隔が狭い場合とか，すみ柱を敷地の境いっぱいに設ける場合に，しばしば利用される。

C. 布基礎

布基礎は，独立基礎を図 2.4 のように帯状に連結した状態の基礎で，柱の不同沈下を防ぐのに有効であり，建築物を支える耐力を大きくできる。

D. べた基礎

べた基礎は，建築物の重量がとくに大きいとき，または，地耐力がきわめて小さいときに設ける基礎である。図 2.5 のように基礎の底面を建築物の建築面積一面に広げて床板とし建物全底面で建物を支える構造のもので，屋根板の構造に類似している。深いべた

2.2 基礎構造

掘りのとき，地中に埋もれる建築の部分の重量より根切り土の重量が重い場合は，とくに有利である。

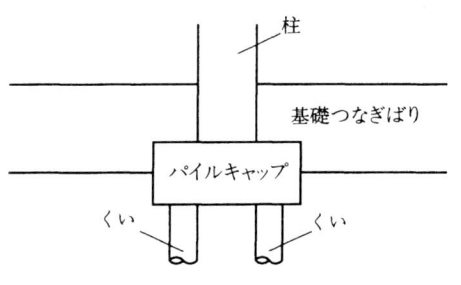
図 2.2 くいに支持された独立基礎

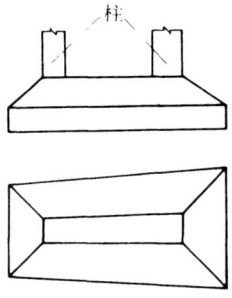
図 2.3 複合基礎

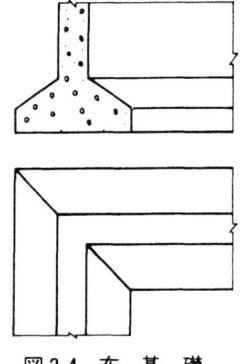

図 2.4 布 基 礎

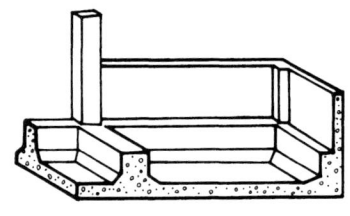
図 2.5 べた基礎

第3章

木構造
wooden construction

3.1 木材
A. 可視的組織

(1) 年輪　　樹幹に直角な断面を**木口面(木口)**といい，樹幹の各部名称を図3.1に示す。

春から夏にかけて形成された軟弱な部分を**春材**，夏以後に形成された強硬な部分を**秋材**という。これらが，中心部の髄を中心とした同心円状になっていて，これを**年輪**という。

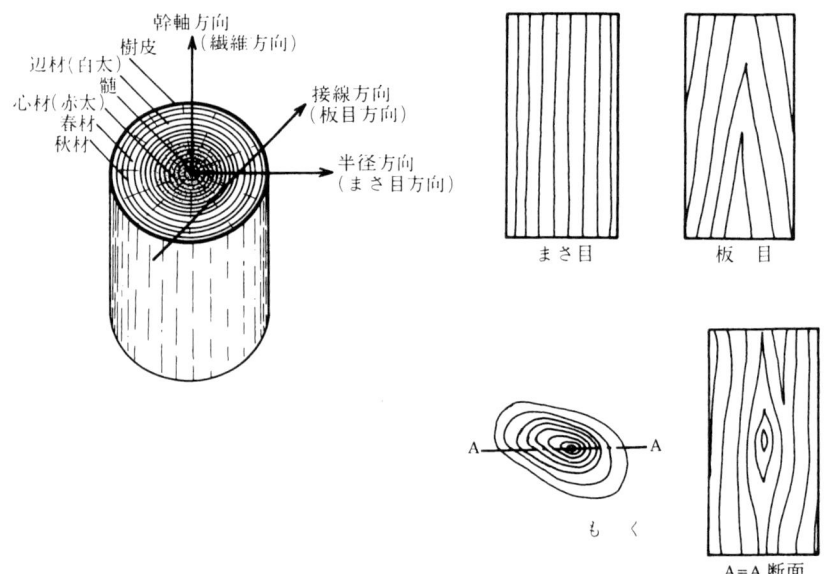

図3.1　樹幹の各部名称

(2) 辺材と心材　　樹幹の外周部は淡色で，この部分を**辺材(白太)**といい，中央部は着色して暗色で，この部分を**心材(赤太)**という。辺材は心材に比べて腐りやすく，強度も低い。また，比重は辺材のほうが大きいが，乾燥すると，両者の比重はほぼ等しくなる。

(3) 木表・木裏　　図3.2に示す点線のように切り取った木材で，樹皮側の面を**木表**，髄心側の面を**木裏**という。

(4) 木理およびもく(杢)目　　図3.1のように，樹幹方向断面にあらわれる繊維の配列状態を**木理(木目)**といい，髄心を通り半径方向断面にあらわれる**まさ(柾)目**と，接線方向断面にあらわれる**板目**とがある。とくに美しい模様の木目を**もく**という。

B. 木材の含水

(1) 繊維飽和点(fibre saturation point)　　木材を飽和水蒸気中に放置しておくと，細胞膜の含

水が限度に達する。このときの含水率を**繊維飽和点**といい，約25〜35％である。これ以上含水させる目的で木材を水中に浸すと，細胞内腔および細胞間隙等に含水するため，伸縮の変動がなくなる。これを図3.3に示す。

(2) **木材の伸縮** 図3.3のように，木材の含水率が繊維飽和点以下では，含水率と伸縮はほぼ直線的関係であるが，繊維飽和点以上では伸縮はない。

辺材は心材より伸縮が大きいので狂いやすい。また方向性があり，(接線方向の伸縮)：(半径方向の伸縮)：(樹幹方向の伸縮) ＝ 10：5：1〜0.5 とみなせるので，製材した木材の断面は図3.2のように収縮・変形する。

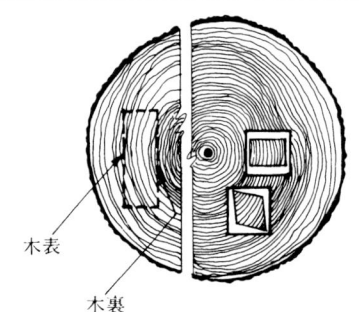

図3.2 木表・木裏および乾燥による木材の変形

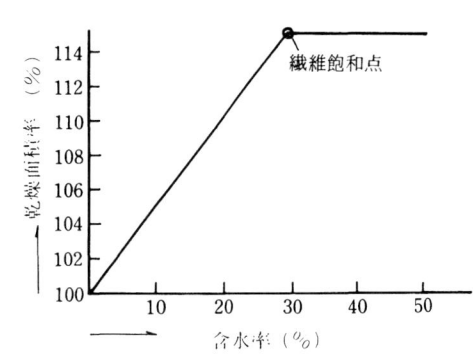

図3.3 木材の含水率と伸縮

C．木材の耐熱性

木材を加熱すると約200℃で分解が進行してガスを発生し，約250℃になると口火で着火する。これを木材の着火点という。450℃になると口火なしで発火する。これを木材の発火点という。

D．木材の強度

含水率が繊維飽和点以上では強度は一定であるが，繊維飽和点以下では，含水率が減少すれば強度は増大する。ただし，じん(靱)性は減少する。

木材の強度は，加力方向と繊維方向との関係によってはなはだしい相違がある。圧縮・引張りに対しては繊維方向に加力した場合がきわめて強い。繊維方向に直角に加力した場合は，加力方向が年輪に平行な場合，直角な場合いずれの場合ともきわめて弱い。

3.2 接合部

同性質の木材を長手方向に継ぎ合せて1本にするときの継ぎ合せ部(またはその継ぎ合せ方)を**継手**(joint)といい，一部材(母材という)に他の部材を角度をつけて組合せるときの組合せ部(またはその組合せ方)を**仕口**(connection)という。継手および仕口を総称して接合部(または接合法)という。接合部には，構造材の接合法と化粧材の接合法がある。接合部において母材相互を結合する方法には，次の構法がある。

(ⅰ) 母材を欠き合せる。
(ⅱ) **木せん(栓)**，くぎ，ボルト等で接合する。
(ⅲ) 接着剤で接合する。

A. 接合部の一般原則

構造材の接合部は強度が，化粧材は美観が問題なので，それぞれについて，次のことが重要である。

(1) 構造材の接合部

　(i) 応力の小さい場所に設ける。

　(ii) 引張応力・圧縮応力・せん(剪)断応力等それぞれの応力に応じて接合部を選ぶ。曲げモーメントを受ける場所には接合部は不向きである。

　(iii) 簡単な手法で，なるべく母材を傷めずゆるみが生じにくい構法とする。

　(iv) 補強金物その他の補強材を使用する。

(2) 化粧材の接合部

　(i) 見える面(**見え掛り**)を永続的に美しくする。

　(ii) 乾燥材を使用して，接合部がすくのを防ぐ。

B. 継手

(1) 化粧丸太の継手　木材の丸太で，樹幹の上部の木口を**末口**，下方の木口を**元口**という。継手には，**図3.4**のような3つの方法がある。

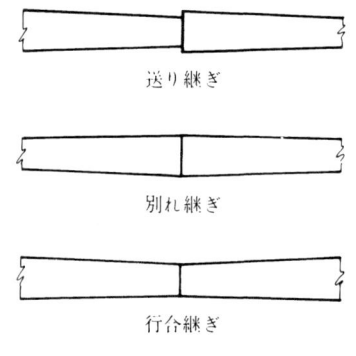

送り継ぎ……元口と末口を順に継ぐ方法

別れ継ぎ……元口と元口を継ぐ方法

行合継ぎ……末口と末口を継ぐ方法

図3.4　化粧丸太の継手

(2) 母材の継ぎ方ならびに継手の形状による名称　母材の継ぎ方には**図3.5**に示す構法があり，それぞれの構法を**表3.1**で簡単に説明する。継手の形状による継手の名称を**図3.6**に示し，それらを**表3.1**に記入する。

　a. 腰掛あり継ぎ　大引き・土台・胴差し・けた(桁)・もや(母屋)等の継手に使用される簡単なもので，せ

表3.1　木材の継手

母材の継ぎ方による名称	継手の形状による名称	母材の継ぎ方の説明
突付け継ぎ		母材と母材を突合せる
重ね継ぎ	そ(殺)ぎ継ぎ[3.1]	2個の母材を重ねる
はめ(嵌)継ぎ	金輪継ぎ[3.2]，しりばさみ(尻挟)継ぎ[3.3]，おっかけ(追掛)大せん(栓)継ぎ，台持継ぎ，いすか(鵤)継ぎ[3.4]	2個の母材の木口をはめ込むように刻む
添え板継ぎ		継手の側面に木または鋼材の添え板を当てる
かみ(嚙)合せ継ぎ	腰掛あり(蟻)継ぎ，腰掛かま(鎌)継ぎ，しゃち(車知)継ぎ(さお(竿)継ぎ)[3.5]	2個の母材を材軸に直角方向にすべらせてかみ合せる
重ね合せ継ぎ		数枚の母材を重ね合せる

3.2 接合部

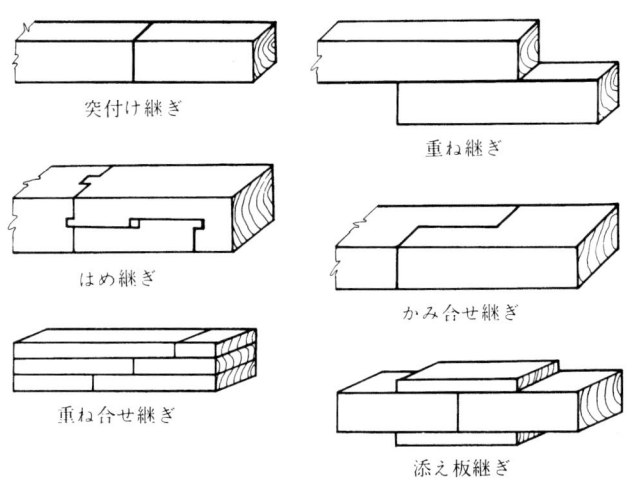

突付け継ぎ
重ね継ぎ
はめ継ぎ
かみ合せ継ぎ
重ね合せ継ぎ
添え板継ぎ

図 3.5 母材の継ぎ方

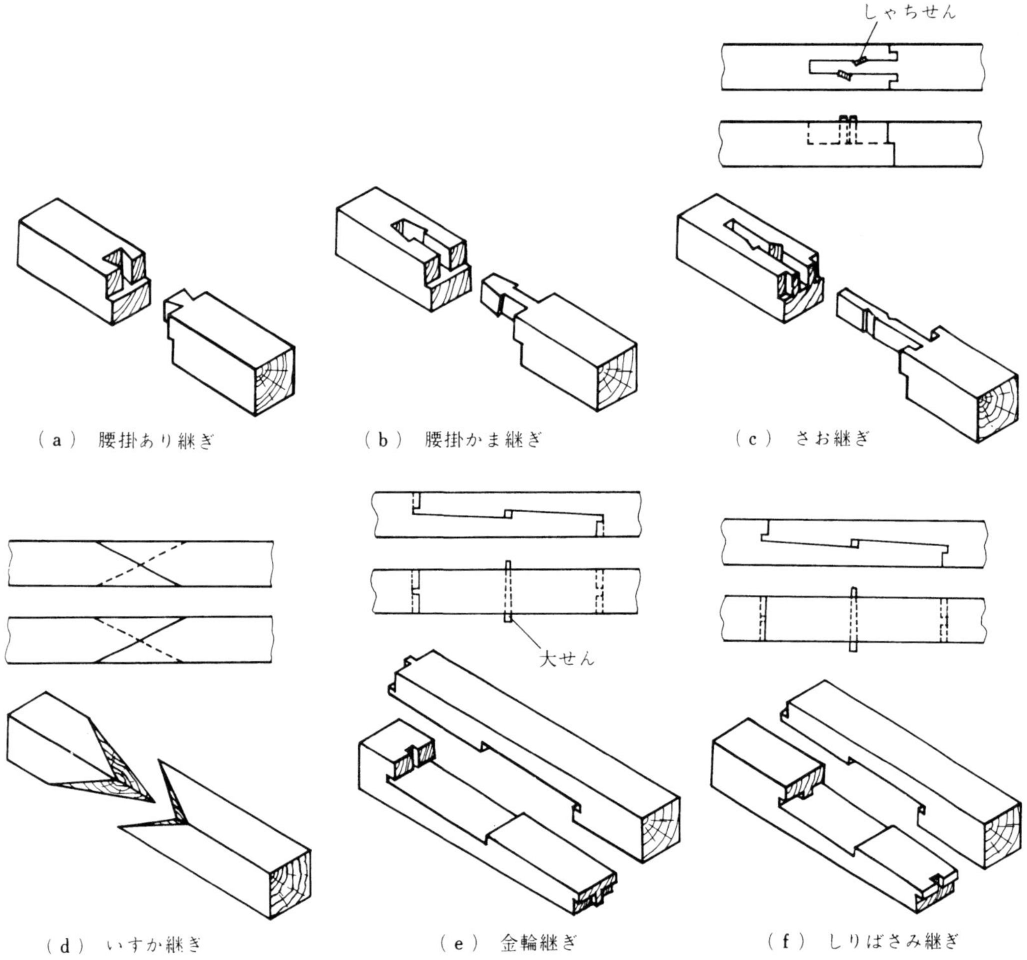

（a） 腰掛あり継ぎ　　（b） 腰掛かま継ぎ　　（c） さお継ぎ

しゃちせん

大せん

（d） いすか継ぎ　　（e） 金輪継ぎ　　（f） しりばさみ継ぎ

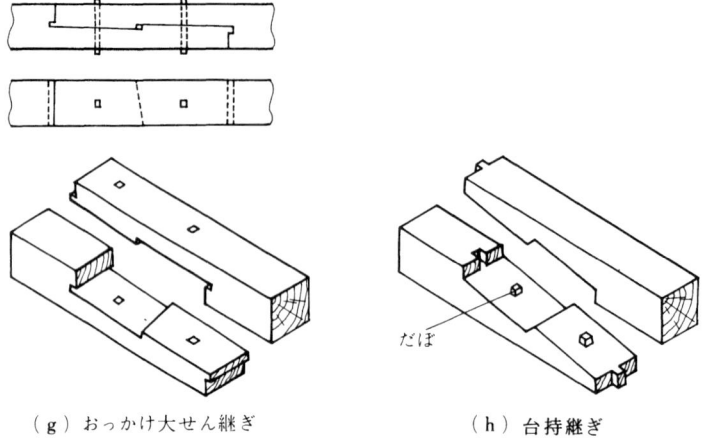

(g) おっかけ大せん継ぎ　　　(h) 台持継ぎ

図 3.6 継手の形状

ん断力および引張力に耐える継手であり，下部に目違いを入れることもある。

b．腰掛かま継ぎ　土台・けた・もや等の継手に使用され，腰掛あり継ぎより上等なもので，せん断力および引張力に耐える継手であるが，引張強度はあり継ぎより低い。下部に目違いを入れることもある。

c．おっかけ大せん継ぎ　土台・胴差し・けた・もや等の継手に使用され，腰掛かま継ぎよりさらに上等なもので，引張力・せん断力および曲げモーメントにも耐える。継手の長さは**せい(成)**(高さをいう)の 3〜3.5 倍とし，せいの 1/6〜1/7 の**大せん** 2 本を打込んで，がたが生じないようにする。

d．台持継ぎ　小屋ばり・敷げた等の継手に使用され，2 個の**だほ(太枘)**またはボルトを利用してはめ込み，継手の下には柱またはけたがあり，継手を支えている。この継手は，引張力および多少の曲げモーメントに耐える。

C．仕　　口

母材の組方から仕口を分類すれば，組合せて構造的に緊結する**組立仕口**と，横架材を互いに交差させる**渡し掛仕口**がある。また継手の中で，単に差込む継手を**長継仕口**ともいう。仕口の形状により**表 3.2**[3.6]に示す仕口の名称があり，これらを図 3.7 に示す。

D．接合部の補強

木材は，乾燥による収縮やもろさのために接合部の剛性・強度が低下するので，硬木とか金物を使用して接合部を補強する。

(1) 堅木を使用する補強法　かし(樫)・けやき(欅)等の堅木を接合部に打込んで，そのせん断耐力によって部材間のずれを防ぐもので，これには，継手を固める**大せん・しゃちせん・だほ**，および仕口を固める**込せん・端せん**等がある(図 3.6，3.7)。また仕口がゆるむのを防ぐ目的で，両材間に打込む三角形の**くさび(楔)** (飼いくさび・割くさび・地獄くさび等)がある。

(2) 金物を使用する補強法　金物を使用すれば，部材の断面欠除が少なくて，強固な接合部が得られる。金物には，鉄物(**短ざく(冊)金物・箱金物**等)，ボルト(bolt)[3.7] (せんボルト・引張ボルト・埋込みボルト・羽子板ボルト等)，かすがい(鎹)[3.8] (平かすがい・手違いかすがい・目かすがい等)，

3.2 接合部

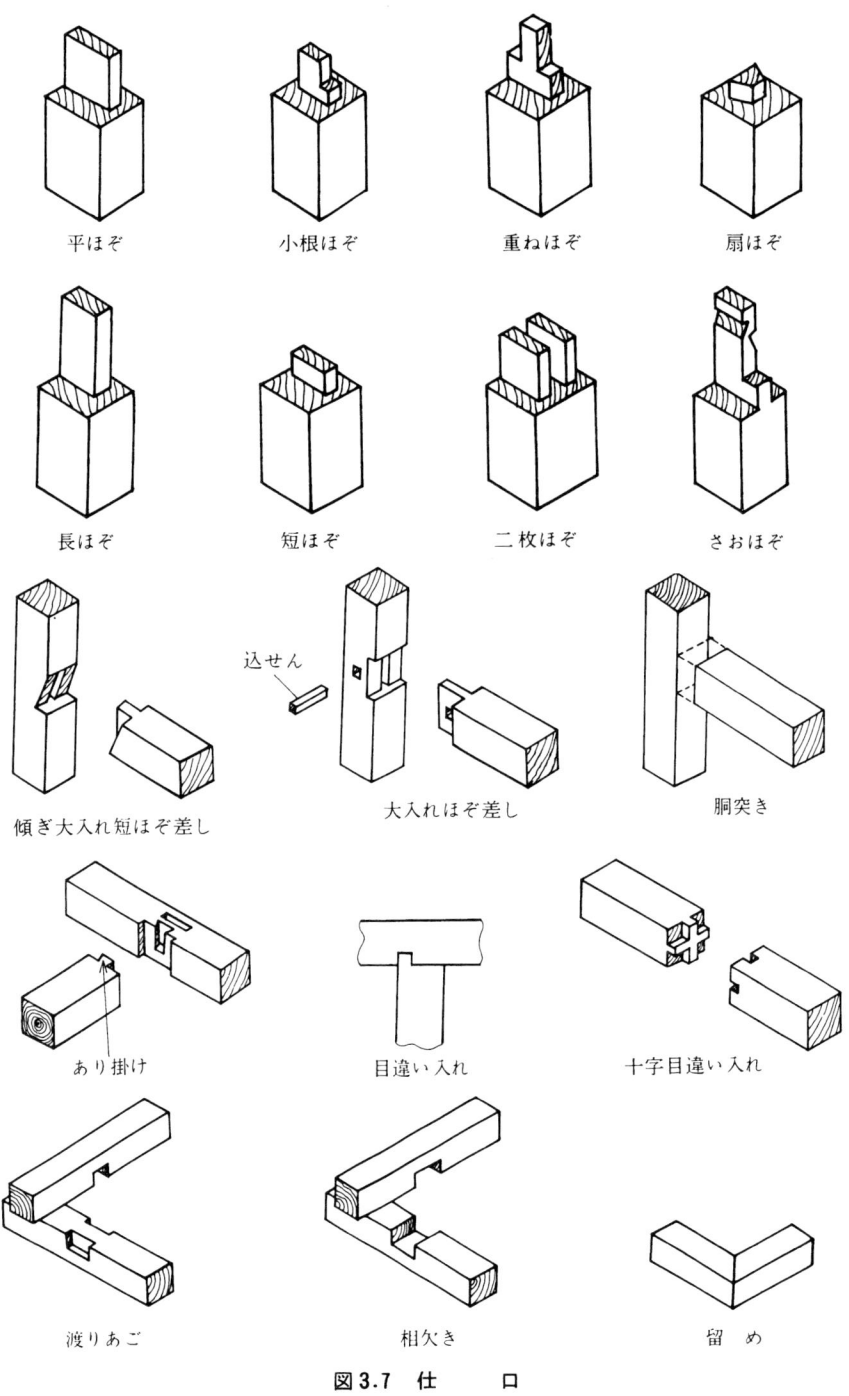

図3.7 仕 口

くぎ(くぎ・さか(逆)目くぎ・木ねじ等), ジベル(dowel)(輪形ジベル・つめ形ジベル・ジベルびょう(鋲)・かみ合せジベル等)などがあり, これらを図3.8に示す。

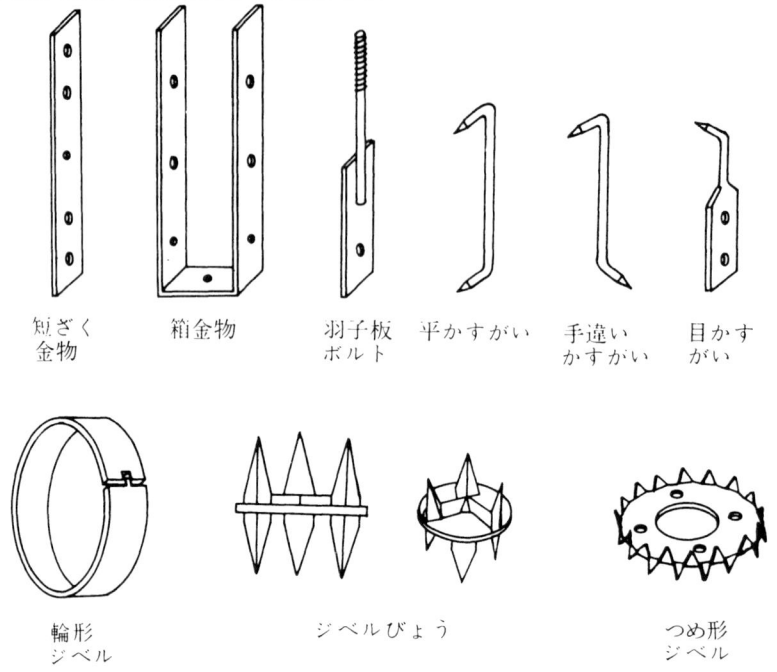

図3.8 補強金物

3.3 軸　　組
A. 軸組の構造

　建物を鉛直に区画する建物の部分を**壁体**といい，その構造部(骨組)を**軸組**という。軸組は，その上階の床および屋根を支えてこれを基礎に伝える構造体であり，地震力および風圧力に対して，建物を支える構造体でもある。軸組の構造は一般に架構式で，**土台・柱・胴差し・けた・筋かい(違)**等で構成される。

　わが国独自に発達した和風構造の壁体を**真壁**(しんかべ)といい，その軸組を**真壁軸組**とよぶ。図**3.9**のように土台・柱・胴差し・けた等は，壁体面にあらわれる化粧材でもある。真壁下地の力骨として**通しぬき**を取り付ける。

　明治初期にわが国に入った洋風構造の壁体を**大壁**といい，その軸組を**大壁軸組**とよぶ。図3.10のように土台・柱・胴差し・けた・筋かい等は，壁体仕上げ材に包まれて，表面にあらわれない材(**野物**(のもの)という)である。大壁下地を支える材は**間柱**(まばしら)であり，間柱を支えるために開口部には**窓台・まぐさ(楣)**を取り付ける。

　大壁構造では，間柱・筋かいは柱と同じ見込み寸法とするが，真壁構造では，間柱・筋かいの見込み寸法は，柱の見込み寸法のほぼ1/2とし，また窓台・まぐさを使用しない。したがって，地震力・風圧力に対しては，大壁構造の壁体が真壁構造の壁体に比べて優れている。

　つぎに軸組の各部材について簡単に説明し，それらの樹種・継手および仕口を**表3.3**[3.9]に示す。

　(1)　土　台　　**土台**は，柱の根本(柱脚という)を結合して建物を固めるとともに，柱から伝わる

3.3 軸　　　組

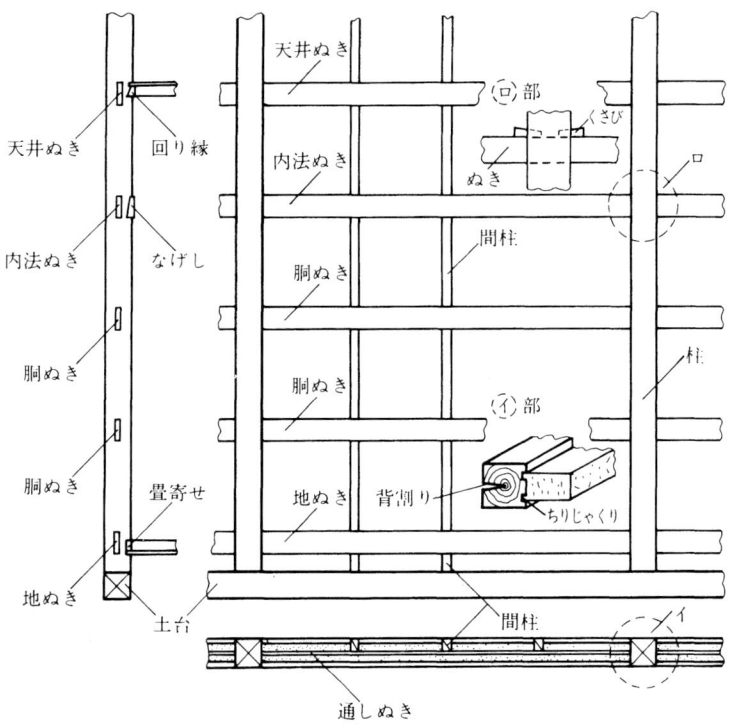

図 3.9　真壁軸組

力を広く基礎に分布させるための**横架材**である。約 2.7 m 間隔で基礎に設けた径 13 mm 以上のアンカーボルトで基礎に締付けて，地震時に土台と基礎がずれるのを防ぐ。

　木材は，繊維に直角方向の圧縮力に弱いので，土台は柱脚部で圧縮変形が大きくなり，柱の不同沈下が生じる原因となる。また，布基礎と土台との間は通気が悪いため，土台は腐食しやすく，蟻害を受けやすい。これらを防ぐために，圧縮強度が大きくて腐りにくい樹種を使用し，さらに防腐剤を塗布する。土台には，外壁軸組の**側土台**，間仕切り軸組の**間仕切り土台**，および土台間の交差点の角度の変化を防ぐための**火打土台**等がある。

　土台・仕口の主なものを図 3.11 に示す。

　和風構造で，土台を設けない場合は，柱脚を結合する横架材（**足固め**）を床面に設け，**根太掛け・大引掛け**を兼ねる。

　(2)　柱　　屋根荷重・床荷重・その他の外力を支え，これを土台に伝える構造材であるので，なるべく数多く，均等に配置する。一般に，1.8 m (1 間) 間隔を単位とする。

　1 つの階のみの柱を**管柱**（くだばしら）という。1,2 階が通って 1 本となって，軸組の上下階部を一体に組固める柱を**通し柱**といい，建物の重要なすみ柱および軸組の主要な交差部の柱に用いる。

　真壁構造の柱は化粧材となるので，杉・ひのき (檜)・けやき等の節のない美しい**心去り材**（**心去り柱**という）または**心持ち材**（**心持ち柱**という）を使用する。心持ち柱では，図 3.9 のように，**背割り**をして柱の表面の割れを防ぎ，また真壁が接する柱の面には，**ちりじゃくり**（**散り決り**）をして，

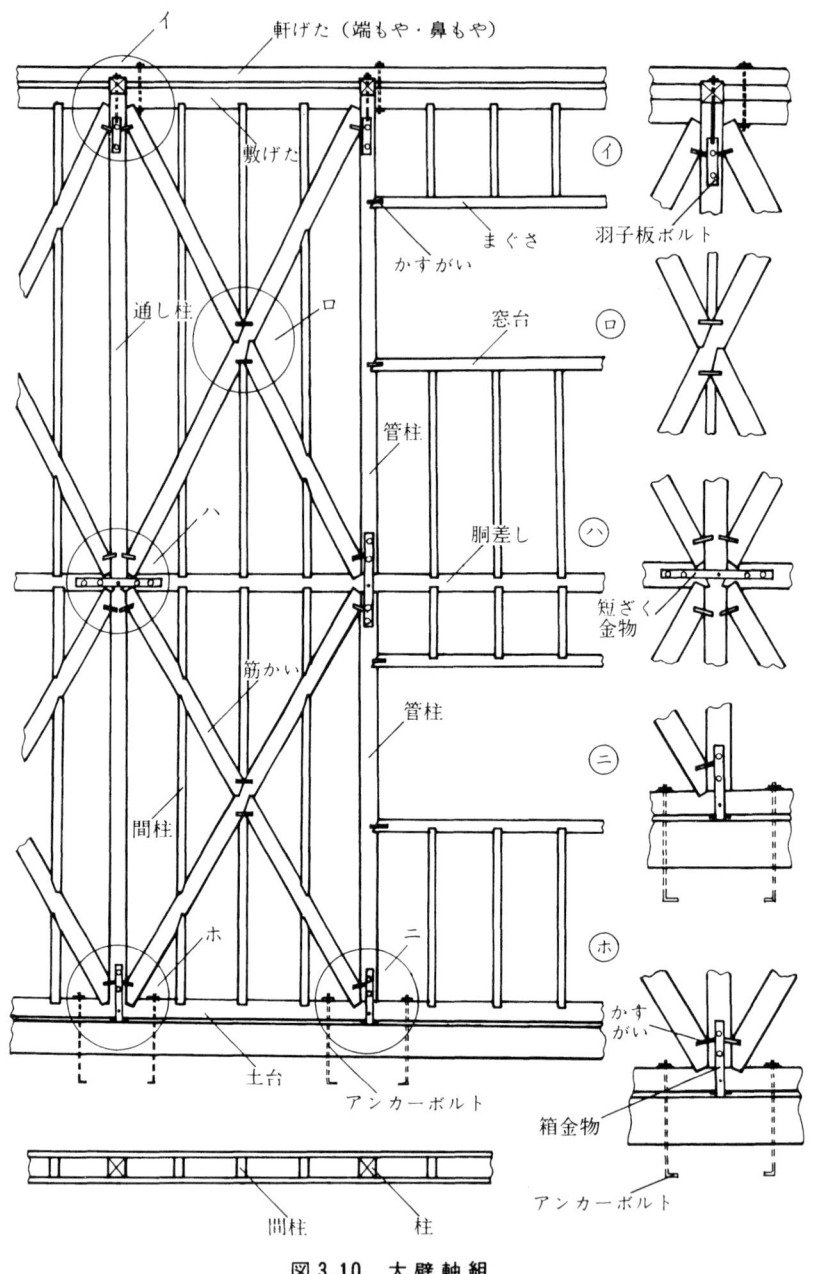

図 3.10 大壁軸組

壁と柱とがすくのを防ぐ。

柱は細長い圧縮材であり，座屈[4.8)]により耐力が低下するので，断面の 1/3 以上欠き込むときは，添え物をして補強する。柱と胴差し・はりと仕口の例を図 3.12 に示す。

(3) **胴差し** 上下階境の床ばりの位置で通し柱間に設けて，柱の連結・はり受け・間柱受けとなる横架材を**胴差し**といい，強度の大きい樹種を使用する。とくにスパンの大きい柱間で **2 階床ばり**を受けるときはせいを大きくするか，**添え胴差し**を設けて胴差しとボルト締めとする (図 3.13)。

3.3 軸組

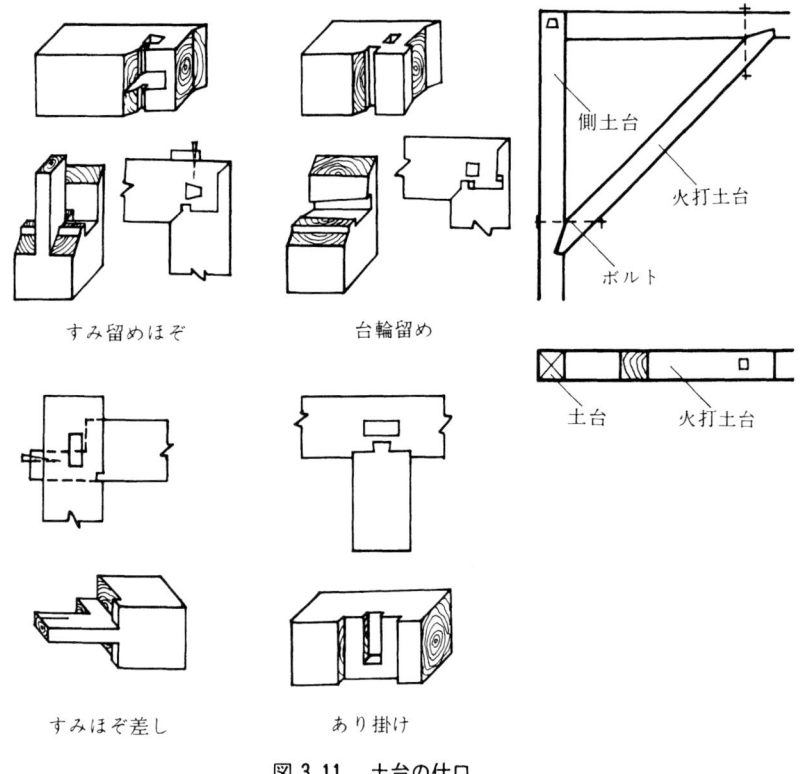

図 3.11　土台の仕口

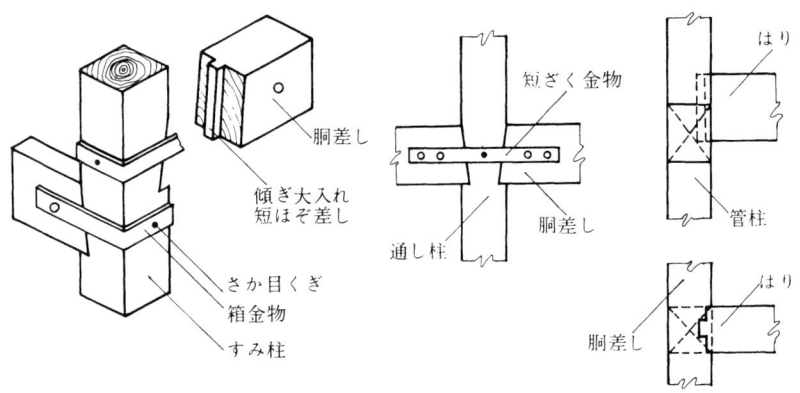

図 3.12　柱と胴差し・はりとの仕口

(4) け　た　建物の長手方向の外壁軸組の最上部に設けて，各柱の上部を連絡し，**たる(垂)木**および**小屋ばり**を支える横架材を**けた**といい，平側の外壁にあるものを**軒げた**という。けたには，強度の大きい樹種を使用する。とくにスパンの大きい柱間では，**添えげた**を設けてけたとボルト締めとする (図 3.13)。

和風の真壁構造においては，けたのせいが不足する柱間では，図 3.14 のように軒げたの下ば(端)に**力ぬき**を設けて補強したり，せいの大きいけたの外面を削り落とす。

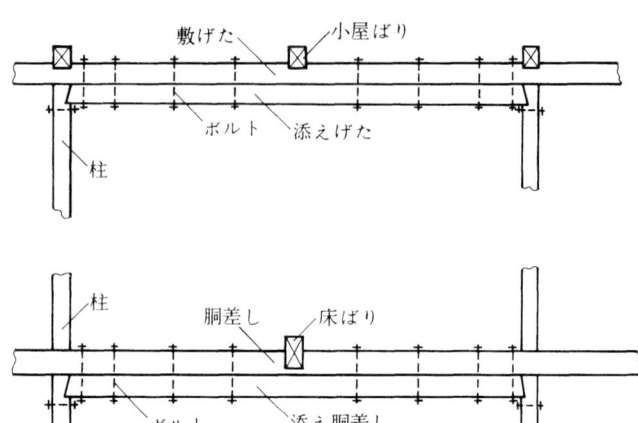

図 3.13 添え胴差し・添えげた

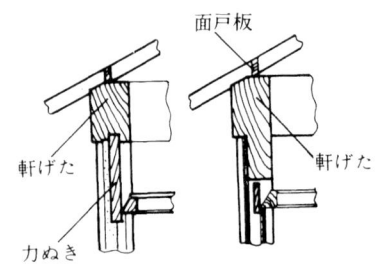

図 3.14 和風げたの補強

(5) 筋かい　建物を耐震・耐風的にする目的で，柱と土台・胴差し・けた等の横架材で構成する軸組の交差部を斜めに連結する斜材を**筋かい**という。筋かいの使用法には，次の2つの方法がある。

　a. 圧縮筋かい　圧縮力に抵抗できる筋かいであり，柱と同寸法の材・柱の2つ割り材・柱の3つ割り材等を使用する。横架材が突上げられるのを防ぐために，図3.10および図3.15のように，仕口を短ざく金物・

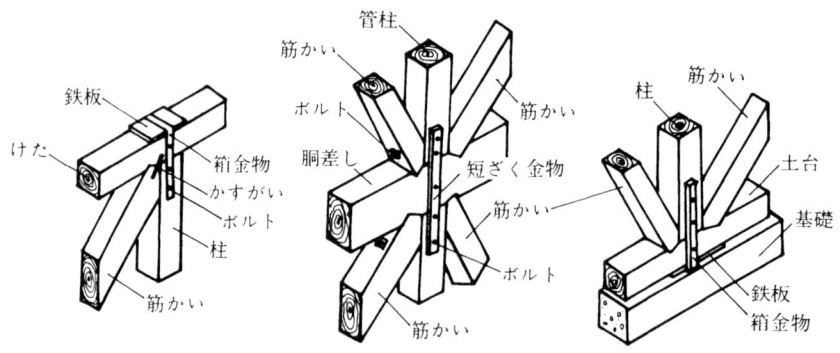

図 3.15 圧縮筋かいの仕口補強

箱金物等で補強して，柱と横架材を一体とする。最下部は，土台をアンカーボルトで基礎と緊結する。

　b. 引張筋かい　引張力に抵抗できる筋かいであり，ぬき材・径 13 mm 以上の鉄筋等を図 3.16 のように取り付ける。筋かいは，軸組ごとに，図 3.17 のように対称になるように対で設けることが好ましい。

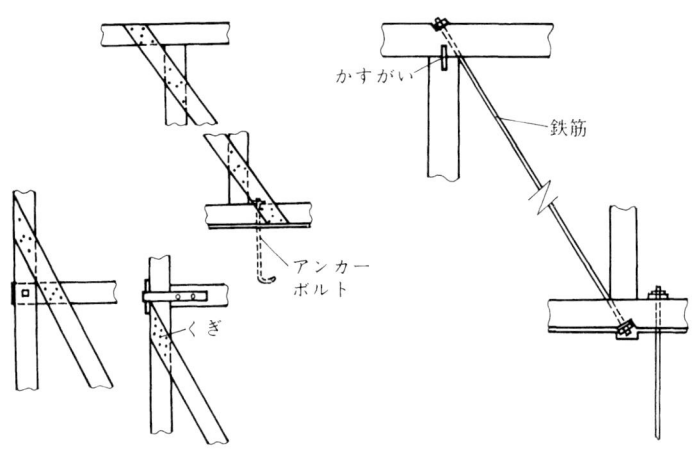

図 3.16　引張筋かいの仕口補強

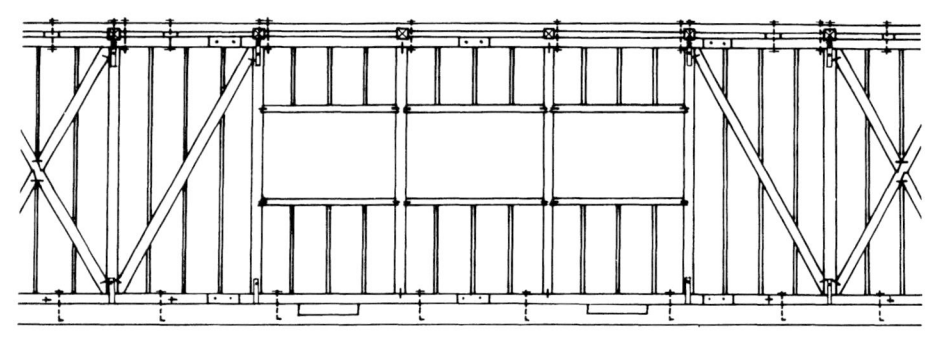

図 3.17　筋かいの配置

B．壁下地の構造

(1) 壁ぬき・力ぬき　和風構造では，図3.9のように柱にぬき穴を掘って，**地ぬき・胴ぬき・内法ぬき・天井ぬき**の4〜5通りの**通しぬき**を設ける。通しぬきは真壁下地の力骨であり，柱を連結する横架材となり，耐力壁としての効果をもち，かつ**敷居・かもい(鴨居)**等の化粧材の取り付け下地でもある。柱・つり(釣・吊)づか等の相互間隔が1mを越せば，1mごとに**塗込めぬき**を通しぬきに直交して設け，真壁を補強する。棚板等を取り付けるために**力ぬき**を設ける。いずれも真壁の内部に納めるものであり，杉材をよく使用する。

(2) 間　柱　壁体仕上げ材の受木として，**間柱**を柱間に，約450mm間隔で鉛直に設ける。大壁軸組では，見込みは柱同寸のものを用い，内外両面とも壁仕上げ材の下地となる。真壁軸組では，約45mm×45mmのものとし，内面には通しぬきを打付け，外面は壁仕上げ材の下地となる。間柱には杉材をよく使用する。

C．その他の軸組

図3.18に示す真壁軸組の**土蔵造り**，組積構造の**井ろう(楼)組(あぜくら(校倉)造り)**および壁式構造の**わく組壁構法・木質プレハブパネル壁構造**等がある。

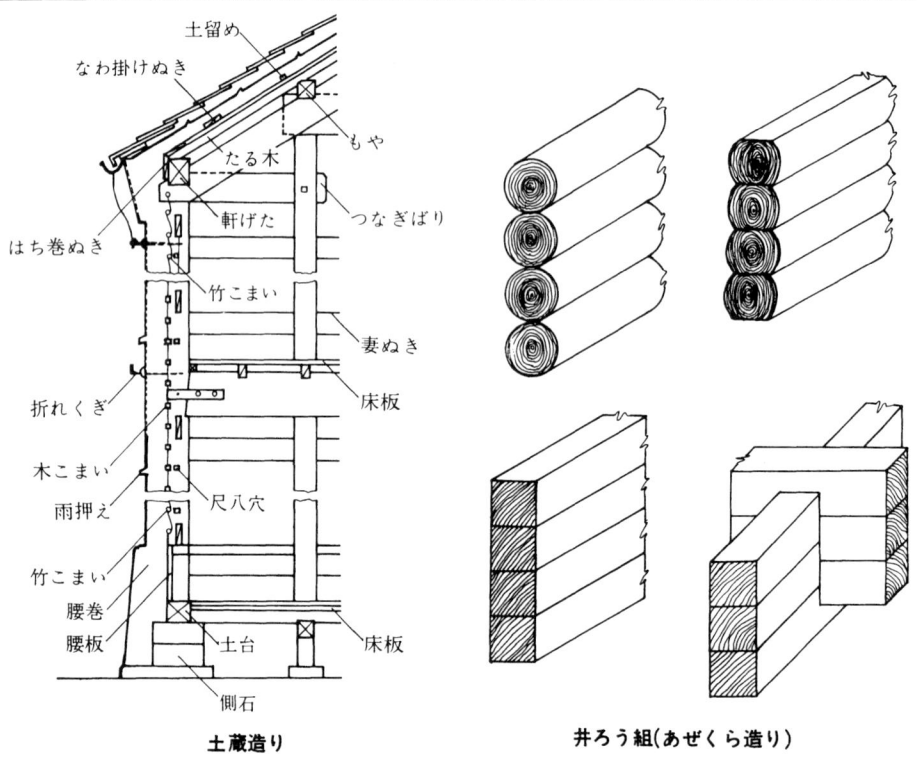

図 3.18　土蔵造り・あぜくら造り

3.4　小屋組

軸組の上部に架渡し，屋根の下部空間 (**小屋裏**という) に，屋根に作用する荷重を支えるため構成する骨組を**小屋組**という。屋根には，第11章で述べるようにさまざまの形状があるが，いずれも雨仕舞の点から傾斜しているので，小屋組は，傾斜した屋根を支える構造となる。小屋組には，**和風小屋組 (和小屋**ともいう**)** と**洋風小屋組 (洋小屋**ともいう**)** とがある。

A．和風小屋組の構造

軸組の上部に，図 3.19 の小屋ばりを架渡し，その上部に**小屋づか**を建て，これに**もや・むな木**を架けて**たる木**を支える構造であり，スパンが小さい住宅等に用いられる。

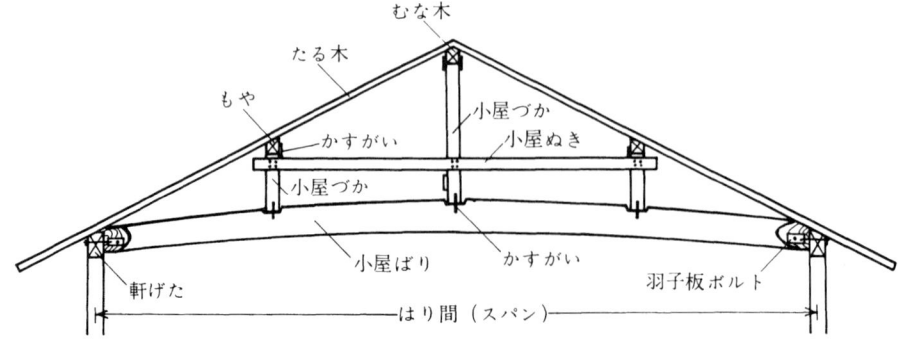

図 3.19　和風小屋組

3.4 小屋組

小屋ばりの架け方は，**図3.20**に示すように，小屋ばりを軒げたの上に架け，たる木を軒げたで支える構造の**京呂組み**と，小屋ばりを直接柱の上に架け，軒げたを小屋ばりの上に架ける構造の**折置組み**とがある。京呂組みは，小屋の小口が表に出ないので，外観が美しい。折置組みは，木口が表にあらわれたり，天井の高さが低くなるという欠点がある。

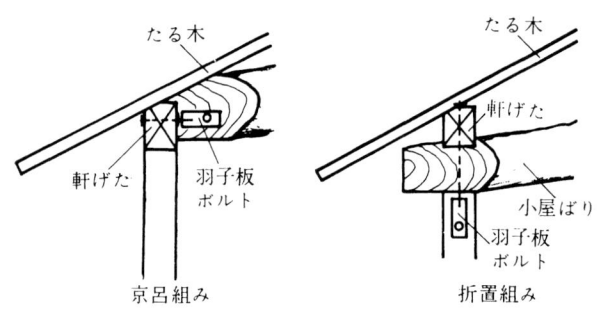

図 3.20　軒げたと小屋ばりとの仕口

小屋ばり等の横架材には強度の大きい樹種を使用し，小屋づか・もや・むな木等は杉材を用いる。各部材の継手・仕口を**表3.4**[3.10]に示す。

(1)　**小屋ばり**　小屋づかからの荷重を支えてこれを軸組に伝えるはりであり，軒げたから軒げたに架け，羽子板ボルトで軒げたに締付けて，はずれるのを防ぐ。

2本の小屋ばりを敷ばりの上で継いで1本にするときは，それぞれの小屋ばりを**投掛けばり**という。またスパンが大きくなると，小屋づかの上に架け，つかを連結する**二重ばり**を設けて小屋組を固めながら，小屋づかの長くなるのを防ぐ(**図3.21**)。

(2)　**飛ばり**　　寄せむね・入もやの小屋組で，けたから小屋ばりに架ける部分的なはりを**飛ばり**という。

(3)　**小屋づか**　もやからの荷重を支えて，これを小屋ばりに伝える圧縮材を**小屋づか**という。

(4)　**もや・むな木**　たる木からの荷重を支え，これを小屋づかに伝えるはり材であり，1m内外の間隔で設ける。屋根面の変形・強度を低下させないために継手を乱にし，一点支持(てんびん)にならないようにする。たる木との取り合せは，**図3.22**のようにもやの上ばを小返りに削ってのせ掛けにする場合と，**たる木彫り**をする場合とがある。

(5)　**たる木**　屋根のふ(葺)き下地材の**裏板**[3.10](**野地板**ともいう)を張るために，むな木・もや・けたの上に直角に，勾配に従って400～500 mm間隔に打付ける。一般に，もや間隔900 mmくらいの場合は杉の40～50 mm角材を使用するが，**軒出**の大きい場合は，せいを大きくする。

B. 軒先・妻部

(1)　**軒先**　外壁や開口部を風雨や日照から守るために，屋根の勾配に沿って，外壁より外に差し出した部分を**軒**といい，その先端部分を**軒先**という。図3.23のように，鼻隠し・よど(淀)・広こまい(小舞)および**面戸板**などで構成される。

a.　**鼻隠し**　軒先に小天井を張らないとき，裏板・たる木の木口等を隠すために，たる木の

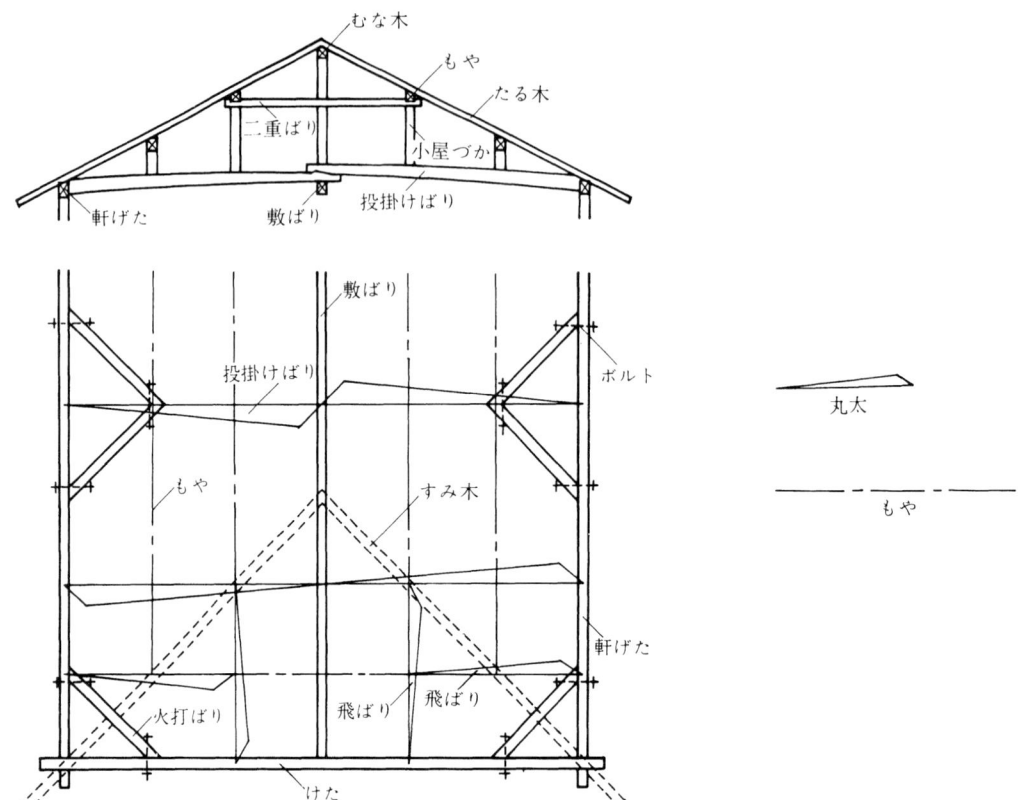

図 3.21　スパンの大きな和小屋組

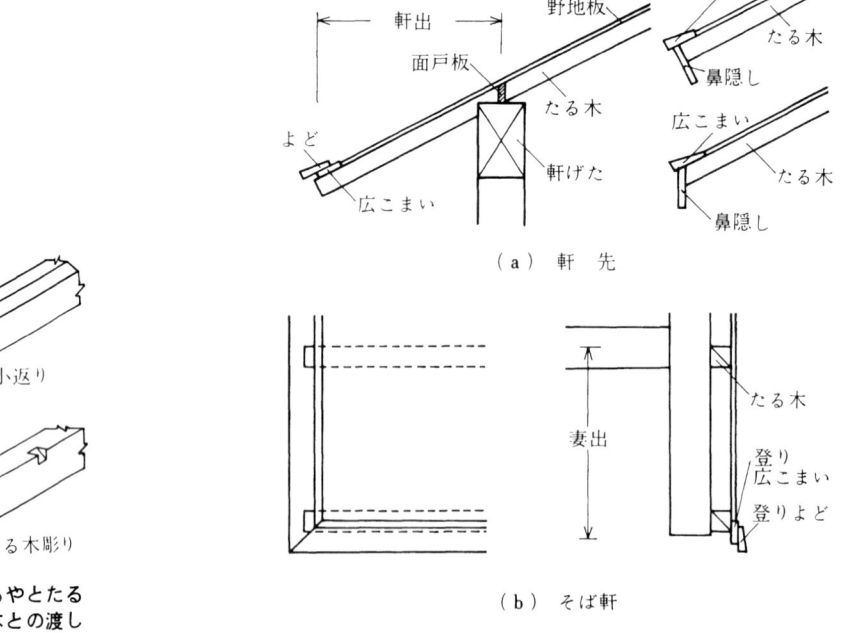

図 3.22　もやとたる木との渡し掛仕口

図 3.23　軒先・そば軒

3.4 小屋組

端に杉材の鼻隠しを打付ける。打付け方としては，垂直・勾配に直角・その中間の角度がある。

b. **広こまい**　たる木の出入りおよび間隔をそろえる目的で，たる木の鼻先に 24 mm × 72 mm くらいの**広こまい**を，たる木の先端からその厚さくらい後退して打付ける。これはまた裏板の厚さを隠し，屋根下地ともなる化粧材で，杉材を使用する。裏板は広こまいから打上げる。

c. **よ ど**　かわら(瓦)ぶきの場合，断面がかわらを載せるのに適した台形(**なげしびき(長押挽き)**)の**よど**を，その厚みくらい鼻隠しまたは広こまいより出して打付ける。広こまいのない場合は，たる木に打付ける。広こまい・よどは，妻部では妻部の端のたる木に沿って上がっていく。これを**登り広こまい・登りよど**という。

d. **面 戸**　軒げたの上ばでたる木とたる木の間を**面戸**といい，ここにはめ込んで，風塵・雀の侵入等を防ぐ材を**面戸板**という。

(2) **妻 部**　建物の側面，または切妻屋根の三角形の壁の部分を**妻部**という。妻部の屋根は，**たる木型**[3.11]・**破風(はふ)板**・**登り広こまい**・**登りよど**・**みの(箕)甲**[3.12]等でおさめられる。

a. **そば(傍)軒**　けた・もや・むな木を妻柱心より 300～450 mm (またはたる木間と同寸) 延ばし，たる木・裏板を用いてふいた屋根の部分を**そば軒**という。この端部に登り広こまい・登りよどが取り付く。

b. **破風板**　たる木のせいを大きくした部材を，けた・もや・むな木に取り付けて，妻部の意匠をこらす部材を**破風板**という。破風板は，形により**すぐ(直)破風**[3.13]・**照り破風**[3.14]・**むくり(起り)破風**[3.15]・**流れ破風**[3.16]等があり，これらを図 3.24 に示す。

C. 洋風小屋組

部材を，三角形の集合体に組んだトラスの小屋組を**洋風小屋組**といい，その構面の形状により，**真づか小屋組**(king post roof truss)・**対づか小屋組**(queen post roof truss)・**腰折れ小屋組**(mansard roof construction)・**片流れ小屋組**・**のこぎり(鋸)小屋組**・**かさ(傘)小屋組**等がある(図 3.25)。トラスの各部材は，強度の大きい樹種を使用する。

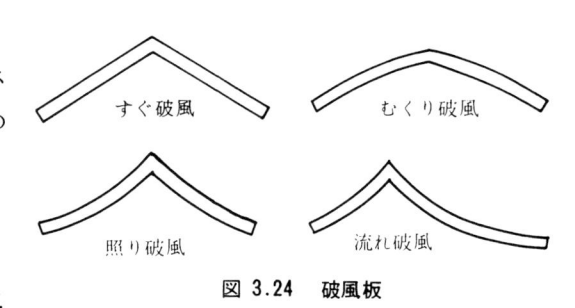

図 3.24　破風板

(1) **真づか小屋組**　図 3.26 に示すように，**ろくばり(陸梁，りくばり)・合掌・つりづか・小屋づか・方づえ**等で構成される小屋組であり，スパンが 6～15 m の小屋組としてもっとも合理的である。各部材の応力状態は，真づか・小屋づかおよびろくばりが引張材(天井荷重を受けると引張りと曲げを受ける)，合掌が圧縮と曲げを受ける材，方づえが圧縮材である。トラスは，スパンの 1/200～1/300 むくりをつけて 1.8～2.7 m 間隔で配置し，合掌はもやを介して屋根荷重を支え，これを軸組に伝える。

(2) **寄せむね小屋組**　寄せむね屋根を支える小屋組を**寄せむね小屋組**といい，図 3.27 に示す。**平合掌組・妻合掌組・すみ合掌組・配付け合掌組**で寄せむね部の小屋組を構成する。

図 3.25　木造洋風小屋組

図 3.26　真づか小屋組

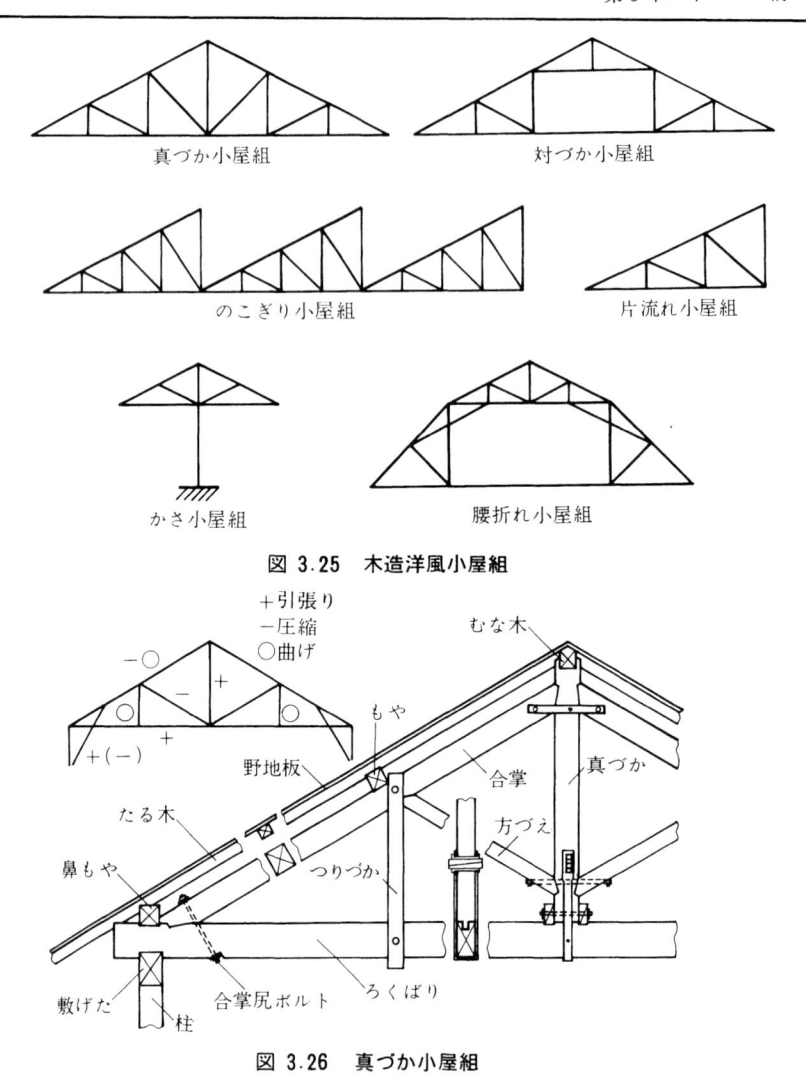

(3) 対づか小屋組　図 3.28 に示すように，ろくばり・**対づか**・方づえ・つりづか・**二重ばり**・合掌等で構成される小屋組を対づか小屋組といい，真づか小屋組より大きいスパンに用いられる。対づかのせいを高くし，小屋裏に部屋を設けるようにしたのが腰折れ小屋組である。

D. 小屋組連結材

各小屋組がけた行方向に将棋倒しとなるのを防ぎ，はり間方向に小屋組面が一体となって変形するようにはかる目的で設ける部材を**小屋組連結材**という。小屋つなぎ (振れ止め)・小屋筋かい (雲筋かい) 等があり，これらは強度材であるので，強度の大きい樹種の材を使用する。

3.5　床　組

建物の内部を水平に区画する部分を床といい，人間がその上で生活し作業する。床の構造部を**床組**といい，床荷重を支えて，これを柱および壁に伝える構造体である。また，床組の面内剛性を高

3.5 床　　組

図 3.27　寄せむね小屋組

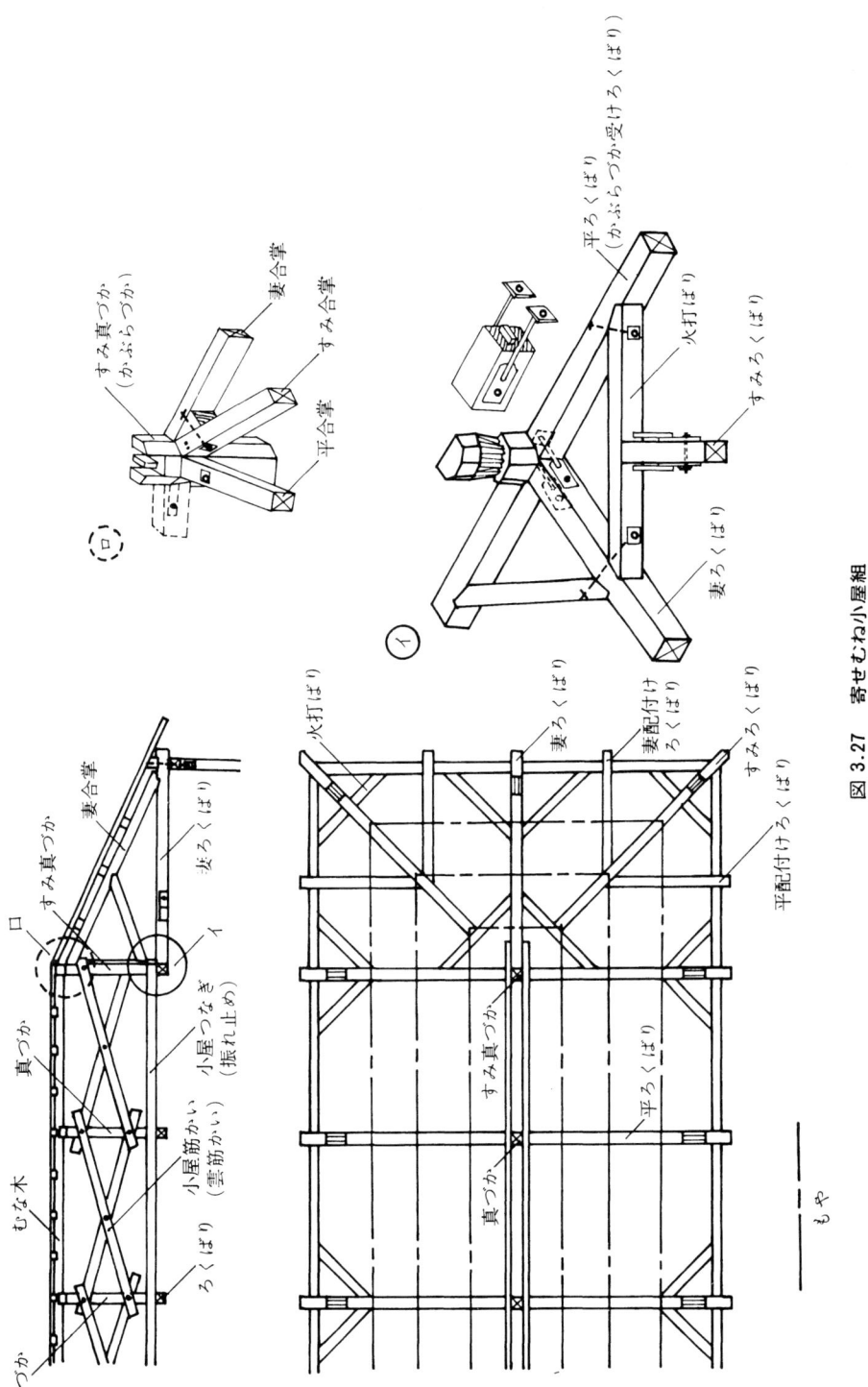

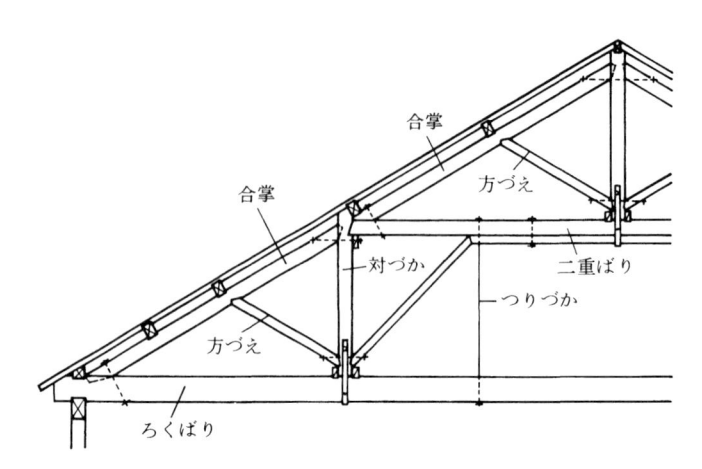

図 3.28　対づか小屋組

めることによって，地震・強風時に建物が一様な水平変形を起こすことにより，軸組に均等な水平力が働くようにして，建物の局部破壊を防ぐ構造とする。

床組は，床荷重を**根太**で受け，その根太を**床ばり**で受ける構造とする。最下階床では床ばりの代わりに**大引き**を用いる。

A．最下階床組

地面に接する床は，通風が悪くて床材料が腐食しやすい。これを防ぐために，基礎に換気穴を多く設けて通風をはかり，床を高くするとともに，腐食に強い樹種の材を使用する。また，木材がコンクリート・石等に接する部分および床組材には防腐剤を塗って腐食を防ぐ。

床組には，ころばし（転ばし）床・つか（束）立て床・根太床・はり（梁）床・組床等がある。

(1) ころばし床　玉石または厚さ 90 mm 以上のコンクリート床の上に，図 3.29 のように，約 100 mm 角くらいの**押角材**または**太鼓落し丸太**等を根太として 360～600 mm 間隔に配し，床板を張る。あるいは，大引きを約 900 mm 間隔に配し，これに根太を架渡して根太に床板を張る。

倉庫・工場・鉄筋コンクリート造住宅および工事現場の仮設建物等によく使用される。

(2) つか立て床　図 3.30 のように約 900 mm 間隔に割ぐり地業を行って**つか石**を据え，その上に**床づか**を立てて 100～120 mm 角の大引きを支える。**根がらみ（搦み）ぬき**を大引きに，平行と直角の 2 方向に渡して床づかごとくぎで打付け，床づか相互を緊結する。**大引き**および**根太掛け**の上に約 45 mm 角の根太を，畳下では約 450 mm 間隔に，その他は約 360 mm 間隔に架渡す。

(3) 根太床　幅 1.0～1.8 m の廊下・縁側では，両側の柱等に根太掛けを取り付け，その上に根太を架け，これに床板を張る床組を**根太床**という。幅が大きくなれば，根太はせいの大きい矩形断面の松材等を使用する（図 3.30）。

(4) 大規模の上げ床　学校の雨天体操場等，荷重が大きく規模の大きい床では，図 3.31 のように，布コンクリート基礎を約 1.8 m 間隔に設け，これに 120 mm 角ぐらいの大引きをアンカーボルトで締付ける。大引きに 45 mm×100 mm ぐらいの根太を架渡す根太床の構法とする。

3.5 床組

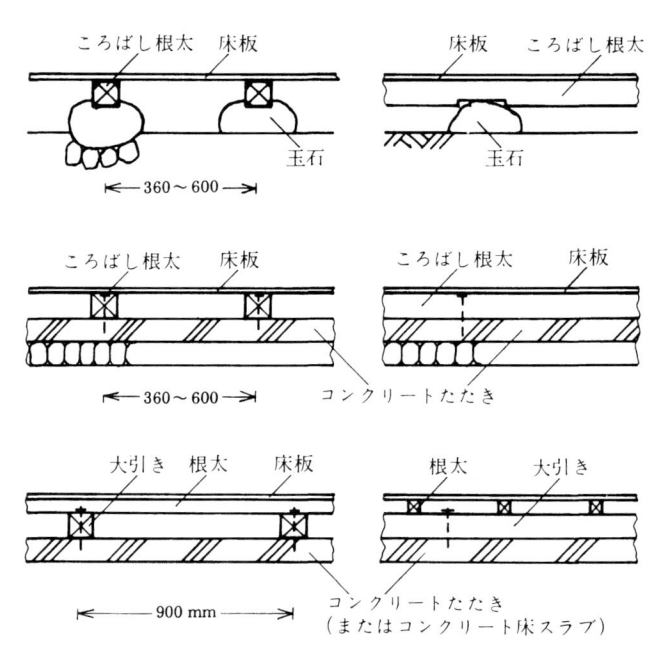

図 3.29 ころばし床

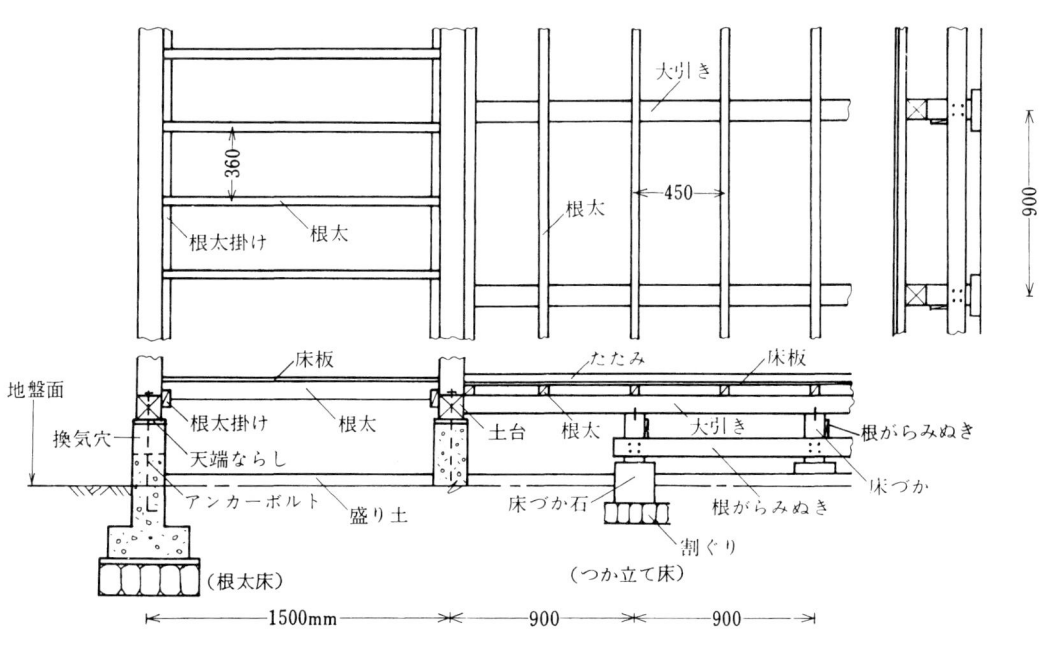

図 3.30 つか立て床・根太床

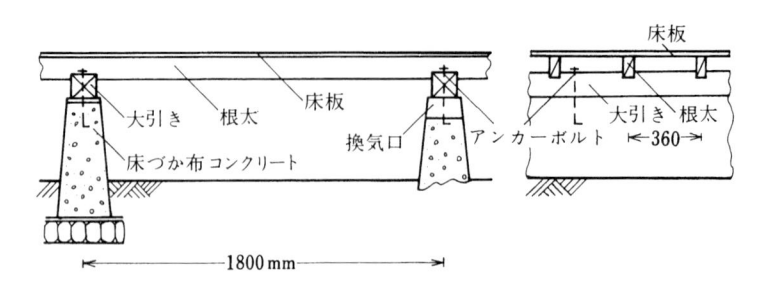

図 3.31　大規模の上げ床

B. 二 階 床 組

根太床・はり床・組床の床組構造が用いられる。スパンが1.8 m (1間) ぐらいまでは根太床とし，それを越えればはり床とし，さらにスパンが6.4 m (3.5間) ぐらいになると組床とする。

(1) はり床　胴差しの位置で，胴差し間に架渡す横架材を**床ばり**という。はりを約1.8 m 間隔に設け，これに45 mm×100 mm ぐらいの根太を架渡し床荷重を支える。また，図3.32 のように床面に**振れ止め**と**水平筋かい**を取り付けて水平トラスを構成したり，要所のすみ部に**火打ばり**を設けたりして床構面を剛にする。はりの継手・仕口を表3.5[3.17]に示す。さらに，根太数本おきに**力根太**を胴差しおよびはりにボルト締めして，根太のはずれるのを防ぐとともに，間仕切壁等の重量を支える。

(2) 組床　図3.33のように，大ばりを2.7〜3.6 m 間隔に架け，これに直交して小ばりを約1.8 m 間隔に架渡し，その上に根太を渡したもの。

(3) 特殊ばり　大規模の建物・大スパンの床ばり等に，次の目的により，**合せばり・組立ばり・ピッチビーム・重ねばり・重ね透かしばり・かみ合せばり・くぎ打ち充腹ばり・みぞ(溝)形鋼ばり・形鋼組立ばり・トラスばり**等があり，これらを図3.34に示す。

(ⅰ) はりの強度を増加する。
(ⅱ) はりのたわみを少なくする。
(ⅲ) はりの横振れを防止する。

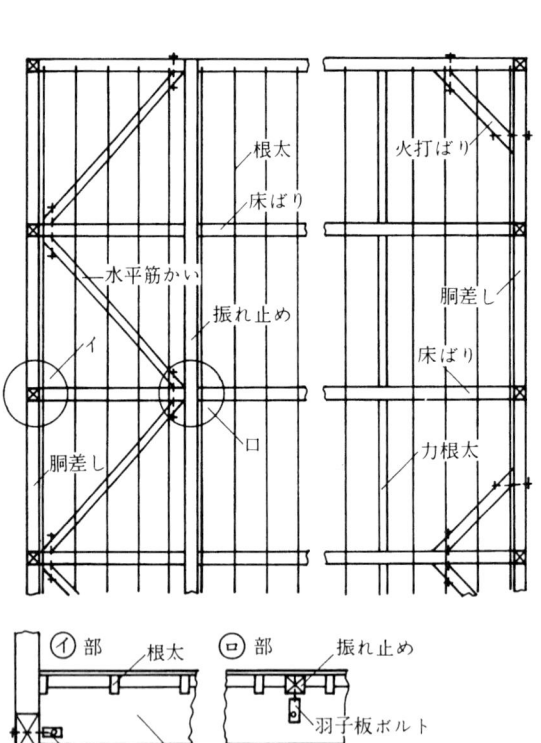

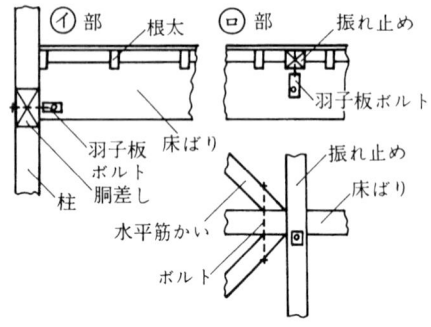

図 3.32　はり床

(iv) はりの取り付けを完全にする。

3.6 ツー バイ フォー構法
(two by four method)

独自の規格材ツー バイ フォー材[3.18]を主要構造とするツー バイ フォー構法は，北米で開発された。剛な床組間の各層ごとに，縦材を設ける**プラットフォーム構法**(platform construction method)と，二層を通して縦材を設け，それに床組を取り付ける**バルーン構法**(ballon construction method)とが代表的構法である。

わが国では，プラットフォーム構法を**わく(枠)組壁構法**という。これは，わく組に構造合板をくぎ打ちした壁パネルと床パネルをくぎ・鋼板製金物等で接合した構造法であり，図3.35に示す。各階で床板が取り付いてからその階の壁体を施工するので施工が楽であり，かつ精度が高い。また遮音性・断熱性を確保しやすい。しかし反面，木材およびくぎ・金物等の腐朽・腐食による耐久性の低下が起こりやすい。

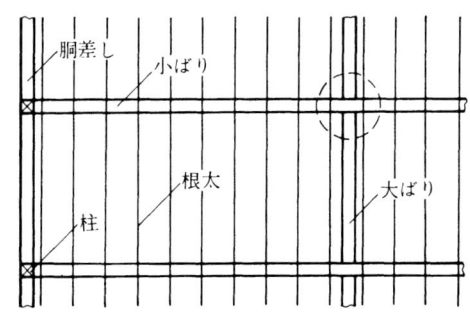

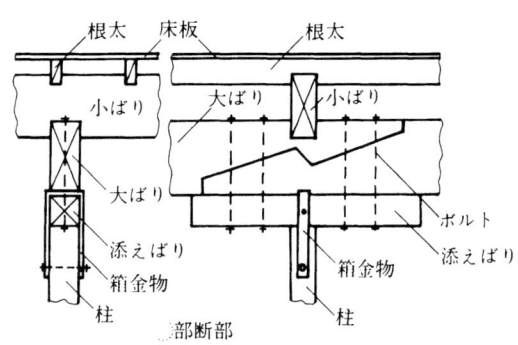

図 3.33 組 床

A. 一階床構造

呼称規格204, 206等の土台を，径12 mm以上のアンカーボルトを使って180 mm間隔で布基礎に緊結する。水平移動を防止し床下張りのくぎ打ち止めをするために，40 mm厚の連続する**端根太**か端末かい(飼)木を取り付ける。(壁下張りが土台にくぎ打ちされない場合は，端根太を土台に斜めくぎ打ちする。) 呼称規格206, 208, 210, 212等の根太を470 mm以内の間隔で配し，土台に40 mm以上支持させて斜めくぎ打ちする。根太には，3 m以内の間隔で**ころび(転び)止め**を斜めくぎ打ちする。根太および端根太の上ばに床の下張りをする。

B. 一 階 外 壁

下わくを床にくぎ止めして呼称規格204以上のたてわくを約455 mm間隔に設けて，下わくに斜めくぎ打ちし，上部に上わくをくぎ打ちしてわく組とする。これに筋かいを組込むことが多い。このわく組の屋外部は下張りと仕上げ張りを施し，屋内側にはラスボード・木ずり(摺)下地等を設けてプラスター塗りとするか，乾式構法による内張りとして仕上げる。

C. 二 階 床

上わくの上に**頭つなぎ(継ぎ)**をくぎ打ちし，根太および端根太を一階同様に設けて床下張りをくぎ打ちする。

図 3.34 特殊ばり

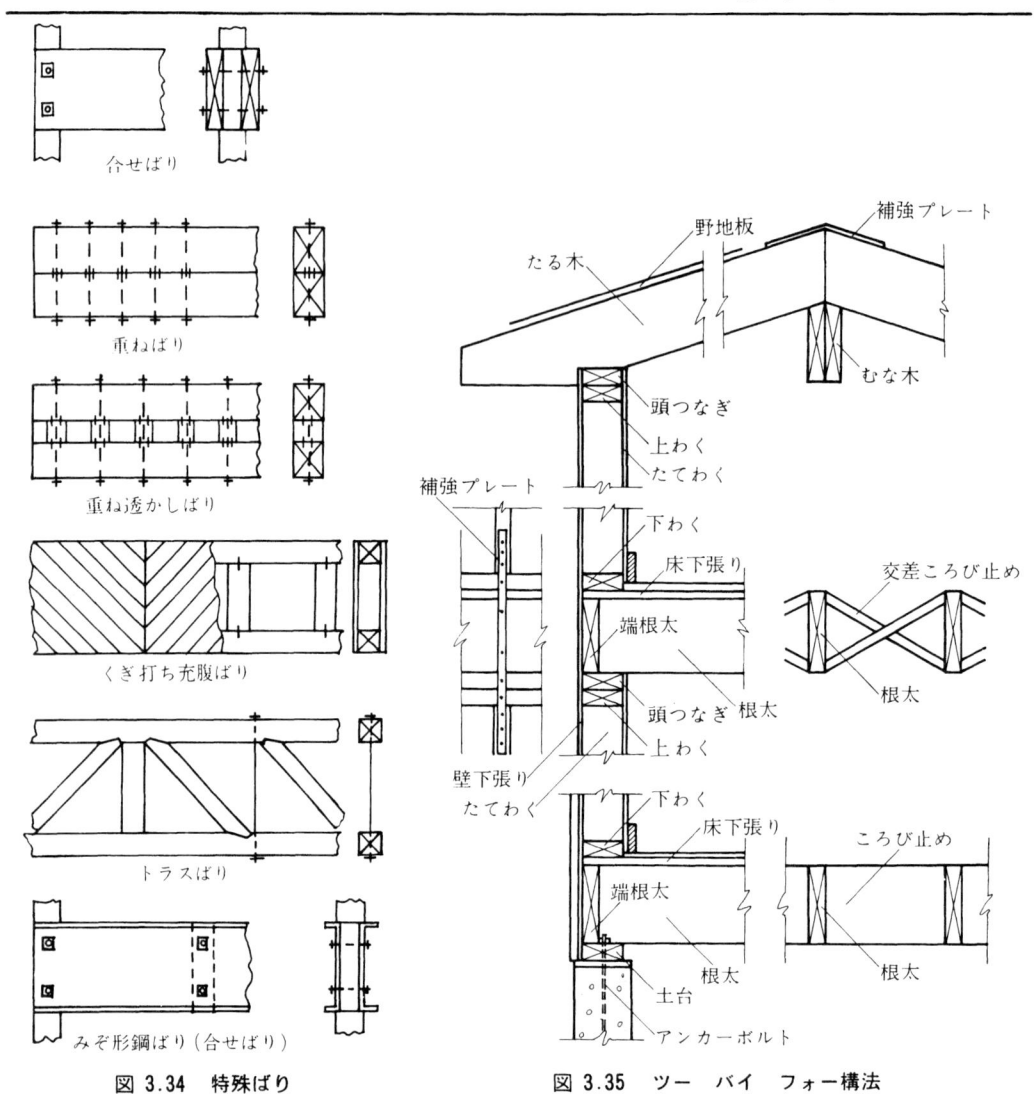

図 3.35 ツーバイフォー構法

D. 二階軸組
一階軸組と同様に壁わく組を設けて，さらに一階同様屋内，外の仕上げをする。

E. 天井・屋根構造
天井根太を 400 mm 間隔以下に配して，外壁の**頭つなぎ**に斜めくぎ打ちし天井下地を構成する。

たる木は 455 mm ぐらいの間隔で頭つなぎへ斜めくぎ打ちする。むねの部分でほぼ互いが合うようにわく組しむな木に取り付け，補強プレートで締付けて，その上ばに野地板を下張りする。

天井根太・たる木等横架材には，床根太同様せいの大きい材を使用する。

F. 接合部
わく組の部材の接合は，くぎと鋼板の接合金具を使用する。また，壁体と壁体の接合は**すみ柱**を使用する。

第4章

鉄筋コンクリート構造
reinforced concrete construction

4.1 鉄筋コンクリート構造とは

A. はじめに

　天然セメントは，すでにローマ時代，組積造に用いられていたが，現在のコンクリートは，19世紀初頭イギリスのAspdinがポルトランドセメントを発明してから広く利用されるようになった。このコンクリートを鉄筋で補強した鉄筋コンクリート構造は，19世紀にフランスでLambotが舟の甲板を，また，Monierが金網で補強した植木鉢を作ったのがはじまりとされている。

　鉄筋コンクリート構造は，棒鋼（鉄筋）を組上げた後その周囲に型わくを組立て，コンクリートを流し込み（コンクリートを打設するという）硬化した後，型わくをはずす（脱型する）ことにより作られる。したがって，**剛接骨組構造（ラーメン構造）**であると同時に，自由な形に作れることから**板形式（壁式構造やシェル構造）**として使用される。本章では，一般的なラーメン構造について説明し，第5章で壁式構造について説明する。

　鉄筋コンクリートラーメン構造は，図4.1に示すように基礎・柱・大ばり・壁・スラブ（床・屋根）からなり，また，大ばり間にスラブを支持するために小ばりを設けることもある。建物全体の柱や壁の配置などを計画することを**構造計画**といい，荷重や外力によって生じる各部材の内部の応力などを計算することを**構造計算**という。また，断面に必要な鉄筋量などを求めることを**断面算定**という。

　鉄筋コンクリートラーメン構造は通常6階以下が多く，階高は3m前後，スパン（柱間隔）は6m前後であることが多い。建物の長さは，不同沈下や温度変化に伴う応力の増加などを考えて50～60mとし，それ以上長い場合には，構造的には別々の建物とし，途中を，力の伝達を行わない方法で接続して1つの建物として使うようにすることが多い。この接続の部分を**エキスパンションジョイント**という。

B. 長所と短所

　鉄筋コンクリート構造は，地震力を負担することのできる壁（耐震壁）を多く効果的に配置することにより，強度を非常に大きくすることができる。さらに，鉄筋コンクリート柱・はりは，曲げモーメントに対しては変形能力が大きいので，変形能力の小さな（ぜい性的な）せん断力による破壊（せん断破壊）を防止しさえすれば，変形能力の大きな（じん性に富む）構造物にすることができる。鉄筋は600℃以上に熱せられるとその降伏強度が半分以下になるが[4.1]，熱伝導率の小さなコンクリートで被覆するので，コンクリートの被覆の厚さ（かぶり厚さ）を適当にとることにより，耐火性のよい構造とすることができる。コンクリートは，また，アルカリ性であるので，中に

図 4.1 ラーメン構造図

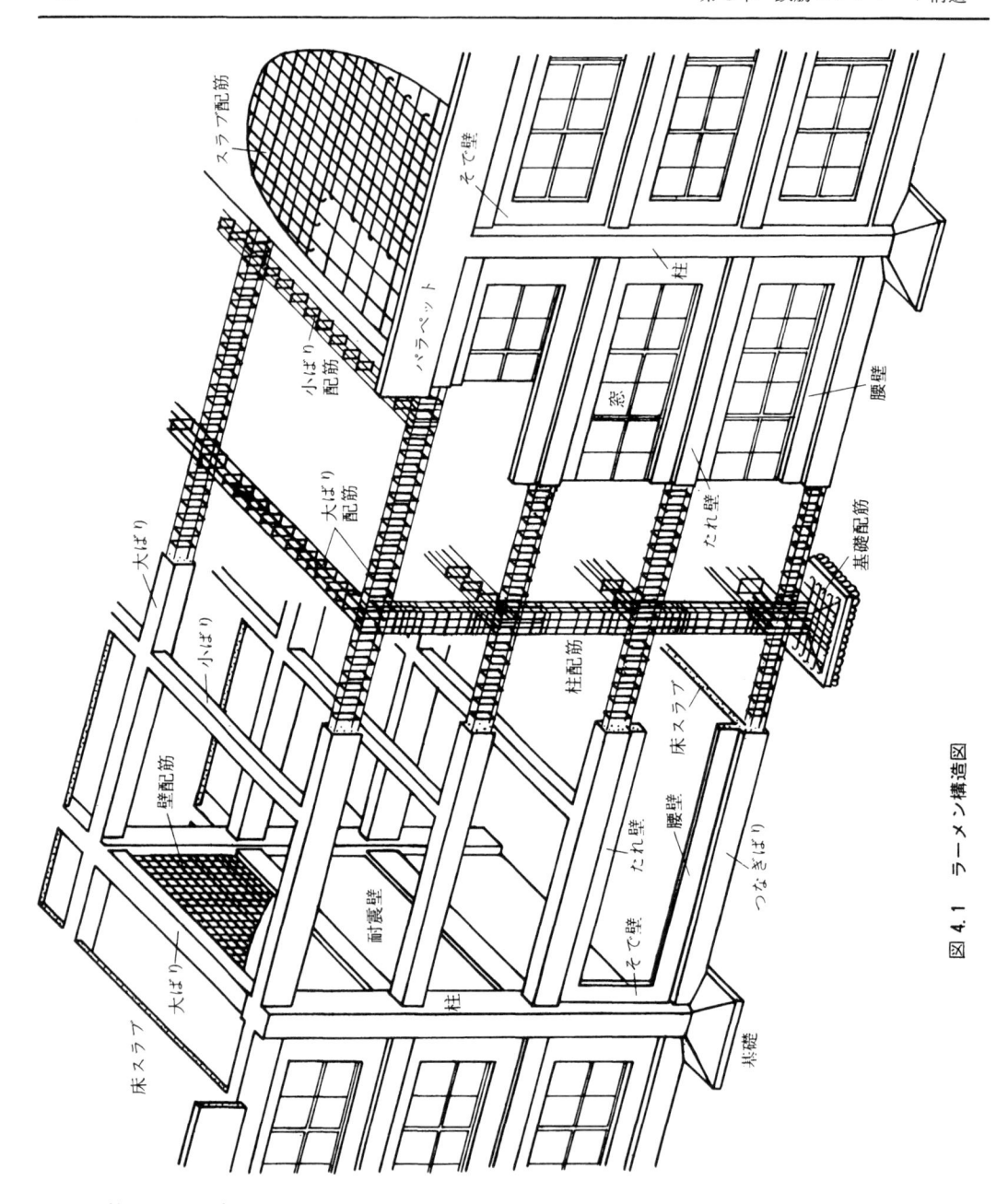

ある鉄筋のさびの発生を防ぐ。コンクリートのアルカリ性は，風化作用により時間とともに徐々に失われる（これを**コンクリートの中性化**という）が，その進行は遅く半永久的な建物であるといえる。

しかし，コンクリートは引張りに対する強度が弱く，乾燥収縮や小さな地震でも容易にひびわれが発生し，そのひびわれの幅が広がってくると中性化の進行が早くなるので注意しなければならない。

鉄筋コンクリート構造は安価であり，型わくの製作が可能であれば自由な形にすることができ，局部的な強度の調整も可能であるので，設計がかなり自由にできる。しかし，その反面鉄筋の加工組立，型わく工事，コンクリート打設など現場作業[4.2]が多く施工が煩雑で，そのうえ，施工の良否

が直接建物の良否に影響するので注意が必要である。コンクリートは硬化するまでに時間がかかるので工期が長くなり，一度硬化すると，今度は取り壊すのが困難となるため，増改築や建て直しには費用と時間がかかる。

C．構造計画上の注意

鉄筋コンクリート建物を耐震的にするためには，建物を十分強くするか，大変形に耐え地震のエネルギーを吸収できるような，十分な変形能力をもたせる必要がある。

鉄筋コンクリートの建物はねじれに弱いので，平面形を単純にし耐震壁をバランスよく配置するとともに，高さ方向に対しても，強さやかたさ(剛性)が急に変化する階には地震時に大きな水平力が作用するので，立面形でのバランスにも注意をはらわねばならない。平面的に複雑な場合エキスパンションジョイントを設け，建物を分割して単純化をはかることも効果的であるが，このときには，十分に間をあけ地震時に衝突することのないようにしなければならない。スラブは，建物のすべての柱や壁に均等に力を分配する役割もあるので，スラブ面内の剛性と強度も十分に確保する。太く短い柱は剛性が高いために水平力が集中的に作用し，また，小さな変形でせん断破壊を起こすので避けた方がよい。

一般に，鉄筋はじん性に富むが，コンクリートはぜい性的な破壊をするので，せん断力や軸力などコンクリートの負担が大きくなるものは，できるだけ小さくするように心がけるとともに，鉄筋によるコンクリートの拘束も十分に行わなければならない。

4.2 鉄筋コンクリートの材料

A．コンクリート

コンクリートは，**セメント・骨材**(砂・砂利など)・水および混和剤を混ぜ合せ硬化させたものであり，これらの混合割合を**調合**[4.3)]という。

(1) セメント　一般構造用セメントとしては次のものが多く使用され，**日本工業規格(JIS)**で品質などが定められている。

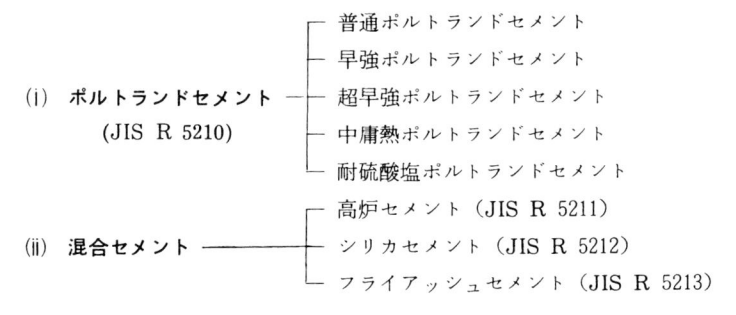

(ⅰ) **ポルトランドセメント** ─┬─ 普通ポルトランドセメント
　　　(JIS R 5210)　　　　　├─ 早強ポルトランドセメント
　　　　　　　　　　　　　　　├─ 超早強ポルトランドセメント
　　　　　　　　　　　　　　　├─ 中庸熱ポルトランドセメント
　　　　　　　　　　　　　　　└─ 耐硫酸塩ポルトランドセメント

(ⅱ) **混合セメント** ─┬─ 高炉セメント (JIS R 5211)
　　　　　　　　　　　├─ シリカセメント (JIS R 5212)
　　　　　　　　　　　└─ フライアッシュセメント (JIS R 5213)

混合セメントは，耐食性や流動性に優れているなどの利点があるが，混合率が多いものを使用する場合には，コンクリートの中性化を早めるので十分注意する必要がある。

(2) 骨材　骨材には，粒径の大きい粗骨材と粒径の小さな細骨材とがある。骨材は化学的にも安定で，ごみや不純物を含まず，できるだけ堅いことが望ましい。日本建築学会による「**建築工事標**

準仕様書(JASS)」の鉄筋コンクリート工事(JASS 5)に，その品質などの規定，分類が定められている。

粗骨材には，砂利・砕石・人工軽量骨材・天然軽量骨材があり，細骨材には砂・砕砂・人工軽量骨材があるが，天然軽量骨材は現在はほとんど用いられていない。これらの使用時の組合せにより，コンクリートは表4.1のように分類される。

表 4.1 コンクリートの種類と基準強度の下限値
建築学会（鉄筋コンクリート構造計算規準による）

コンクリートの種類		F_cの下限値 (N/mm²)	使用する骨材	
			粗骨材	細骨材
普通コンクリート		18	砂利，砕石 高炉スラグ砕石[1]	砂，砕砂，スラグ砂[2]
軽量コンクリート	1種	18	人工軽量骨材	砂，砕砂，スラグ砂
	2種	18	人工軽量骨材	人工軽量骨材またはこの一部を砂，砕砂，スラグ砂で置き換えたもの

［注］ 1) 砂利・砕石・高炉スラグ砕石は，これらを混合して用いる場合を含む。
　　　2) 砂・砕砂・スラグ砂は，これらを混合して用いる場合を含む。

(3) **水**　コンクリートの練り混ぜに使用する水は，コンクリートに有害な不純物を含まない，JASS 5に定められた水質試験によるものでなければならない。

B. まだ固まらないコンクリート

セメント・骨材・水を混ぜ合せた後，硬化するまでのコンクリートをまだ固まらないコンクリート(生コン)とよぶ。まだ固まらないコンクリートの性質は，均質なコンクリートを打設するために重要な意味をもっており，**ワーカビリティ(施工軟度)**[4.4]，コンクリート中の空気量，骨材の分離性などを調べる。ワーカビリティは，**スランプ試験**[4.5]により代表して確認することが多い。

C. コンクリートの力学的性質

(1) **圧縮強度**　コンクリートの圧縮強度は，円柱供試体を圧縮破壊させることにより調べるが，圧縮強度は供試体の寸法，荷重の載荷速度などの影響を受けるので，JISの試験法にのっとって試験されなければならない。供試体の大きさは，通常，直径×高さが150 mm×300 mmか100 mm×200 mmとされている。

建物の構造計算をする際に，建物に使用するコンクリートに期待している圧縮強度を**設計基準強度(Fc)**という。コンクリートの圧縮強度が設計基準強度を下まわってはいけないのは当然であるが，コンクリートは打設してからの時間(材令という)とともに強度を発揮していき，28日程度でほぼ一定の値になるので，通常28日の強度をもってコンクリートの圧縮強度として代表させる。コンクリートの圧縮強度は，セメントに対する水の重量比(**水セメント比**)でほぼ決定されるが，気温や骨材の種類などの影響を受け，ばらつきが生じるので，コンクリートの調合を計画する際には，設計基準強度より高めの値を目標とする。この目標とする強度を調合強度という。

(2) **引張強度**　コンクリートの引張強度は圧縮強度用の円柱供試体を直径方向に加圧して調べ

4.2 鉄筋コンクリートの材料

る割裂引張強度とすることが多いが，圧縮強度に比べ非常に小さく，構造計算上は期待しない。

(3) **ヤング係数** コンクリートの圧縮試験を行うと，圧縮応力度と圧縮ひずみ度の関係は **図 4.2** に示すようになる。コンクリートは応力の小さいうちから弾性体とはいえないが，建物の固有周期や応力の計算の際はコンクリートも弾性体として取り扱う。この時のヤング係数は割線ヤング係数をとり，通常は，圧縮強度の 1/3 の点と原点を結ぶ割線の傾きをとる。コンクリートのヤング係数は，2.1×10^4 N/mm² 前後であり，コンクリートの圧縮強度や比重により影響される。

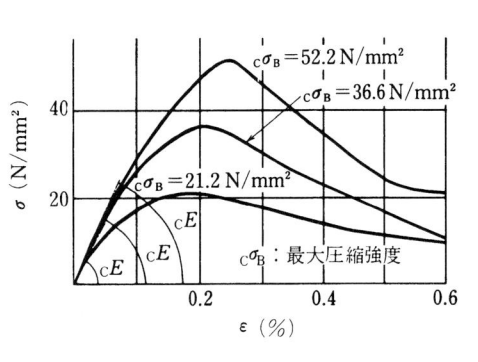

図 4.2 コンクリートの応力・ひずみ曲線

(4) **その他** コンクリートは，一定の圧縮力を長期間受けていると時間とともに圧縮ひずみが増大する性質がある。この性質を**クリープ**という。

コンクリートのポアソン比は通常約 1/6 であり，したがって，せん断弾性係数はヤング係数の 3/7 である。熱線膨脹係数は約 1×10^{-5}/℃ であり，鉄のそれとほぼ同じであるので，温度変化があっても鉄筋とコンクリートは一体として働く。

D. 鉄　　筋

鉄筋コンクリートに使用する鉄筋は，通常下記に示すものを使用する。

(ⅰ) 鉄筋コンクリート用棒鋼 (JIS G 3112)
　　├─ 熱間圧延棒鋼鉄 ─┬─ SR 235
　　│　　　　　　　　　└─ SR 295
　　└─ 熱間圧延異形棒鋼 ─┬─ SD 295 A
　　　　　　　　　　　　├─ SD 295 B
　　　　　　　　　　　　├─ SD 345
　　　　　　　　　　　　└─ SD 390

(ⅱ) 溶接金網（素線の径 6 mm 以上のもの）(JIS G 3551)

鉄筋は，強度などにより上記のように分類されるが，とくに断面の形状から，**丸鋼**（熱間圧延棒鋼）と**異形鉄筋**（熱間圧延異形棒鋼）に大別される。丸鋼は断面が円形のもので，異形鉄筋はコンクリートの一体性（付着）を確保するため表面に凹凸をつけたものである（**図 4.3**）。

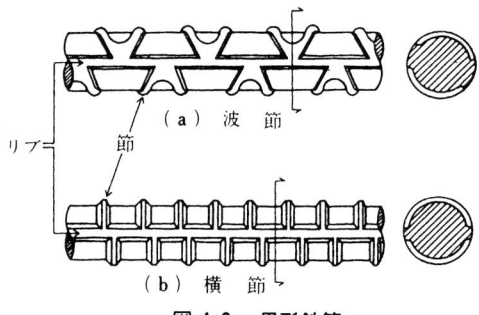

図 4.3 異形鉄筋
(a) 波節
(b) 横節

E．鉄筋の力学的性質

(1) 降伏強度 ($_s\sigma_y$)　鉄筋の引張試験の方法もJISに定められている。鉄筋が引張力を受けた時の応力ひずみの関係は，通常図4.4(a)のように降伏現象がみられる。D．項のJISの記号の数字は，この降伏強度をめやすにつけられている（SR 235[4.6]は降伏強度が 235 N/mm² 以上など）。冷間加工した鉄筋には，はっきりした降伏現象がみられず図4.4(b)のようになる。このとき 0.2% の永久ひずみを起こすときの応力を耐力とよび，降伏応力と同等の扱いをしている。圧縮応力を受けたときの応力とひずみの関係は引張力を受けたときとほぼ同様である。

(2) ヤング係数 ($_sE$)　鉄筋のヤング係数は，材質によらず 2.05×10^5 N/mm² と一定である。

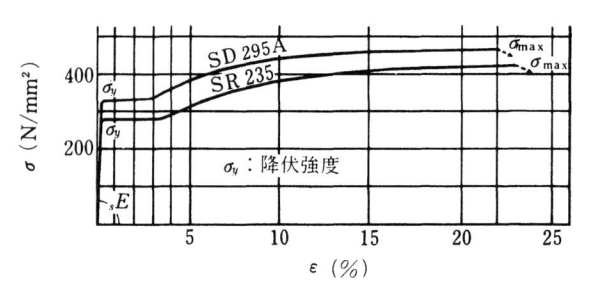

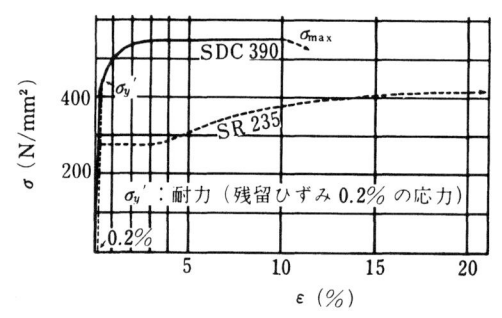

図4.4　鉄筋の応力・ひずみ曲線

F．鉄筋とコンクリートとの付着

鉄筋コンクリート構造は，鉄筋とコンクリートとの一体性に期待するものであり，この一体性を表わすのが付着である。コンクリート中に鉄筋を埋め込み，これを引抜いたとき抜け出してくるときの荷重を鉄筋の表面積で除したものを付着強度（τ_a）とよぶ。

$$\tau_a = P / \phi l \tag{4.1}$$

ここで，P：荷重，ϕ：鉄筋の周長，l：埋め込み長さ。

付着強度は，鉄筋の形状・鉄筋径・コンクリート強度・鉄筋の位置・コンクリートのかぶり厚などに影響される。

4.3　構造設計の進め方

建築構造物は，その構造形式・床面積・軒高などにより，建築基準法や同施行令などに定められた耐震設計の手法による設計が要求される。鉄筋コンクリート構造の場合，表4.2のように示されるが，本章では，一次設計で行われる許容応力度法についてだけ説明することとし，日本建築学会の「鉄筋コンクリート構造設計規準」に準拠して説明を行う。

表 4.2 構造計算の流れ（鉄筋コンクリート構造物）

```
START
  │
  ▼
法第20条2
ΣA_f ≤ 200 m² ──YES──► 構造計算不要
                       構造詳細規定 ──O.K.──► END
  │NO
  ▼
令81条
h ≤ 60 m ──NO──► 建設大臣特認 ──O.K.──► END
  │YES
  ▼
1次設計（長期，短期）
×応力度≤許容応力度
  │O.K.
  ▼
令82条4
h ≤ 31 m ──NO──────────────────────┐
  │YES                              │
  ▼                                 │
告示1790号の6                       │
建設大臣が認定した工業化住宅等 ──YES──► 構造詳細規定 ──O.K.──► END  区分1
  │NO                               │
  ▼                                 │
h ≤ 20 m かつ                       │
25A_w + 7A_c ≧ Z·W_i·A_i ──YES──────┘（告示1790号の4）
  │NO
  ▼
告示1790号の4
層間変位の制限 ──O.K.──► 令82条の2 ──► 層間変位の制限 ──O.K.──┐
                                                              │
令82条の3の1,2                                                 │
形状制限                                                       │
R_S ≧ 0.6                                                     │
R_E ≦ 0.15 ──YES──┐                                          │
  │NO             │                                          │
                  │                                          │
告示1791号の2の1,2│                                          │
25A_w + 7A_c ≧ 0.75·Z·W_i·A_i                                │
または 18A_w + 18A_c ≧ Z·W_i·A_i ──YES──┐                   │
  │NO                                    │                   │
                                         │                   │
告示1791号の2の3                         │                   │
柱またはりにせん断                        │                   │
破壊が生じないか ──YES──► 構造詳細規定 ──O.K.──► END  区分2 │
  │NO                                                         │
  ▼                                                           │
令82条の4                                                     │
保有水平耐力の確認                                             │
構造詳細規定 ──O.K.──► END  区分3 ◄──────────────────────────┘
```

A_f：各階の床面積
A_w：各階の当該方向における耐力壁の水平断面積の総和
A_c：各階の柱の水平断面積の総和
A_i：せん断力分布係数
h：軒高
W_i：当該階より上の階の重量
Z：地震地域係数

構造物の一次設計における構造解析を行う際の基本事項を列挙すると

 (i) 柱・はりを線材に置き換え，弾性剛性に立脚して計算する。

 (ii) 弾性剛性は，全断面有効として計算する。長方形ばりが，床スラブと一体として働くと考えられる場合は，この効果も考慮したT形ばり[4.7]として求める。

 (iii) 曲げモーメント，軸方向力による材長の変化は無視する。

の3項目となるが，コンクリートのひびわれ・クリープ・部材の部分的な塑性を考慮するときはこの限りではなく，弾性剛性を低下させるなどして計算をしなければならない。

このような構造解析の結果，得られた部材各部の応力が各種の許容応力度をこえないように断面の寸法や鉄筋の量を決定する。

4.4 許容応力度

A．コンクリート

建築学会の構造計算規準に定められた許容応力度を表 4.3 に示す。

表4.3 コンクリートの許容応力度（N/mm²）
（鉄筋コンクリート構造計算規準による）

	長期			短期		
	圧縮	引張り	せん断	圧縮	引張り	せん断
普通コンクリート	$\frac{1}{3}F_c$	—	$F_c/30$ かつ $(0.5+F_c/100)$ 以下	長期に対する値の2倍	—	長期に対する値の1.5倍
軽量コンクリート 1種および2種		—	普通コンクリートに対する値の0.9倍		—	

〔注〕 F_c は，コンクリートの設計基準度（N/mm²）を表わす。

コンクリートの引張強度は小さく，硬化や乾燥収縮に伴うひずみが引張ひびわれ発生のひずみを超えることもあるので，曲げ材や引張材ではコンクリートには引張力を期待しない。

せん断力あるいは曲げモーメントとせん断力によって生じた引張主応力が，ある値以上になったときに生じる材軸と約45°をなす斜めひびわれを，せん断ひびわれという。せん断力による破壊は非常に急激に起こり，ぜい性的であるから，せん断破壊は生じないよう考慮しなければならない。とくに長期荷重時には，せん断ひびわれも発生させないという考え方で，長期せん断応力度の値は決められている。

B. 鉄　　筋

学会規準に定められた許容応力度を**表 4.4**に示す。

長期的には，コンクリートのひびわれ幅をあまり大きくしないように，降伏強度の 2/3 に抑えているが，降伏以後，非常に大きな伸びがあり，破断強度までには十分余裕があることから短期的には降伏強度いっぱいまでとっている。

C. 付　　着

学会規準に定められた許容応力度を**表 4.5**に示す。鉄筋位置によって，異なっている。

表 4.4 鉄筋の許容応力度（N/mm²）
（鉄筋コンクリート構造計算規準による）

	長　期		短　期	
	引張りおよび圧縮	せん断補強	引張りおよび圧縮	せん断補強
SR 235	160	160	235	235
SR 295	160	200	295	295
SD 295 A, B	200	200	295	295
SD 345	220 (*200)	200	345	345
SD 390	220 (*200)	200	390	390
溶接金網	200	200	－	295

［注］ ＊D 29 以上の太さの鉄筋に対しては（　）内の数値とする。

**表 4.5 付着・定着の計算に使用する異形鉄筋の
コンクリートに対する許容付着応力度（N/mm²）**
（鉄筋コンクリート構造計算規準による）

	長　期		期　間
	上ば筋	その他の鉄筋	
異形鉄筋	$0.8 \times \left(0.6 + \dfrac{F_c}{60}\right)$	$0.6 + \dfrac{F_c}{60}$	長期に対する値の 1.5 倍

［注］ (1) 上ば筋とは，曲げ材にあって，その鉄筋の下に 300 mm 以上の
　　　　　コンクリートが打ち込まれる場合の水平鉄筋をいう。
　　　(2) F_c は，コンクリートの設計基準強度（N/mm²）を表わす。

4.5 は　り

A. 概　要

大ばりのはりせいは，長期荷重時に有害なひびわれや過大なたわみを生じさせないためにも，ある程度以上大きくなくてはならない。通常は，最上階のはりせいは，スパンの1/8～1/12で，1階下がるごとに50 mm程度増している。大ばりのはり幅は，全せいの1/2～2/3前後で300～450 mmが多い。

B. はり配筋の名称

はり配筋には次のようなものがあり，図4.5のように組立てられる。

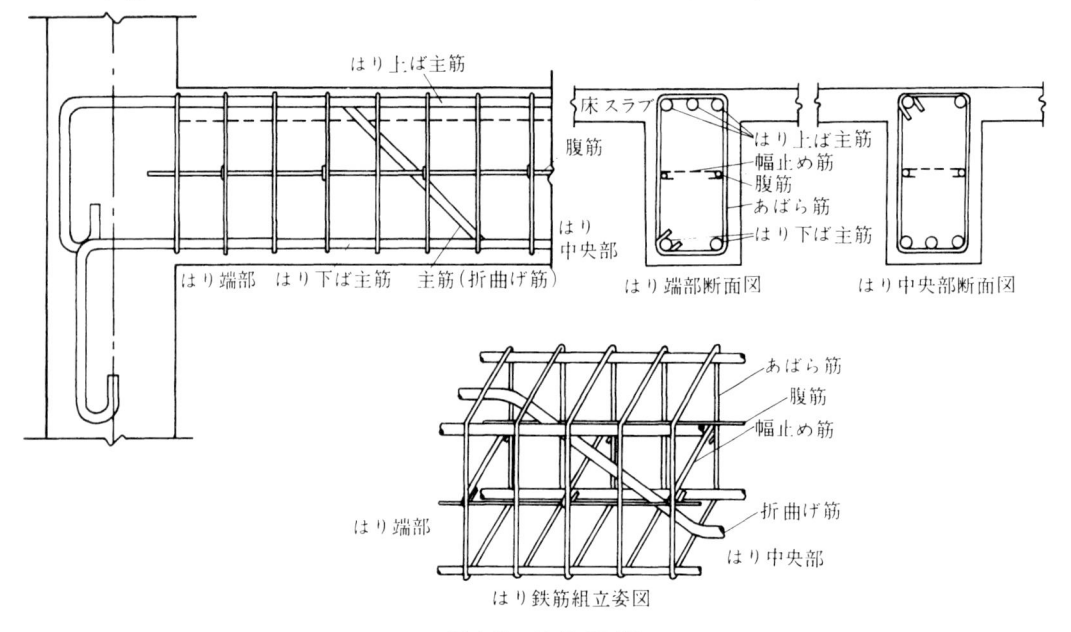

図4.5　はり配筋

(1) **主　筋**　はりに作用する曲げモーメントを負担する鉄筋。はりの上側にあるものを上ば(端)筋，下にあるものを下ば筋という。曲げモーメントが作用したとき引張応力を負担するものを引張筋，圧縮応力となるものを圧縮筋という。主筋は，曲げモーメントにより引張応力となる位置に配する。通常，柱に近い位置(はり端部)では上側に多く，スパン中央部では下側に多く配する。主筋の一部を折曲げて，端部では上ば筋，中央では下ば筋となるように使用することもあり，このような主筋を折曲げ筋(ベント筋)とよぶ。また，部材の途中で定着させた主筋をトップ筋とよぶ。

(2) **あばら筋**　せん断力を負担する鉄筋を総称してせん断補強筋というが，はりのせん断補強筋をあばら筋(**スターラップ**)という。

(3) **補助筋**　鉄筋を組立てるときに位置を正しく保ち，また，コンクリート打設に際しても鉄筋が動いてしまわないように，補助的に使う鉄筋で，構造計算上は無視されている。腹筋，幅止め筋などがこれにあたる。

4.6 柱

C. はりの断面算定（許容曲げモーメント）

はりに曲げモーメントが作用したとき，はりの各断面はわん曲した後も平面を保ち，断面の軸方向ひずみは中立軸からの距離に比例すると考える。これを**平面保持**の仮定するという。断面に生ずる応力は，材料を弾性と考えて，断面に生じているひずみをヤング係数比倍して求める。鉄筋のヤング係数は一定で，コンクリートのヤング係数は強度や比重によって異なるが，クリープによるひずみ増加の影響なども考え，図4.2に示した初期の割線ヤング係数の2/3程度と考える。鉄筋のヤング係数とコンクリートのヤング係数の比を**ヤング係数比**といい，コンクリート強度に応じて，**表4.6**のように定めている。平面保持の仮定から，鉄筋のひずみは同じ位置のコンクリートのひずみと同じであるから，鉄筋は同断面積のコンクリートのヤング係数比倍の応力を負担することができるので，鉄筋を鉄筋断面積のヤング係数比倍の断面積をもつコンクリートと考えることもできる。このように，全断面をコンクリートに換算した断面を**等価断面**という。

表 4.6 ヤング係数比
（鉄筋コンクリート構造計算規準による）

コンクリートの設計 基準強度 F_c (N/mm²)	ヤング 係数比
$F_c \leq 27$	15
$27 < F_c \leq 36$	13
$36 < F_c \leq 48$	11
$48 < F_c \leq 60$	9

はりにモーメントが作用したとき，引張鉄筋の応力が許容応力に達するときのモーメント（M_1）と圧縮側最外縁のコンクリートの応力が許容応力に達するときのモーメント（M_2）が考えられ，このうちの小さい方のモーメントがこのはりの**許容モーメント**となる。はりに作用するモーメントが許容モーメント以下となるように主筋量や断面の大きさを決定しなければならない。引張鉄筋が小さい場合には許容モーメントは M_1 に，大きい場合は M_2 となる。引張鉄筋と圧縮側最外縁のコンクリートが同時に許容応力度に達する（$M_1 = M_2$）ように引張鉄筋量を定めることができ，このときの引張鉄筋量のはり断面積（$b \times d$）に対する比を**つりあい（釣合）鉄筋比**という。つりあい鉄筋比以下の鉄筋量であれば，はりの許容曲げモーメントは M_1 となり，また，M_1 は次式で近似できる。

$$M_1 = p_t \cdot b \cdot d \cdot f_t \cdot j \tag{4.2}$$

ここで，b：はり幅，d：はりの有効せい（圧縮側最外縁から引張鉄筋までの距離），f_t：引張鉄筋の許容応力度，$j = 7/8 \cdot d$，p_t：引張鉄筋比＝引張鉄筋の断面積／($b \cdot d$)。

D. 計算外の規定

引張鉄筋が許容応力度に達することではりの許容モーメントが決定される場合には，圧縮鉄筋の量ははりの許容モーメントと無関係となる。しかし，圧縮鉄筋は，はりのじん性を確保したり，クリープによる変形を少なくするために重要であるので，主要なはりは必ず圧縮鉄筋も配筋しておかなければならない。引張鉄筋と圧縮鉄筋の両方とも配筋されているはりを**複筋ばり**といい，引張鉄筋しかないはりを**単筋ばり**という。主要なはりは複筋ばりでなければならない。

4.6 柱

A. 概　要

柱があまり細長いと座屈[4.8])を起こすので，柱の幅は階高の1/15以上（軽量コンクリートを用いた場合には1/10以上）としなければならない。通常，配筋の都合上から最上階の柱で450 mm角程度とし，1階下がるごとに一辺の長さを50 mm程度増している。

B. 柱の配筋

柱の配筋は，図4.6のように行われる。

- (i) 主　筋　柱に作用する曲げモーメント，軸方向力を負担する。
- (ii) 帯　筋　柱のせん断補強筋のことで，フープともいう。
- (iii) 補助筋　柱のすみの主筋の位置を確保したり，主筋の座屈を防止したりする目的で用いられる。ダイヤフープ，サブフープなどがある。

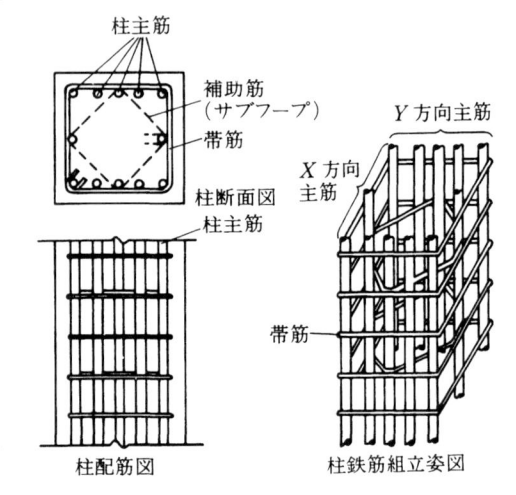

図 4.6　柱配筋

C. 断面算定（許容曲げモーメント，許容軸力）

柱の場合，許容曲げモーメントのほかに許容軸力も計算しなければならない。許容モーメントと許容軸力はある関係があり，同一断面でも，許容軸力を変えると許容モーメントも変化する。許容モーメントと許容軸力の関係を図示すると図4.7のようになり，柱に作用する軸力とモーメントが図の内側（原点側）に入るように配筋量や断面寸法を決定する。主筋量を増すと図は外側に広がる。鉄筋コンクリート柱の許容モーメントと許容軸力の関係は，引張鉄筋が許容応力度に達する場合（CASE1），圧縮側最外縁のコンクリートが許容応力度に達する場合（CASE2），および圧縮鉄筋が許容応力度に達する場合（CASE3）がある。

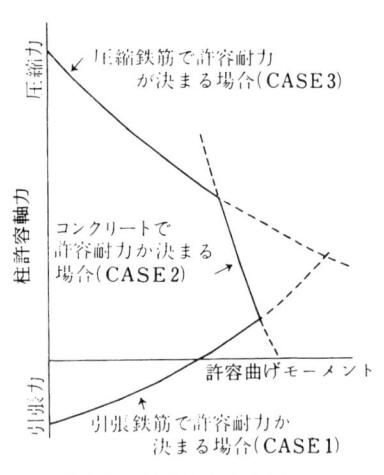

図 4.7　柱の軸力と曲げモーメントの相関

D. 計算外の規定

柱は，その崩壊が建物全体の崩壊につながる可能性の大きい重要な耐震要素であり，多少の応力変化には耐えられなければならないので，柱の主筋断面積は柱の断面積の0.8%以上でなければならない。

4.7 せん断補強

A. 概　　要

鉄筋コンクリート構造におけるせん断破壊は，非常にねばりの少ない破壊形式であり，とくに，柱のせん断破壊は建物全体の破壊につながるので注意が必要である。そこで，鉄筋コンクリート柱とはりには曲げ耐力以上のせん断耐力を与え，万一破壊するとしても，じん性のある曲げ破壊を起こし，せん断破壊は起こさないようにする。すなわち，柱やはりの曲げモーメントや軸力に対する主筋量が決定されたときに，前述のラーメン計算とは別に，断面の降伏モーメントをもとに柱やはりの最大曲げ耐力（設計用せん断力）を計算し，これを上まわるせん断耐力を部材に与えるようせん断補強筋を決定する。

B. は　　り

(1) **設計用せん断力**　長期設計用せん断力は，骨組の応力計算の結果そのままとする。短期の場合，実際の配筋量が計算上の必要量より多い場合や，許容曲げモーメントが，圧縮側のコンクリートが許容応力度に達することが決まっている場合など，断面の曲げ耐力がラーメン計算で求めた作用モーメントより大きくなっている可能性があるので，はりの両端が最大曲げ耐力になるときのせん断力を計算し，これを短期設計用せん断力とする。しかし，ラーメン計算で求めたせん断力に対し十分に余裕をもたせれば，それでよい。

(2) **許容せん断力**　過去の多くの実験結果を整理してはりの終局せん断耐力の最小値がほぼわかっているので，それを簡略化した実験式で計算している。

C. 柱

(1) **設計用せん断力**　柱の短期設計用せん断力としては，はりも含めたラーメンとして，柱に生じうる最大せん断力を計算することになる。その際，柱頭と柱脚が最大曲げ耐力に達する場合と，柱頭に連なるはり端部と柱脚が最大曲げ耐力に達する場合とを考えればよい。

(2) **許容せん断力**　柱のせん断強度に関する実験は数が少ないが，軸方向圧縮力が大きければ，柱のせん断強度も大きくなることが報告されている。しかし現在のところ，柱には十分安全を期して軸圧縮力の効果は無視し，はりの実験式に準拠する。

D. 柱はり接合部[4.9]

(3) **設計用せん断力**　短期設計用せん断力としては，柱と同様に，はりも含めたラーメンとして柱はり接合部に生じ得る最大のせん断力を計算する。

(4) **許容せん断力**　建物の中央部，外周部，最上階などのように接合部の位置によって異なる。十字形接合部のように周囲を柱とはりで拘束されている場合が最も高い許容せん断力となっている。

E. そ の 他

はり・柱のせん断補強筋は，せん断力を負担するだけではなく，コンクリートの拘束や主筋の座屈防止にも役立っているので必ず材端に配し，その間隔は，はりにおいては，はりせいの1/2以下かつ450 mm以下とし，柱においては，柱頭柱脚の柱幅の2倍の範囲内では100 mm以下，それ以

外の部分では150 mm以下でなければならない。また、柱の帯筋間隔は主筋径の15倍以下でなければならない。はり・柱のせん断補強筋は、細い鉄筋を密に配した方が効果があり、端部での定着が完全に行われるよう、135°フックにするか、溶接するか、連続したらせん筋にするのがよい。また、コンクリートの拘束と主筋の座屈防止の意味からも、図4.8のような形状にするのも効果がある。

4.8 スラブ

床スラブに生ずる応力は、荷重の分布とスラブ周辺の支持の方法によって異なるが、通常の場合、荷重の

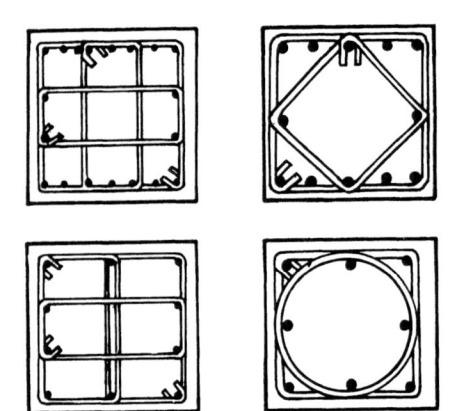

図 4.8 コンクリート拘束をよくするための帯筋・サブフープのかけ方

分布は等分布で、周辺支持の方法は、4周辺固定か、ベランダのように片持ち形式となることが多い。周辺固定スラブの中央での応力分布を図4.9に、配筋の状況を図4.10に示す。短辺方向のモーメントが大きいので、スラブの鉄筋も短辺方向に配筋するのが主体となる。

短辺方向の鉄筋を**主筋**、長辺方向の鉄筋を**配力筋**という。はりの近くではスラブの応力が小さくなるので、はりの近くにある柱列帯の配筋量は減らしてもよい。図4.11示す、斜線部は**柱列帯**、その他の部分を**柱間帯**という。

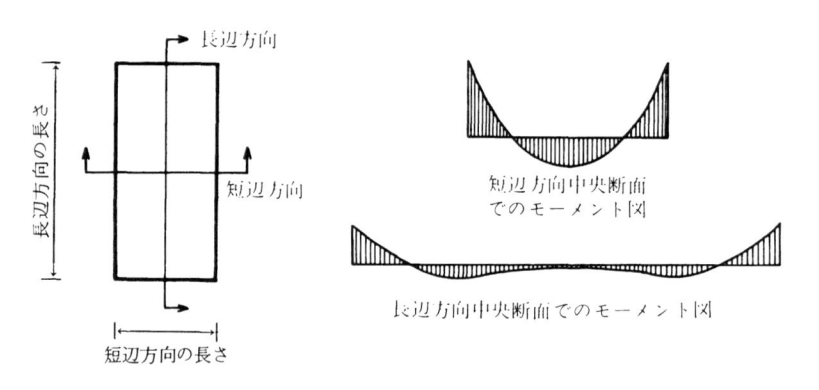

図 4.9 スラブのモーメント分布図

床スラブの厚さは、短辺方向の長さの1/30〜1/35で、120〜150 mmが多い。床スラブは、強度を確保するだけでなく剛性も確保しておかなければ、たわみが大きくなったり振動を起こしたりして、使用上不都合となるので注意する必要がある。スラブ周辺の拘束の状況によっては、乾燥収縮によるひびわれが発生したり、クリープによるたわみも起こる可能性があるので、スラブの鉄筋の間隔は、主筋で200 mm以下、配力筋で300 mm以下であって、かつスラブ厚の3倍以下でなければならず、コンクリート全断面積に対する鉄筋全断面積の比も0.2%以上でなければならない。

4.10 基　　礎

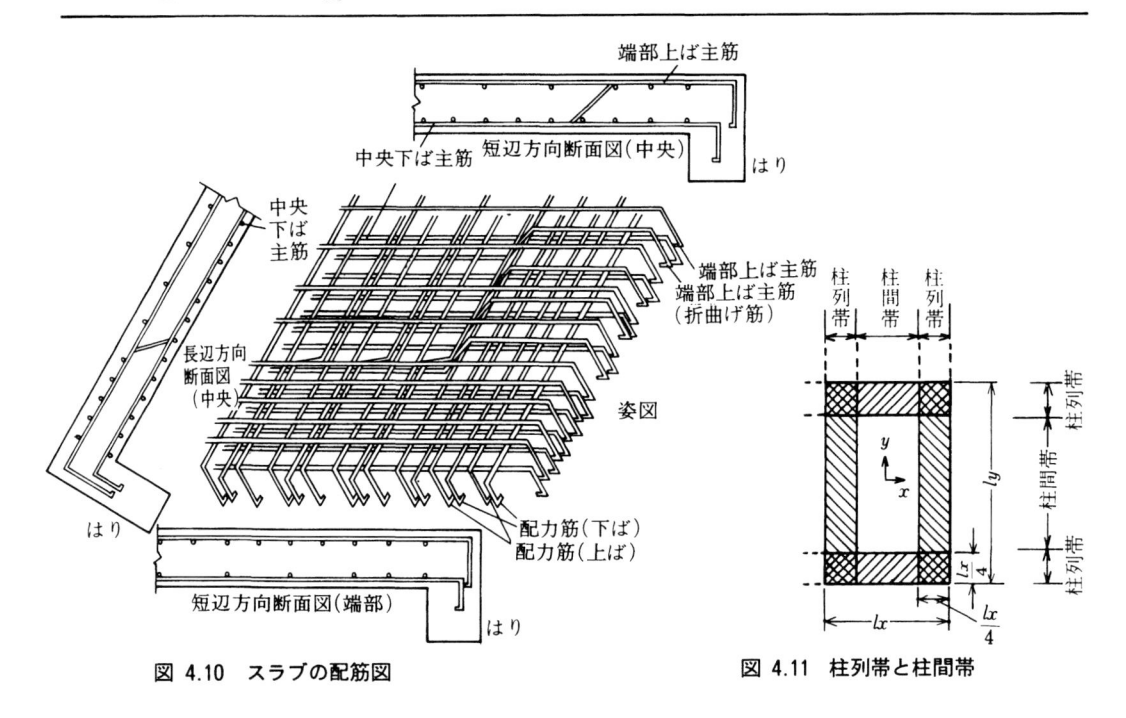

図 4.10　スラブの配筋図

図 4.11　柱列帯と柱間帯

4.9　耐　震　壁

耐震壁は，地震力負担能力が大きく，その量や配置が建物の耐震性能を左右する重要な耐震要素である。耐震壁の厚さは，120 mm 以上かつ壁板内法寸法の 1/30 以上でなければならないが，通常 150～180 mm である。

窓など開口がある場合，図 4.12 に示す $\sqrt{h_0 l_0 / h l}$ を等価開口周比といい，等価開口周比が 0.4 以上の場合には，薄い柱（壁柱という）と薄いはり（壁ばり）からなるラーメンと考えるべきであり，耐震壁ではない。

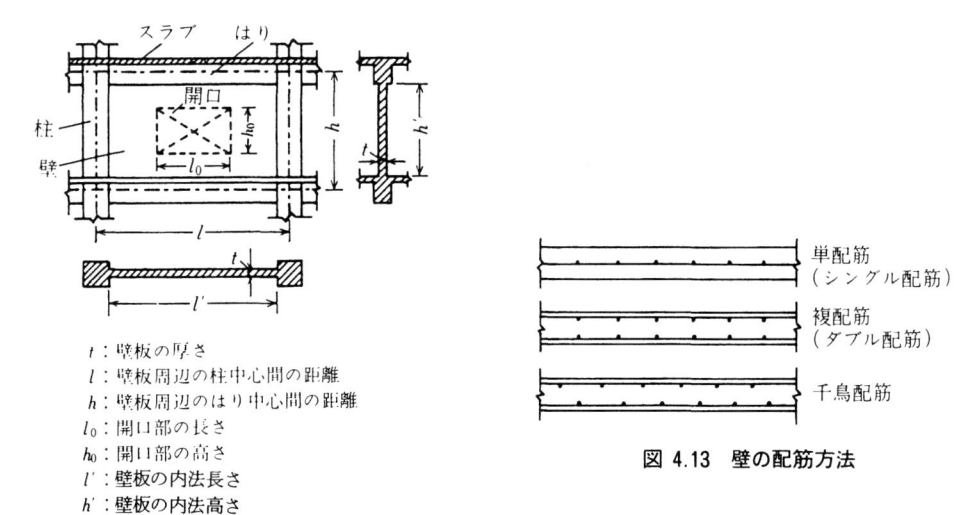

t：壁板の厚さ
l：壁板周辺の柱中心間の距離
h：壁板周辺のはり中心間の距離
l_0：開口部の長さ
h_0：開口部の高さ
l'：壁板の内法長さ
h'：壁板の内法高さ

図 4.12　壁

図 4.13　壁の配筋方法

耐震壁に配筋する場合，図 4.13 に示すように単配筋と複配筋があり，壁厚 200 mm 以上の場合には，複配筋としなければならない。壁筋の間隔は 300mm 以下（千鳥配筋の場合は 450mm 以下）としなければならず，壁筋比は縦横とも 0.25 % 以上でなければならない。

壁板に開口があると，開口のすみの部分に応力が集中しひびわれが発生しやすくなるので，必ず 13 mm 以上の鉄筋で補強しなければならない。開口部周辺の壁配筋を図 4.14 に示す。

耐震壁周辺の柱・はりは，耐震壁にひびわれが発生した後のじん性確保のうえで重要であるので，それぞれ主筋比を 0.8% 以上配し，せん断破壊を生じさせないようにしなければならない。

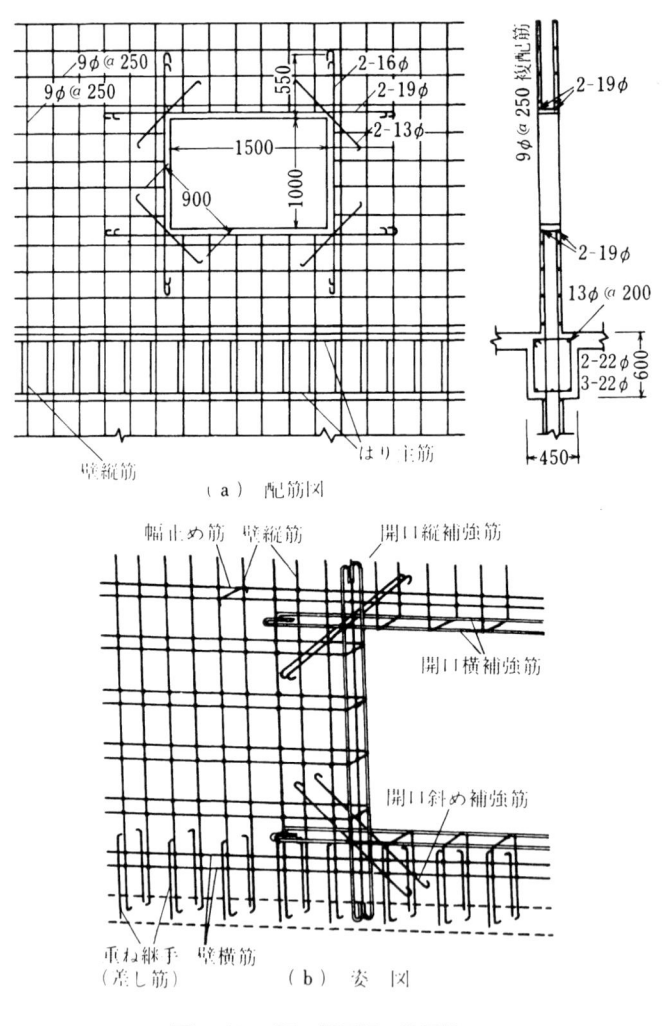

図 4.14 開口部周辺の壁配筋

4.10 基　　礎

基礎の形式は，第 2 章で述べたように各種あるが，一般に大きな建物や軟弱な地盤以外はフーチング基礎を用いる。代表として，独立基礎について説明する。

(1) 基礎スラブの底面積　基礎の底面を**基礎スラブ**という。基礎スラブを支持している地盤には，柱・壁・基礎ばりを通して作用する建物の重量，地震力によって生ずる建物全体の転倒を防ぐ反力，埋めもどした土の重量，および基礎スラブ自身の重量が作用している。これらの荷重の総和を基礎スラブの底面積で除したものを**接地圧**という。基礎スラブにこれらの荷重が偏心している場合には接地圧が一様にならないので，その分布の方法に注意しなければならない。地盤にも荷重を支持しうる限界があり，それを**地耐力**といい，地耐力の許容応力度を**許容地耐力**という。

(2) 基礎スラブに働く荷重　基礎スラブは，図 4.15 に示すように柱で支持され下から分布荷重を受ける片持ちばりとして考える。荷重は，下から上向きに接地圧を受け，上から下向きに基礎スラブの自重と埋めもどし土の重量を受けるので，その差だけ考えることになる。また，柱断面積は基礎スラブ面積に比べ小さいので，柱からの荷重が十分に基礎スラブ底面全部に広がらず，図 4.16 のように柱が基礎スラブを突抜けるような破壊（**パンチングシャー破壊**という）をするおそれがあるので検討しなければならない。

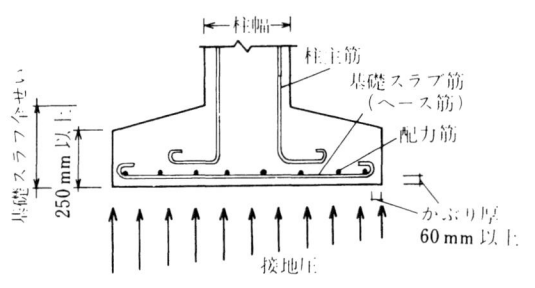

図 4.15　基礎スラブ配筋と地面から受ける応力

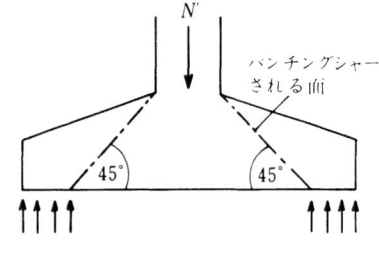

図 4.16　基礎スラブのパンチングシャー

4.11　鉄筋コンクリート工事

鉄筋コンクリート工事に関する種々の規定および注意は，前述したように日本建築学会「建築工事標準仕様書　鉄筋コンクリート工事」JASS 5) に詳しく記されている。一般的事項について，以下に簡単に説明する。

A．かぶり厚

部材中の鉄筋の表面からコンクリート表面までの距離の最短のものを，かぶり厚という。かぶり厚は，耐火性・耐久性のうえからも重要であり，表 4.7 にその規定を示す。

表 4.7 鉄筋に対するコンクリートの設計かぶり厚さ[3] (mm)
(JASS 5 による)

部位			仕上げなし	仕上げあり
土に接しない部分	屋根スラブ 床スラブ 非耐力壁	屋内	30	30
		屋外	40	30
	柱 はり 耐力壁	屋内	40	40
		屋外	50	40
	擁壁		50	50
土に接する部分	柱・はり・床スラブ・耐力壁		50注	−
	基礎・擁壁		60注	−

[注] 軽量コンクリートの場合は, 10 mm 増しの値とする。

B. 加工精度

鉄筋加工寸法の測り方を**図 4.17**に示す。また, その許容差は**表 4.8**に示すもの以下でなければならない。

表 4.8 加工寸法の許容差 (JASS 5 による)

項	目		許容差 (mm)
各加工寸法	あばら筋・帯筋・スパイラル筋		±5
	主筋	D 25 以下	±15
		D 29 以上 D 41 以下	±20
加工後の全長			±20

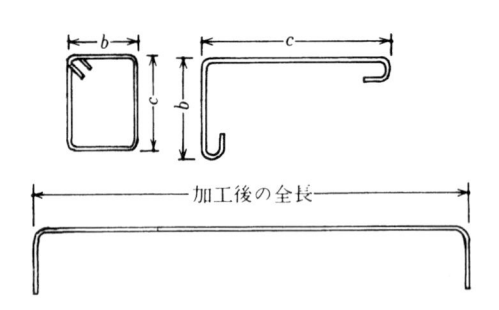

図 4.17 加工寸法のとり方 (JASS 5 による)

C. 定　着

鉄筋が所定の応力を完全に発揮するためには，必ず，鉄筋の端部においてコンクリートとのずれがほとんどなくなるようにしておかなばならない。これを鉄筋の定着という。通常，鉄筋をある長さだけ余分にコンクリート中に埋め込むことによって定着をとる。この長さを定着長さという。定着する際，丸鋼は必ず末端にフックをつけなければならない。異形鉄筋はフックをつける必要はないが，①はり・柱のすみ部分の鉄筋，②煙突の鉄筋には必ずフックをつけなくてはならない。

鉄筋の折曲げ加工は必らず冷間加工とし，ガスなどで赤熱させて加工してはいけない。鉄筋の折曲げ形状・寸法は**表 4.9**に，JASS 5 による定着長さの測り方は**図 4.18**に，定着長さは**表 4.10**

表 4.9　鉄筋の折曲げの形状・寸法
(1) 鉄筋末端部（鉄筋コンクリート構造計算規準）

折曲げ角度	図	種類	折曲げ内のり直径（D）
180° 135° 90°(2)	余長 4d以上 余長 6d以上 余長 10d以上	SR 235	4d以上(1)
		SR 295	16ϕ以下　4d以上，19ϕ以上　5d以上
		SD 295A SD 295B SD 345	D 16 以下　4d以上 D 19～D 25　6d以上 D 29～D 41　8d以上
		SD 390	D 25 以下　6d以上 D 29～D 41　8d以上

［注］(1) d は，丸鋼では径，異形鉄筋では呼び名に用いた数値とする。
(2) 折曲げ角度90°は，スラブ筋・壁筋末端部またはスラブと同時に打ち込むT形およびL形ばりに用いるキャップタイのときだけ使用できる。

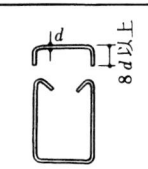

キャップタイの配筋方法

(2) 鉄筋中間部（JASS 5）

折曲げ角度	図	鉄筋の使用箇所による呼称	鉄筋の種類	鉄筋の径による区分	鉄筋の折り曲げ内の寸法（D）
90°以下		スラブ筋 壁　　筋 帯　　筋 あばら筋 スパイラル筋	SR 235 SD 295 A, SD 295 B SR 295 SD 345	16ϕ以下 D 16	3d以上
				19ϕ以上 D 19	4d以上
		柱，はり 壁，スラブ 基礎ばり などの主筋	SR 235 SD 295 A, SD 295 B SD 345 SD 390	16ϕ以下 D 16	
				19ϕ～25ϕ D 19～D 25	6d以上
				28ϕ～32ϕ D 28～D 38	8d以上

［注］(1) d は丸鋼では径，異形鉄筋では呼び名に用いた数値とする。

によらなければならない。また，構造計算上必要な長さは，鉄筋コンクリート構造計算規準によって計算しなければならない。

表 4.10 鉄筋の定着および継手の長さ（JASS 5による）

種　類	コンクリートの設計基準強度（N/mm²）	重ね継手の長さ（L_1）	定着の長さ 一般（L_2）	定着の長さ 下端筋（L_3）小ばり	定着の長さ 下端筋（L_3）床・屋根スラブ
SR 235	18	45dフック付き	45dフック付き	25dフック付き	150 mmフック付き
SR 235	21, 24	35dフック付き	35dフック付き	25dフック付き	150 mmフック付き
SD 295 A SD 295 B SD 345	18	45dまたは35dフック付き	40dまたは30dフック付き	25dまたは15dフック付き	10dかつ150 mm以上
SD 295 A SD 295 B SD 345	21, 24	40dまたは30dフック付き	35dまたは25dフック付き	25dまたは15dフック付き	10dかつ150 mm以上
SD 295 A SD 295 B SD 345	27, 30, 33, 36	35dまたは25dフック付き	30dまたは20dフック付き	25dまたは15dフック付き	10dかつ150 mm以上
SD 390	21, 24	45dまたは35dフック付き	40dまたは30dフック付き	25dまたは15dフック付き	10dかつ150 mm以上
SD 390	27, 30, 33, 36	40dまたは40dフック付き	35dまたは25dフック付き	25dまたは15dフック付き	10dかつ150 mm以上

［注］　1. 末端のフックは，定着長さに含まない。
　　　2. dは，丸鋼では径，異形鉄筋では呼び名に用いた数値とする。
　　　3. 耐圧スラブの下端筋の定着長さは，一般定着（L_2）とする。
　　　4. 直径の異なる重ね継手長さは，細いほうのdによる。

4.11 鉄筋コンクリート工事

最上層のはり端部
（二段配筋の場合，下段筋は一般層のはり端部と同様とする）

一般層のはり端部
（ハンチのない場合）

（垂直断面）

小ばりとはり
（水平断面）

A 面
（小ばり筋を斜めに定着する場合）

一般層のはり端部
（ハンチのある場合）

はりと柱

スラブ端部

溶接金網の場合

柱と基礎

150 mm 以上

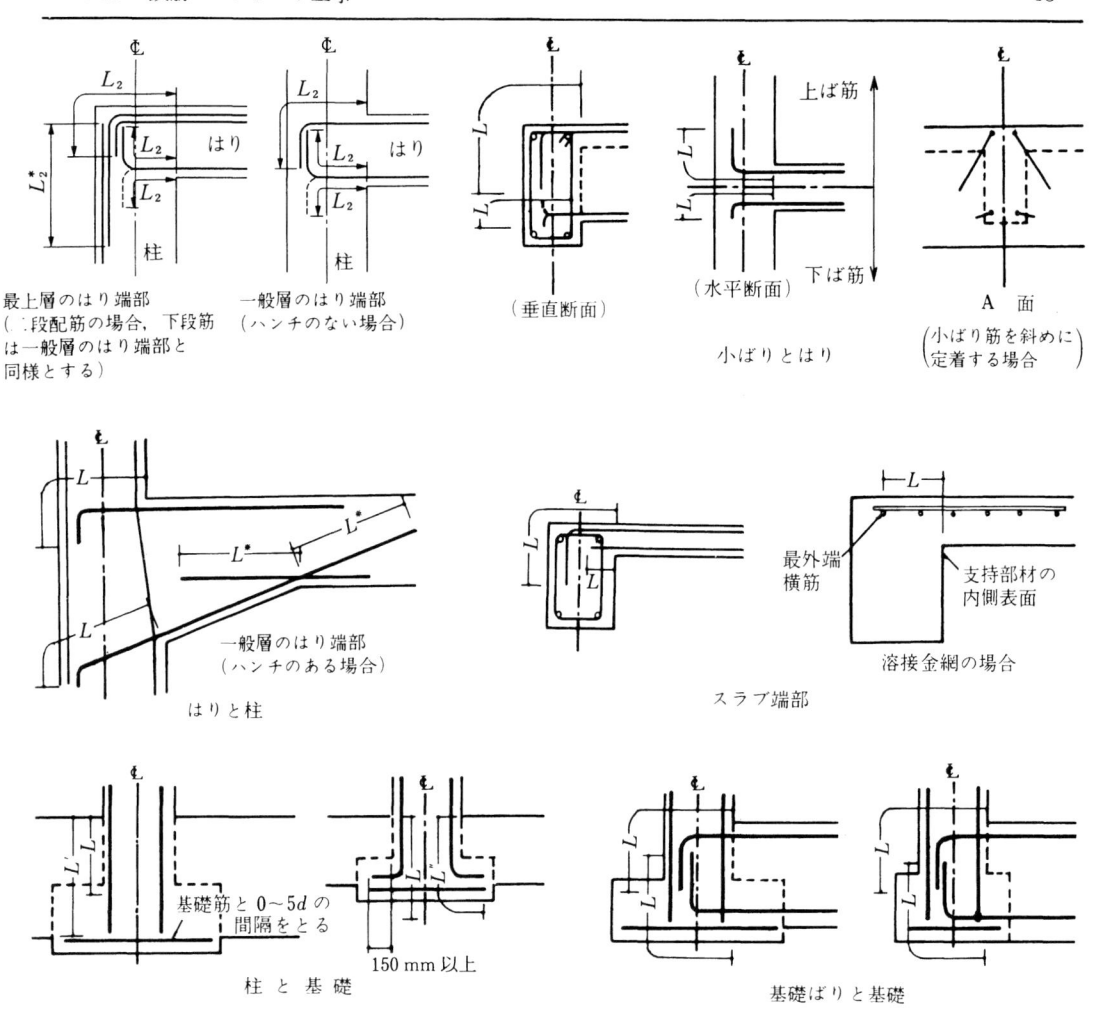

基礎ばりと基礎

L^* は L に $5d$ を加えるものとする
L の長さで垂直に定着できる場合でも L' まで延ばす
L の長さで垂直に定着できない場合は L'' とする。ただし，L'' は L 以上となるようにし，かつ水平折曲げ部分は 150 mm 以上とする

図 4.18　定着寸法の測り方 (JASS 5 による)

D. 継　　手

　鉄筋同士を継ぐには，次のような方法がある。継手は，応力の小さい位置で行い全鉄筋を部材の同じ断面内で継ぐとそこに応力集中を起こすので，少しずつずらしながら設けていくようにする。図 4.19 に，柱・はりの主筋の継手を設ける望ましい位置を示す。

　(1) **重ね継手**　重ね継手は，互いに鉄筋とコンクリートとの付着を利用しあって応力を伝達する方法で表 4.10 に JASS 5 による継手の重ね長さを示す。また，構造計算上必要な重ね長さは，鉄筋コンクリート構造計算規準により計算しなければならない。

(2) **溶接継手** 圧接継手[4.10]，アーク溶接[4.11] などがある。

(3) **機械継手** ねじ継手[4.12]，圧着継手[4.13] などがある。

(4) **スリーブ継手**[4.14] テルミット溶接を仕様したテルミット式スリーブ継手，モルタル注入，樹脂注入などの方法がある。

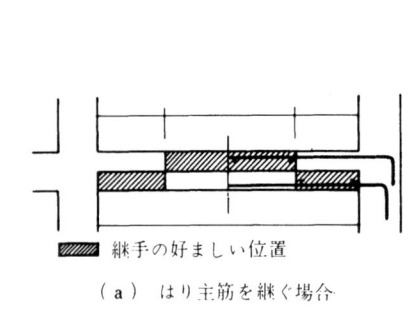

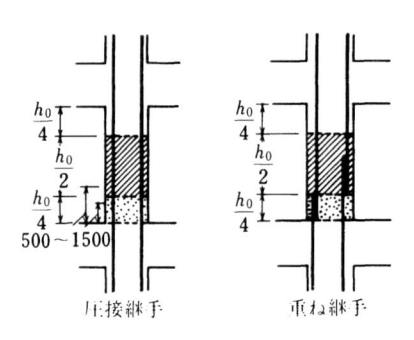

(a) はり主筋を継ぐ場合

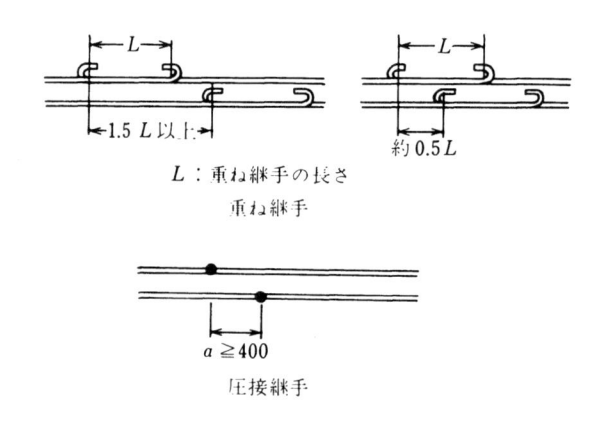

(b) 柱主筋を継ぐ場合

L：重ね継手の長さ
重ね継手

$a \geqq 400$
圧接継手

(c) 隣り合せの鉄筋の位置のずらし方

図 4.19 継手を設ける位置
（鉄筋コンクリート構造計算規準による）

第5章

壁式鉄筋コンクリート構造

5.1 壁式鉄筋コンクリート構造とは

　住宅，とくにアパートなどのような集合住宅では，戸境いや間仕切りなどのために壁が多くなるので，これを柱の代わりに主要構造材として使用すれば，柱形の凹凸がなくなり空間を有効に利用できる構造となる。このような構造を**壁式構造**といい，壁式構造において自重や積載荷重などの鉛直荷重と地震力などの水平力を支える壁を**耐力壁**という。

　壁式鉄筋コンクリート構造は鉄筋コンクリート構造の1つであるから，第4章に従って構造計算などを行わなければならない。しかし，壁式構造各部の正確な応力は，曲げ変形とせん断変形を考慮し，さらには，剛域も考慮した解析を行わなければ求められず，たいへん複雑であるので，構造計算を簡略にしても十分耐震的な建物となるように耐力壁の量や配置，配筋などに細則を設けることとしている。日本建築学会における「壁式鉄筋コンクリート造計算規準」もその1つであり，これに従って説明する。壁式鉄筋コンクリート構造は壁が多く，計画上，使用上はかなり制限を受けるものの耐震的には優れており，最近の地震においても被害を受けた例はほとんどみられない。

5.2 構造の規模，材料の品質

　壁式構造の各部名称，概要を図5.1に示す。

　壁式構造の地上階数は5階以下とし，軒高は16m以下としなければならない。構造計算を簡略にしてあるので，いちじるしく不整形な建物や，住宅に比べ積載荷重がいちじるしく重い建物は，前述した曲げせん断剛域を考慮した解析を行わなければ，壁式構造とすることはできない。

　壁式構造の耐力壁は，第4章の耐震壁とは異なり，周辺に柱とはりによる拘束がないので，ひびわれ発生に伴って急激に耐力を失うおそれがあるので注意する必要があり，5階建建物の2階，1階，地階部に使用するコンクリートは，18N/mm²以上の設計基準強度としておかなければならない。

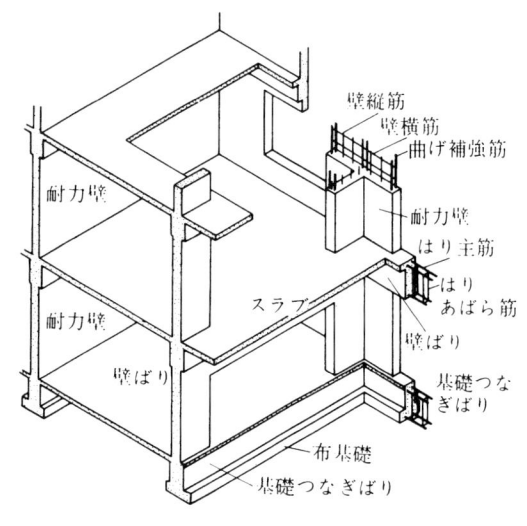

図5.1 壁式構造

5.3 構造規定

A. 耐力壁の定義

耐力壁は，水平力と鉛直力を保持するものであるから，次の構造条件を満足していなければならない。

(i) 耐力壁は，図5.2において，壁の水平断面の長さ l が高さ h の30％以上かつ450 mm 以上あること。

(ii) 壁厚は表5.1に示す t_0 以上。

(iii) 縦方向，横方向のいずれにもせん断補強筋を有し，そのせん断補強筋の量は表5.2に示す値以上。また，せん断補強筋にはD10以上の鉄筋を用い，その間隔は300 mm以下としなければならない。複配筋とした時の片側の鉄筋間隔は450 mm以下でもよい。

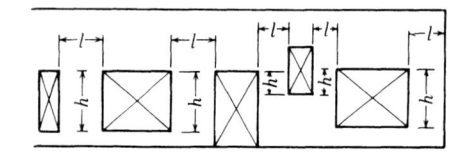

図 5.2 耐力壁の高さと長さ

表 5.1 耐力壁の厚さの最小値（壁式鉄筋コンクリート造設計規準による）

	階	壁の厚さ t_0 (mm)	備　　考
地上階	平　家	120 かつ $h/25$	h：構造耐力上主要な鉛直支間の距離（mm）
	2階建の各階 3，4，5階建の最上階	150 かつ $h/22$	
	その他の階	180 かつ $h/22$	
地　下　階		180[(1)] かつ $h/18$	

［注］ (1) 片面または両面に仕上げがなく，かつ土に接していない部分は，屋内・屋外にかかわらず，それぞれ190 mm または200 mm とする。
(2) 片面または両面が土に接している部分は，普通コンクリートを使用する場合はそれぞれ190 mm または200 mm，1種および2種軽量コンクリートを使用する場合はそれぞれ200 mm または220 mm とする。

表 5.2 耐力壁のせん断補強筋比の最小値（壁式鉄筋コンクリート造設計規準による）

	階	せん断補強筋比（％）
地上階	平家または最上階	0.15
	最上階から数えて2つめの階	0.20
	その他の階	0.25
地　下　階		0.25

［注］ (1) 壁量が表5.4に示す数値より大きい場合におけるせん断補強筋比は，0.15％をくだらない範囲で次式によって算定した数値まで減らすことができる。

$$\left(\begin{array}{c}\text{せん断}\\\text{補強筋比}\end{array}\right) = \left(\begin{array}{c}\text{表5.2に示す}\\\text{せん断補強筋比}\end{array}\right) \times \frac{\text{表5.4に示す壁量（cm/m}^2\text{）}}{\text{設計壁量（cm/m}^2\text{）}}$$

(2) 横筋および縦筋はD10（または9φ）以上とし，耐力壁の見付け面積に対する横筋および縦筋の間隔はそれぞれ300 mm（平家建の場合は450 mm）以下とすること。ただし，複配筋とする場合は，片側の横筋および縦筋の間隔は，それぞれ450 mm を超えてはならない。

(iv) 耐力壁の両端部，開口部周囲や取合ぐう角部などには，表5.3に示す配筋以上の鉄筋を，曲げに対して（曲げ補強筋として）配筋しなければならない。

5.3 構造規定

表 5.3 耐力壁の曲げ補強筋

階	耐力壁の端部などの曲げ補強筋	
	$h_0^{(1)} \leq 1\,m$	$h_0 > 1\,m$
平家	1 − D 13	1 − D 13
2 階建の各階 3, 4, 5 階建の最上階	1 − D 13	2 − D 13
3, 4, 5 階建の最上階から数えて 2 つめの階	2 − D 13	2 − D 13
平家建, 2 階建の地下階 3 階建の 1 階および地下階 4 階建の 2 階, 1 階および地下階 5 階建の 3 階および地下階	2 − D 13	2 − D 16
5 階建の 1 階および地下階	2 − D 16	2 − D 19

[注] (1) h_0(m)：曲げ補強筋に沿った開口縁の高さ（開口部の上部または下部の小壁が耐力壁と同等以上の構造でない場合は，その部分の高さを加算した高さとする）

B. 壁ばり

壁ばりは，耐力壁の浮上りや転倒を防止し，耐力壁を有効に働かせるためにそれぞれの耐力壁の頂部に連続して設け，耐力壁同士をつないでおかなければならない。壁ばりの幅(厚さ)は，耐力壁の厚さ以上でなければならず，せん断補強筋も同等以上でなければならない。

C. 耐力壁の壁量，配置

各階，はり間，けた行それぞれの方向について，その方向に有効な耐力壁の実長(耐力壁のその方向の長さ)の総和をその階の床面積で除した値を**壁量**といい，cm/m² で表わす。各階，各方向の壁量はいずれも**表 5.4**の値以上でなければならない。

表 5.4 壁量（壁式鉄筋コンクリート造設計規準による）

階		壁量（cm/m²）
地上階	平家または最上階から数えて 3 つめの階以上の階	12
	最上階から数えて 4 つめの階以下の階	15
地下階		20

[注] 耐力壁の厚さ t が表 5.1 の t_0 より大きい場合には，その耐力壁の長さを t/t_0 の比で割増しした長さを耐力壁の長さとしてもよいが，この場合，耐力壁の実長の合計(cm)をその階の床面積(m²)で除した数値は，表 5.4 に示す数値からそれぞれ 3 cm/m² を引いた数値以上としなければならない。

耐力壁は，平面的には建物のねじれが生じないように，また，直交する耐力壁を設けて面外への座屈を防止するなどしなければならず，立面的には急激な剛性変化を避け，上下の耐力壁の端部を重ねるなど壁脚部を固めなければならない。

D. 基礎

耐力壁を最下部で支持するとともに，浮上りや転倒を防止するためのものであるので，壁ばりと

同様に，基礎つなぎばりを連続して設けるか，布基礎としなければならない。

E. コンクリート工事

鉄筋コンクリート構造と同様に JASS 5 に従って工事を行うが，粗骨材の最大寸法を 20 mm 以下とするなど，コンクリートのワーカビリティ，打設にはとくに注意をはらわなければならない。

第6章

プレストレストコンクリート構造
prestressed concrete construction

6.1 プレストレストコンクリート構造とは

　コンクリートは，第4章で述べたように，引張力に弱くひびわれの発生しやすい材料である。そこで，部材のコンクリートにあらかじめ圧縮力(プレストレス)を与えておいて，外力が作用したときにもコンクリートには引張力がほとんど生じないようにしておいた構造を，**プレストレストコンクリート構造**という。図6.1にその原理を示すが，部材中に緊張用の鋼材(**PC鋼材**)を通し，これに引張力を与え**定着装置**を用いてその反力をコンクリートで受けることにより，部材のコンクリートに圧縮力を生じさせる。

コンクリートを反力として
PC鋼棒を引張る

断面のひずみ分布
$\varepsilon_c = -\varepsilon_p$

プレストレスを受けた後の形状
もとの形状

引張力をコンクリート部材両端で定着させる。コンクリートは反力により圧縮力を受け縮む

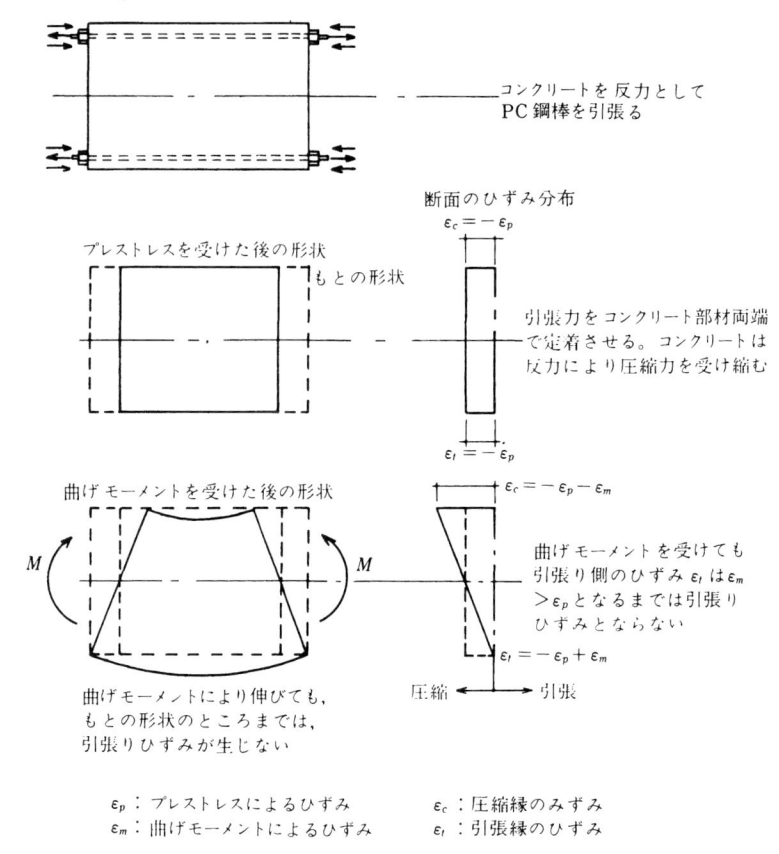

$\varepsilon_t = -\varepsilon_p$

曲げモーメントを受けた後の形状

$\varepsilon_c = -\varepsilon_p - \varepsilon_m$

曲げモーメントを受けても引張り側のひずみ ε_t は $\varepsilon_m > \varepsilon_p$ となるまでは引張りひずみとならない

$\varepsilon_t = -\varepsilon_p + \varepsilon_m$

圧縮 ← → 引張

曲げモーメントにより伸びても，もとの形状のところまでは，引張りひずみが生じない

ε_p：プレストレスによるひずみ　　ε_c：圧縮縁のひずみ
ε_m：曲げモーメントによるひずみ　ε_t：引張縁のひずみ

図 6.1　プレストレス構造の原理

　プレストレストコンクリート構造では，部材断面のコンクリートには引張力が生じないか，生じたとしてもごくわずかであるので，有効断面が増し，小さなはりせいで大スパン構造を設計するこ

とができ，建築物で20m以上のスパンとなることも多い．しかし，その反面，剛性が弱くなり，過度のたわみや振動障害に注意することが必要であり，また，工事が複雑になるなどの欠点もある．

プレストレストコンクリート構造に関しては，日本建築学会から「プレストレストコンクリート構造設計施工規準」がある．以下，それに準拠して説明を行う．

6.2 材　　料
A．PC鋼材

PC鋼材は，コンクリートにあらかじめ圧縮力を生じさせるために用いる緊張用鋼材で，高強度の鋼材である．PC鋼線，PC鋼より線，PC鋼棒がある．

(i) **PC鋼線**　JIS G 3536に規定される高強度の鋼線で，直径が9mm以下のものである．付着をよくするために表面に模様をつけた異形PC鋼線もある．

(ii) **PC鋼より線**　PC鋼線を2本，3本，7本または19本集めてより線としたもの．

(iii) **PC鋼棒**　JIS G 3109に規定される高強度の棒鋼で直径が9mmをこえるもの．

鋼材を引張り，その長さを保持したまま長時間置くと，鋼材にクリープひずみが生じ，緊張力が最初に与えた値より減少する現象がある．これを**リラクセーション**という．PC鋼材は長期間引張力を保持する必要があるので，高強度であるとともにリラクセーションがあまり起こらないものがよい．PC鋼材の規格の一例として，PC鋼棒の規格を**表6.1**に示す．

表 6.1　PC鋼棒の種類，記号および機械的性質

種類		記　号	耐　力 (N/mm²)	引張強さ (N/mm²)	伸び (%)	リラクセーション値 (%)
A種	2号	SBPR 785/1030	785以上	1030以上	5以上	4.0以上
B種	1号	SBPR 930/1080	930以上	1080以上	5以上	4.0以上
	2号	SBPR 930/1180	930以上	1180以上	5以上	4.0以上
C種	1号	SBPR 1080/1230	1080以上	1230以上	5以上	4.0以上

［注］　1．耐力とは0.2%永久伸びに対する応力をいう．

B．コンクリート

PC鋼材のリラクセーション値[6.1]が小さくても，コンクリートのクリープや乾燥収縮が大きくてはなにもならない．したがって，プレストレストコンクリート構造に用いるコンクリートは，高品質で信頼性の高いものである必要がある．そのため，水セメント比の小さな高強度コンクリートを用いることとなり，ワーカビリティが低下するので，入念な施工を行う必要がある．

C. 定着装置

定着装置とは，PC鋼材の緊張力がゆるまないように直接保持する定着具と，定着部周辺のコンクリートを補強する金物の類のことである。定着の方法は，ねじ式とくさび式に大別される。

6.3 プレストレッシング

A. プレストレスの方法

プレストレスを導入することを**プレストレッシング**といい，プレストレッシングの方法やプレストレスの使い方，設計の方法などによってプレストレス構造は分類できる。

(1) プレストレッシングの方法による分類

（i）**ポストテンション方式**　コンクリート硬化後に，部材の中を通したPC鋼材に引張力を与え部材両端で定着させることにより，反力としてコンクリートに圧縮力を与える方法である。

　　コンクリート打設の際に，PC鋼材を通すための管を通しておく必要があり，この管を**シース**という。プレストレッシング終了後，このシースにセメントペーストなどを注入して固め（**グラウト**するという），PC鋼材と部材のコンクリート間に付着を生じさせ一体とする方法と，グラウトせずにPC鋼材と部材のコンクリートの間に付着がないままにしておく**アンボンドポストテンション**とする方法がある。図6.2は，ポストテンション方式でねじ式定着によるプレストレッシングの方法である。

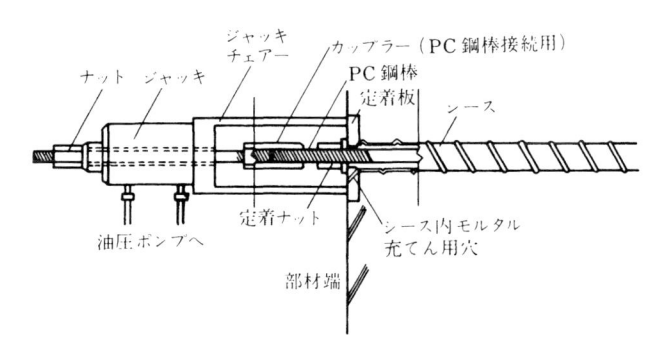

図6.2　ポストテンション方式によるねじ式定着の例

（ii）**プレテンション方式**　PC鋼材に引張力を与えたままコンクリートを打設し，コンクリート硬化後，引張力を解除する。PC鋼材はコンクリートとの付着力によって定着されることになり，反力としての圧縮力をコンクリートに生じさせる方式。

(2) プレストレスの設計上の利用の仕方による分類

（i）**フルプレストレッシング方式**　プレストレスによる応力度と長期荷重による応力度を合成した応力度が引張力とならない程度のプレストレスを与える方法である。柱・大ばりなど主要な部材，トラス下弦材など引張材は，フルプレスト方式で設計する。

（ii）**パーシャルプレストレッシング方式**　プレストレスによる応力度と長期荷重による応力

度を合成した応力度がコンクリートの引張強度をこえないような，すなわち，長期荷重時にひびわれが入らない程度のプレストレスを与える方法である。

B. プレストレッシングの注意

(1) **緊張管理**　プレストレッシングの際には，次の点に注意しなければならない。

　(i)　PC鋼材の初引張力が所定の引張力となるよう，荷重計の示度，PC鋼材の伸びを確認する。

　(ii)　プレテンション方式の場合，プレストレスをコンクリートに与える際のPC鋼材の緊張力の解除は，固定装置を急激にゆるめるとPC鋼材とコンクリート間の付着が損われるので，ゆっくりと注意しながら行う。

　(iii)　ポストテンション方式の場合，PC鋼材を通す穴は，通常フレキシブルシースとよばれる薄板鉄板をら線状に巻いた周壁にひだのあるものが用いられるが，シースの継目がはずれたり，管がつぶれたりしないよう入念に取り扱わなければならない。また，シースの位置は，PC鋼材の位置を決定づけることになるので，図面通り正確に配置するとともに，コンクリート打設によって位置がずれてしまわないよう固定する。

　(iv)　定着具は，長期間にわたってPC鋼材の緊張力を保持するので，破損したり，腐食したりしないよう十分に保護しなければならない。

(2) **プレストレス導入時のコンクリート強度**　コンクリートは，プレストレス導入時には，安全に導入応力を支持できるだけの強度を発現していなければならず，とくに，プレテンション方式の場合，付着によって導入応力を保持するので，導入時のコンクリート強度はポストテンション方式の場合よりも高い強度が必要である。

(3) **プレストレスの損失**　PC鋼棒に与えた最初の緊張力は，そのままコンクリートに対するプレストレス力とはならず，いくつかの原因によりプレストレスの損失が生じる。

　(i)　**摩擦損失**　ポストテンション工法の場合は，シースとPC鋼材の間で摩擦が働き，PC鋼材の引張力は緊張端から離れるに従って減少していく。したがって断面設計をする際には，鋼材引張力，コンクリートに対するプレストレス力を各工法ごとに定められた摩擦損失を考慮して，材端での緊張力より計算しなければならない。

　(ii)　**有効プレストレス力**　鋼材のリラクセーションとコンクリートの乾燥収縮やクリープによって，プレストレス力は時間とともに減退していくが，ある程度経過すれば，この減少値は一定値となり定常状態となる。このときのプレストレス力を有効プレストレス力といい，最初のプレストレス力を初プレストレス力という。有効プレストレス力を初プレストレス力で除した値をプレストレス力有効率（η）という。ηは，静定構造物では，プレテンション方式の場合で0.8，ポストテンション方式の場合で0.85としてよいが，不静定構造物では，初プレストレス力によって生ずる部材各部の応力を正確に把握し，それに基づいた減退力を計算しなければならない。

6.4 部材の設計

部材の設計は，応力度の算定と安全度の検定を行う。長期応力に比べ終局強度設計用応力が小さい場合には，長期応力に対し許容応力度法による弾性設計を行い，断面寸法，プレストレス力，偏心距離を決定した後，終局強度設計用応力に対して断面の安全度をチェックして設計を終了する。終局強度設計用応力の方がいちじるしく大きい場合，終局強度設計用応力に対し，終局強度から必要な安全率をもつように断面寸法などを決定し，長期応力度によって断面各部の応力が許容応力をこえていないことを確認し，設計をおわる。プレストレストコンクリート構造では，鉄筋コンクリート構造に比べ断面を小さくできるので，部材に大きなたわみが生じないよう注意しなければならない。

6.5 構造細則

(i) プレテンション材の定着端では，PC鋼材相互のあきは鋼材直径の3倍以上かつ粗骨材最大寸法の1.25倍以上とする。

(ii) ポストテンション材では，シース相互のあきを30 mm以上かつ粗骨材最大寸法の1.25倍以上とする。

(iii) PC鋼材のかぶり厚は50 mm以上とする。

(iv) PC鋼材や定着金物の露出部は耐火上および耐久上コンクリートやモルタルで覆っておく必要がある。

第7章

鉄骨構造
steel construction

7.1 鉄骨構造とは
A. 鉄骨構造の概要

　鉄骨構造は鋼構造ともいい，鋼板や各種の形鋼を加工し，ボルトや溶接などによる接合法により組上げた鉄骨を主体とする構造形式である。鉄を主体とした建物や橋は16世紀頃からみられるが，これらはいずれも銑鉄である。18世紀になり錬鉄の生産が始まり，ロールを用いた鍛造方法も確立されて，小形のIビームも生産されるようになった。1851年に錬鉄と銑鉄の混用ながらも，ロンドンでクリスタルパレスが建造され錬鉄時代が開かれた。その後，製鉄技術が一段と進歩し大量に工場生産されるようになるとともに，構造解析の手法も進歩してきた。鉄骨構造は，鉄筋コンクリート構造などの複合材料と異なり構造的にも明解であることから，大スパン構造物や高層建物などに広く利用されている。

B. 構造形式

　鉄骨構造では，主体となる骨組をある間隔をおいて建て込み，それらをつなぎばりでつなぐことによって空間を構成する。主体骨組には，**トラス構造**と**ラーメン構造**があり，他に，**シェル構造**，**つり屋根構造**も用いられる。

(i) トラス構造　直線材を互いにピンで接合し三角形に組上げる構法で，構成している材は圧縮応力か引張応力の軸方向応力のみが働く。図7.1にトラス構造の例を示す。大きなはり間を必要とする工場や鉄塔などに用いられる。また，最初から立体的に構成する**立体トラス構造**もある。

(ii) ラーメン構造　柱とはりを剛接合した構造法である。構成している材には，曲げモーメント，せん断力，軸力が作用する。多層多スパンの事務所建築に多く用いられるが，大スパンを必要とする工場や倉庫には，**山形ラーメン**[7.1]が用いられる。図7.2にラーメンの軸組の例を示す。

C. 鉄骨構造の長所と短所
(1) 長所

(i) じん性に富み粘り強い。

(ii) 鉄筋コンクリートに比べ軽量。対自重強度が大きいので部材の断面が小さくでき，大スパンの工場や超高層の建物に適する。

(iii) 加工性がよく，補強や取り壊しが簡単であるのでプレハブ建築に適する。

(iv) 材料が均質で強度に対する信頼性が高い。

(v) 部材の加工を工場で行うことができるので加工精度が高い。

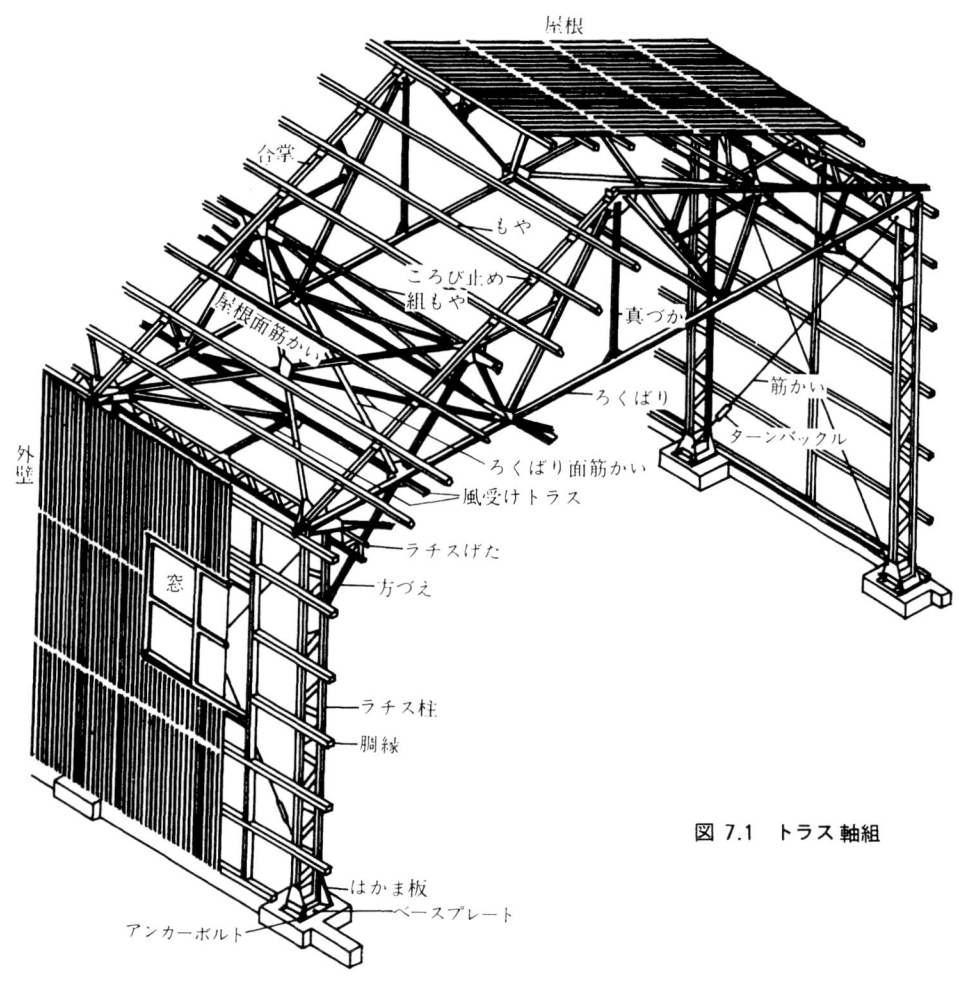

7.2 材料

図 7.1 トラス軸組

(vi) 工期が短い。
(2) 短　所
  (i) 鉄は不燃材料であるが，高温になると強度が低下する[4.1]ので耐火材料とはいえず，耐火被覆が必要である。
  (ii) 酸に弱く腐食しやすいので防せい処理が必要。
  (iii) 座屈しやすい。
  (iv) 剛性が小さく，変形が大きくなったり振動が生じやすい。
  (v) 低温でぜい性破壊を起こしやすい。

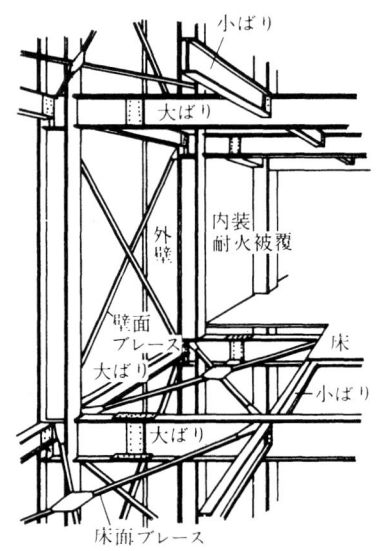

図 7.2 ラーメン軸組み図

7.2 材　料

A. 鋼材の種類

鉄骨構造に用いられる鉄は，軟鋼および低合金の鋼である。JISではこの鋼材に対し規格を設けているが，その規格には，品質を定めるものと形状を定めるものがある。鋼材の品質規格を**表 7.1**に，形状規格を**表 7.2**に示す。

表 7.1　構造材料の材質規格

番　号	名　　　　称
JIS G 3101	一般構造用圧延鋼材 SS 400, SS 490, SS 540
JIS G 3106	溶接構造用圧延鋼材 SM 400 A, B, C, SM 490 A, B, C, SM 490 Y A, B SM 520 B, C, SM 570
JIS G 3114	溶接構造用耐候性熱間圧延鋼材 SMA 400 A, B, C, SMA 490 A, B, C
JIS G 3444	一般構造用炭素鋼鋼管 STK 400, STK 490
JIS G 3466	一般構造用角形鋼管 STKR 400, STKR 490
JIS G 3350	一般構造用軽量形鋼 SSC 400
JIS B 1186	摩擦接合用高力六角ボルト・六角ナット・平座金のセット
JIS G 3104	リベット用圧延鋼材
JIS Z 3211	軟鋼用被覆アーク溶接棒
JIS Z 3212	高張力鋼用被覆アーク溶接棒
JIS Z 3311	サブマージアーク溶接用ワイヤ
JIS G 5101	炭素鋼鋳鋼品
JIS G 3201	炭素鋼鍛鋼品

表 7.2　構造材料の形状・寸法規格

番　号	名　　　　称
JIS G 3192	熱間圧延形鋼の形状，寸法，重量およびその許容差
JIS G 3193	熱間圧延鋼板および鋼帯の形状，寸法，重量およびその許容差
JIS G 3194	熱間圧延平鋼の形状，寸法および重量ならびにその許容差
JIS G 3191	熱間圧延棒鋼とバーインコイル形状，寸法および重量ならびにその許容差
JIS G 3444	一般構造用炭素鋼鋼管
JIS G 3466	一般構造用角形鋼管
JIS G 3350	一般構造用軽量形鋼
JIS B 1186	摩擦接合用高力六角ボルト・六角ナット・平座金のセット
JIS B 1180	六角ボルト
JIS B 1181	六角ナット
JIS B 1214	熱間成形リベット
JIS E 1101	普通レール
JIS E 1103	軽レール
JIS A 5540	建築用ターンバックル

7.3 接合

B. 鋼材の力学的性質

断面積 A，長さ l の鋼材に引張力（または圧縮力）P を加えたとき，伸び（縮み）量を Δl とすると，応力度 $\sigma(=P/A)$ とひずみ度 $\varepsilon(=\Delta l/l)$ の関係は図7.3に示すようになる。

(i) **比例限度（P点）** この応力度までは，σ と ε の関係が直線となる。

(ii) **降伏点（Y点）** 応力度一定のままでひずみが急増する点である。上降伏点（S点）と**下降伏点**（Y点）があり，通常，下降伏点の応力度を降伏強度という。S点からA点までを**降伏棚**という。

(iii) **ヤング係数（$_sE$）** 比例限度までの σ と ε の傾きのことである。構造用鋼材ではほぼ一定値で，2.05×10^5 N/mm² である。

(iv) **引張強さ（B点）** 最大引張強さのことで，JIS の材質の記号はここから定められている[7.2]。

(v) **伸び（C点）** 破断後の残留ひずみをいい，通常%で表わす。

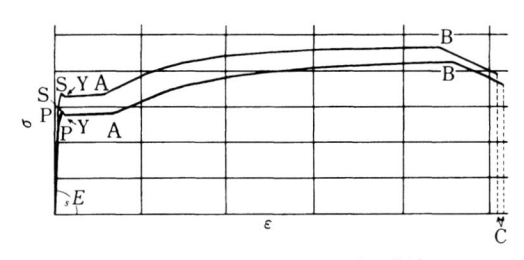

図 7.3 鋼の応力・ひずみ曲線

表7.3 に材質による各種強度を，表7.4 にその他の定数を示す。

表 7.3 鋼材の引張強さ

一般構造用圧延鋼材[1]					溶接構造用圧延鋼材[2]					
種類	記号	降伏点または耐力 (N/mm²)			引張強さ (N/mm²)	種類	記号	降伏点または耐力 (N/mm²)			引張強さ (N/mm²)
		鋼材の厚さ[1] (mm)						鋼材の厚さ (mm)			
		16以下	16を超えるもの	40を超えるもの				16以下	16を超えるもの	40を超えるもの	
1種	SS330	206以上	196以上	177以上	333～431	1種	SM400	245以上	235以上	216以上	402～510
2種	SS400	245以上	235以上	216以上	402～510	2種	SM490	324以上	314以上	294以上	490～608
3種	SS490	284以上	275以上	255以上	490～608	3種	SM490Y	363以上	353以上	333以上	490～608
4種	SS540	402以上	392以上	—	539以上	4種	SM520	363以上	353以上	333以上	520～637
						5種	SM570	461以上	451以上	431以上	569～716

[注] (1) JIS G 3101 による。
(2) JIS G 3106 による。

表 7.4 構造材料の定義（鋼構造設計規準による）

材　料	ヤング係数 (N/mm²)	せん断弾性係数 (N/mm²)	ポアソン比	線膨張係数 (1/℃)
鋼・鋳鋼・鍛鋼	2.05×10^5	8.1×10^4	0.3	0.000012

7.3 接　合

A. 接合とは

鉄骨構造における接合には，柱やはりを構成するために単一の母材を組むための接合と，柱やはりなどの部材同士をつなぐ（継手，仕口）ための接合がある。いずれの場合も，接合の方法，種類，考え方は同じであるので，接合の条件（ピン接合，剛接合）や力の流れを考えて合理的な方法を選ばねばならない。

B. リベット接合

リベット接合とは，接合される母材に穴をあけ，赤熱した鉄のびょう（リベット）を挿入した後，加圧し穴部を充てんする方法である。リベットの規格，母材の穴径の規定は JIS B 1214 に規定されている。

リベット接合では，図 7.4 のように，リベットのせん断力に期待して力を伝達させるので，リベット接合の破壊形式は，(i) リベットのせん断破壊（図 7.5(a)），(ii) 穴の側面の圧縮破壊（図 7.5(b)）と，(iii) 母材の縁端部の破断（図 7.5(c)）の3種類があり，そのうちの最も小さな破壊荷重をリベット接合の耐力とする。

(1) **リベットのせん断耐力（R_s）**　リベット接合では，重ね継手（図 7.6(a)）や母材の中心線を合わせる添え板継手（図 7.6(b)）が多く用いられる。図 7.6(a) を**一面せん断**，図 7.6(b) を**二面せん断**という。

一面せん断の場合：$R_s = f_s \cdot \pi d^2 / 4$

二面せん断の場合：$R_s = 2 \cdot f_s \cdot \pi d^2 / 4$

ただし，f_s：リベットの許容せん断力，d：リベットの軸径

(2) **支圧破壊耐力（R_l）**　穴の側面が圧縮破壊することを**支圧破壊**という。

$R_l = d \cdot t \cdot f_l$

ただし，t：母材の板厚もしくはその合計の小さい方（図 7.6(a) の t_1，t_2 の小さい方，同図(b) の $t_1 + t_2$ と t_3 の小さい方），f_l：母材の許容支圧応力度。

(3) **縁端部破断**　リベット接合においては，縁端部での破断は起こしてはいけない。縁端部破断を起こさないためには**縁端距離**[7.3]を十分に確保すればよい。最小縁端距離を**表 7.5** に，リベットを多列配置するときの間隔（ゲージとピッチ）の最小を**表 7.6〜7.9** に示す。

(4) **その他**　リベットで締付ける板の総厚は径の5倍以下とし，リベットの穴から材の縁端までの距離は，その板厚の12倍以下かつ 150 mm 以下とする。リベット穴は，リベットの軸径が，10

7.3 接合

mm〜16 mm のとき軸径＋1.0 mm, 18 mm 〜28 mm のとき軸径＋1.5 mm, 30 mm 〜40 mm のとき軸径＋2.0 mm とする。

図 7.4　リベットによる力の伝達

図 7.5　リベット接合の破壊
(a) リベットのせん断降状
(b) 母材の支圧破壊
端あき不足　　へりあき不足
(c) 母材縁端部の破壊

図 7.6
(a) 一面せん断
(b) 二面せん断

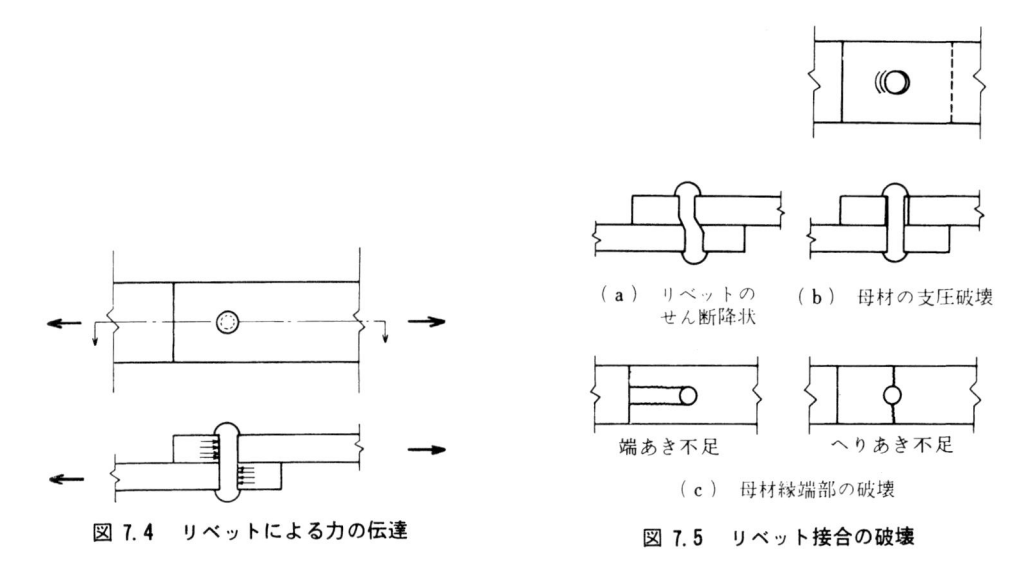

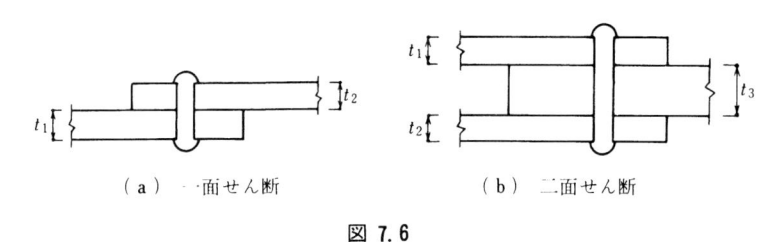

表 7.5　リベット，ボルト，高力ボルト接合における最小縁端距離（鋼構造設計規準による）

径 (mm)	縁端の種類		径 (mm)	縁端の種類	
	せん断縁 手動ガス切断縁	圧延縁・自動ガス切断縁・のこ引き縁・機械仕上縁		せん断縁 手動ガス切断縁	圧延縁・自動ガス切断縁・のこ引き縁・機械仕上縁
10	18	16	22	38	28
12	22	18	24	44	32
16	28	22	28	50	38
20	34	26	30	54	40

（単位：mm）

表 7.6 リベット，ボルトおよび高力ボルトの形鋼に対するゲージ（鋼構造設計規準による）(単位：mm)

	AあるいはB	40	45	50[(2)]	60	65	70	75	80	90	100	125	130	150	175	200
	g_1	22	25	30	35	35	40	40	45	50	55	50	50	55	60	60
	g_2											35	40	55	70	90
	最大軸径	10	12	16	16	20	20	22	22	24	24	24	24	24	24	24
	B	100[(2)]	125	150	175	200	250	300[(1)]	350	400						
	g_1	60	75	90	105	120	150	150	140	140						
	g_2							40	70	90						
	最大軸径	16	16	22	22	24	24	24	24	24						
	B	40	50	65	70	75	80	90	100							
	g_2	24	30	35	40	40	45	50	55							
	最大軸径	10	12	20	20	22	22	24	24							

[注] (1) $B=300$ は千鳥打ちとする。
(2) この欄の g および最大リベット径の値は強度上支障がないとき，最小縁端距離の規定にかかわらず用いることができる。

表 7.7 リベット，ボルトおよび高力ボルト接合における形鋼に対する千鳥打ち間隔（単位：mm）

		a	21 22 23 24 25 26 27 28 29 30 31	32 33 34 35 36 37 38 39 40 41 42
	軸	16	25 25 24 23 22 20 19 17 16 14 11	8
b		20	30 30 29 28 27 26 25 24 23 22 20	19 17 15 12 9
	径	22	36 35 35 34 33 32 32 31 30 29 28	26 25 24 22 21 19 17 14 11 6

7.3 接合

表 7.8 リベット,ボルトおよび高力ボルトのピッチ(単位:mm)

軸径 d		10	12	16	20	22	24	28
ピッチ p	標準	40	50	60	70	80	90	100
	最小	25	30	40	50	55	60	70

表 7.9 リベット,ボルトおよび高力ボルトの千鳥打ちのゲージピッチと間隔(単位:mm)

		g	35	40	45	50	55	60	65
b	軸径 16	$p=48$	33	27	17				
	20	$p=60$	49	45	40	33	25		
	22	$p=66$	56	53	48	43	37	26	12

C. ボルト接合

ボルト接合とは,母材に穴をあけてボルトで締付けることにより,ボルトのせん断および引張りによって力を伝達させるものである。ボルト接合とリベット接合では,ボルトとリベットの許容応力度の違いを除いては,前項(1)～(3)はすべて同じである。ボルトの品質については,JIS B 1180 に規定されている。

(1) **ボルト接合の使用範囲** ボルトやリベットの軸と母材の穴径とのすきまを**クリアランス**という。リベット接合では,リベットを加圧して押しつぶしクリアランスをなくして使用しているのに対し,ボルト接合ではクリアランスがあるので,小さい方ですべりを生じたり,ボルト1本1本に作用する力が均等でなかったりするおそれがあるので,ボルト接合の使用には次の限定がある。

 (i) 振動,衝撃またはくりかえし応力を受ける接合部にはボルト接合を使用してはならない。

 (ii) 軒高が9mを超える,または,はり間が13mを超える建物の構造耐力上主要な部分には,ボルト接合を使用してはならない。

 (iii) 母材にあける穴径は,ボルトの公称径に 0.5mm を加えたものとする。

 (iv) 母材にあける穴径を,ボルトの公称径に 0.2mm を加えたものとした場合には,(ii)の規定にかかわらず,ボルト接合を使用してよい。

 (v) せん断力を受ける部分にボルトねじ部分がきてはならない。

 (vi) ボルトを締付けた後,ナット外側にねじ山が3ピチ程度でていなければならない。ボルトの長さは通常首下長さで示すので,図7.7のようになる。

 (vii) 構造上主要な部分では,ナットがゆるまないように二重ナットにするか,ナットを溶接するなどして,ナットが戻らないようにしなければならない。

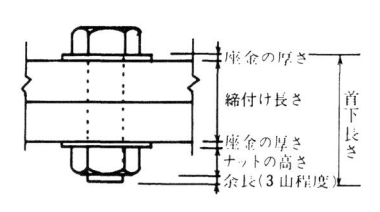

図 7.7 ボルトの締付け

D. 高力ボルト接合

高力ボルト接合とは，JIS B 1186 に規定される引張強度の大きい（高張力の）高力ボルト・ナット・座金を用いて行う接合法である。リベット接合やボルト接合とは応力伝達機構が異なり，継手効率が大きいので広く用いられている接合法である。高力ボルト接合には，**図 7.8** に示すボルト軸と直角方向の力を伝達する摩擦接合と，**図 7.9** に示すボルト軸方向の力を伝達する引張接合がある。

摩擦接合は，ボルトの締付け力によって生じる母材同士の摩擦力によって力を伝達させる方法であるので，ボルトとボルト穴の内側とは接触することなく力が伝達され，接合耐力は，ボルトのせん断耐力や母材の支圧強度とも無関係になるとともに，すべり変形も少なく剛性の高い接合部となる。

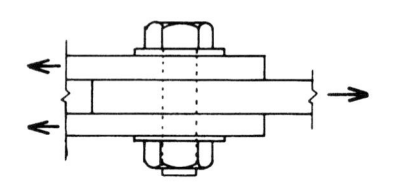

図 7.8　高力ボルト摩擦接合

母材同士の摩擦力（材間摩擦力）は，材間圧縮力と母材表面の摩擦係数の積で表わされる。材間圧縮力はボルト締付け力と等しく，摩擦係数は母材表面の状態により左右される。黒皮，浮きさびや塗料が付着していると摩擦係数が著しく減少するので，母材の表面は，座金外径の2倍程度の範囲はグラインダーやショットブラストなどで付着物を除去し，さらに屋外に放置するなどして赤さびを発生させておくことが望ましい。ボルト締付け力（ボルトに導入する張力）は，**表 7.10** に示す**設計ボルト張力**でなければならないので，施工時には，ばらつきなども考えて設計ボルト張力よりも10％程度大きな張力をボルトに与える。これを**標準ボルト張力**という。

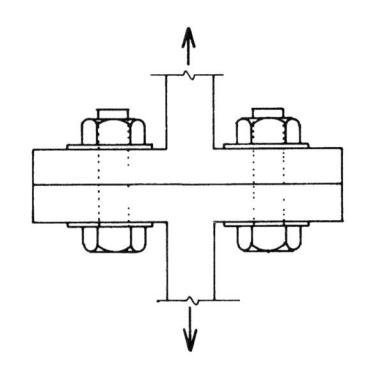

図 7.9　高力ボルト引張接合

表 7.10　高力ボルトの設計ボルト張力
（鋼構造設計規準による）（単位：tf）

高力ボルトの種類	M16	M20	M22	M24
F8T	8.52	13.3	16.5	19.2
F10T	10.6	16.5	20.5	23.8
F11T	11.2	17.4	21.5	25.1

E. 溶接

溶接方法には，**表 7.11** に示すような種類がある。

鉄骨構造では，主としてアーク溶接の被覆溶接が用いられている。**被覆アーク溶接**では，**図 7.10**に示すように被覆材を塗布した溶接棒と母材との間に電流を通じ，その間に発生したアーク熱（約500 ℃）によって溶接棒の先端と母材の一部を溶かし融合させて，2枚の母材を接着させる。被覆材は，アーク熱によって溶けてガス化し，溶接部を空気から遮断し溶着金属の酸化を防ぐほか，スラグとなって溶着部を覆い，溶着金属が急に冷えるのを防ぐ働きをしている。

(1) **溶接継目**　溶接棒の1回のパスによって作られた溶着金属のすじを**ビード**という。このビ

7.3 接合

ードを繰返し重ねて溶接部ができる。この溶接された部分を溶接継目といい，溶接継目の形状には，**突合せ溶接，すみ肉溶接，部分溶け込み溶接，スポット溶接**などがあるが，力を伝達させるためには，突合せ溶接，すみ肉溶接，もしくは，部分溶け込み溶接によらなければならない。

(i) 突合せ溶接　母材同士を突合せ，突合せた部分を切り欠いて，ここを溶接する方法である。この切り欠き部分を**開先(グルーブ)**といい，溶接の溶け込みを完全にするために行うものである。開先部分の名称を図7.11に示す。開先の形状にも種々あるので，板厚やおさまりなどを考え適切な形を選ぶ。開先の形状を図7.12に示す。突合せ溶接の第1パスでは溶着金属が流れ落ちたり，溶け込み不足が生じたりしやすいので，図7.13に示すように，溶接終了後裏側をはつり取り，再度その部分を溶接する(**裏はつりするという**)のが基本となるが，図7.14に示すように裏に鉄板(**裏あて金**)をあてて溶接してもよい。また，各パスの始点と終点は不完全な溶接となりやすいので，図7.15のように母材両側面に鉄板(**エンドタブ**)をあてて溶接し，溶接終了後除去するなどするのがよい。

(ii) すみ肉溶接　図7.16に示すように，2枚の母材のすみ部を開先をとらずに溶接する方法であり，通常，せん断力の伝達のみを目的として用いる。

表7.11　溶接の種類

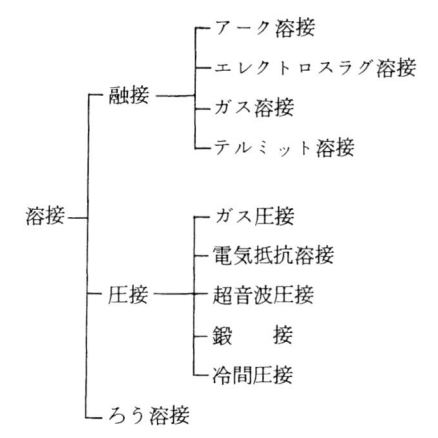

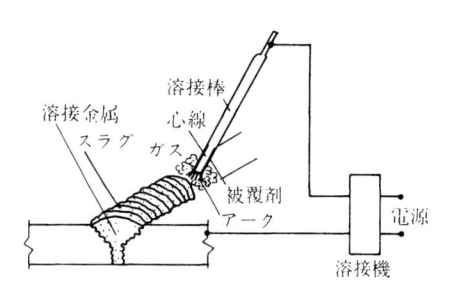

```
           ┌─融接─┬─アーク溶接
           │      ├─エレクトロスラグ溶接
           │      ├─ガス溶接
           │      └─テルミット溶接
  溶接─────┤
           │      ┌─ガス圧接
           │      ├─電気抵抗溶接
           ├─圧接─┼─超音波圧接
           │      ├─鍛接
           │      └─冷間圧接
           └─ろう溶接
```

図7.10　アーク溶接

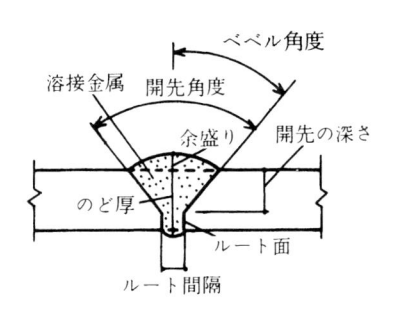

図7.11　溶接部の詳細

(iii) 部分溶け込み溶接　部分溶け込み溶接とは，突合せ溶接において開先が板厚の途中までしかとってない場合などのように，板厚の一部しか溶着させない方法である。この場合，溶接継目と直角方向の引張力や曲げ応力は負担できず，すみ肉溶接と同様にせん断力の伝達のみを目的として用いられる。また，繰返し応力の働く場合にも用いてはならない。

(2) 溶接記号　溶接継目の種別を設計図で表わすために，溶接記号，表示方法などがJIS Z 3021に定められている。その一部を**表7.12**に例示する。

(3) 溶接姿勢　溶接を行うときの溶接棒の向きによって，図7.17に示すような姿勢がある。立向きや上向き姿勢は溶着金属が流れやすく，溶接欠陥が生じやすい。下向き姿勢で溶接できる

図 7.12　開先の形状

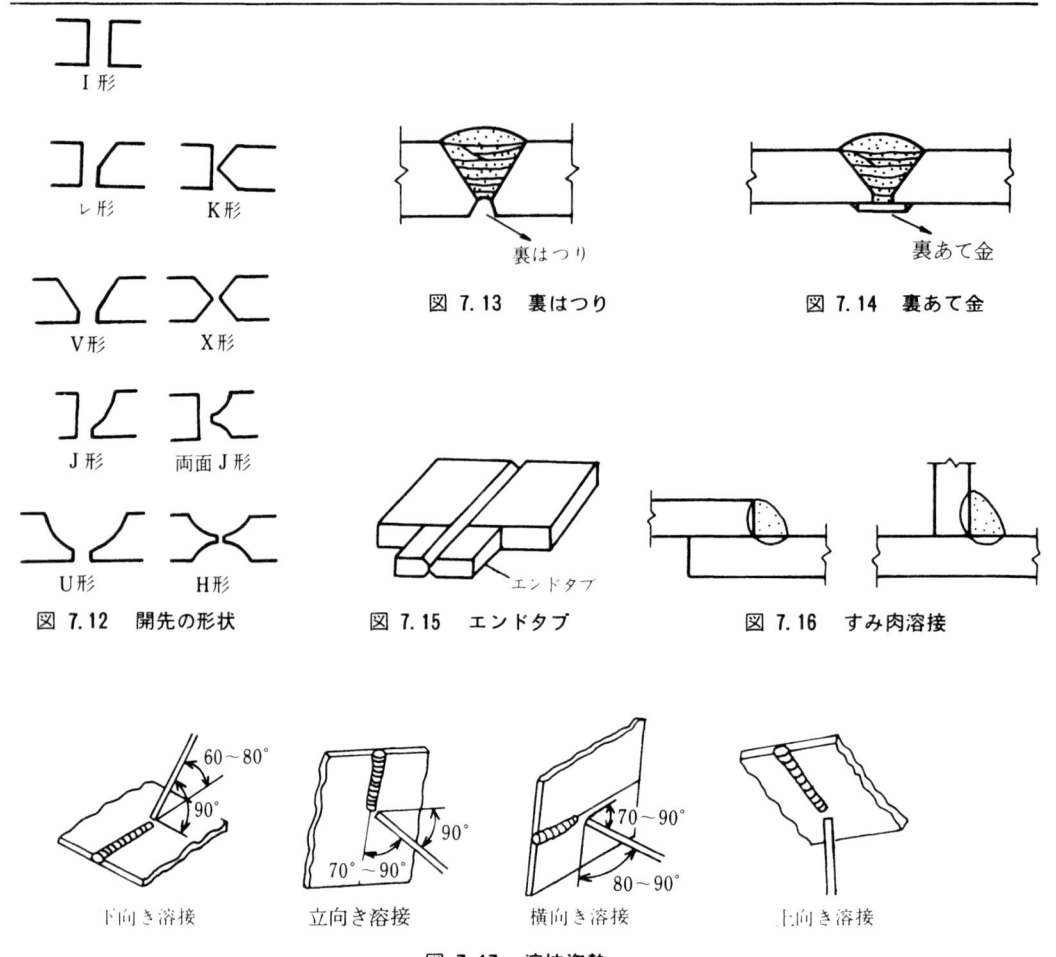

図 7.13　裏はつり

図 7.14　裏あて金

図 7.15　エンドタブ

図 7.16　すみ肉溶接

図 7.17　溶接姿勢

よう設計段階から配慮する。

(4) **溶接部の許容耐力**　溶接部でできる応力伝達の許容耐力は，溶接継目の許容応力と有効面積の積で表わす。

　a．**溶接継目の許容応力度**　アーク溶接継目ののど断面の長期応力に対する許容応力は，下記の値をとることができる。ただし，各鋼種に適合した溶接棒を使用し，十分管理が行われなければならない。一般構造用鋼材（SS 400，SS 490，SS 540 など）は溶接性が悪いので，溶接による応力伝達はできないものと考えなければならない。

　(i)　突合せ溶接の許容応力度は，接合される母材の許容応力度と同じ。

　(ii)　すみ肉溶接の場合は，接合される母材の許容せん断応力度と同じ。

　(iii)　異種鋼材を溶接する場合には，接合される母材の許容応力度のうち小さい方と同じ。

　b．**溶接継目の有効面積**　溶接継目の**有効面積**は，**有効のど厚**と**有効長さ**の積で表わす。

　(i)　**のど厚**　突合せ溶接の有効のど厚は，接合される母材の板厚のうち薄い方とする。すみ肉溶接の有効のど厚は，**図 7.18** の理論のど厚とする。

7.3 接合

表 7.12 溶接の基本記号と表記方法 (JIS Z 3021)

(1) 基本記号

溶接方法	溶接の種類	記号	備考
アークおよびガス溶接	グルーブ溶接	両フランジ形	八	
		片フランジ形	八	
		I 形	‖	
		V 形, X 形	V	X形は説明線の基線（以下基線という）に対称にこの記号を記載する。
		V 形, K 形	V	K形は基線に対称にこの記号を記載する。記号のたての線は左側に書く。
		J 形, 両面J 形	V	両面J形は基線に対称にこの記号を記載する。記号のたての線は左側に書く。
		U 形, 両面U 形 (H 形)	U	H形は基線に対称にこの記号を記載する。
		フレアV 形, X 形	ᴗ	フレアX形は基線に対称にこの記号を記載する。
		フレアV 形, K 形	ᴗ	フレアK形は基線に対称にこの記号を記載する。
	すみ肉溶接	∆	記号のたての線は左側に書く。並列溶接の場合は基線に対称にこの記号を記載する。ただし千鳥溶接の場合はつぎの記号を用いることができる。
	プラグまたはスロット溶接	▽	
	ビード	⌒	肉盛の場合はこの記号を2つならべて記載する。
	肉盛	⌒⌒	
抵抗溶接	点溶接	✳	基線にまたがって対称に記載する。
	プロジェクション溶接	✕	
	シーム溶接	✕✕✕	基線にまたがって対称に記載する。
	フラッシュまたはアプセット溶接	∣	基線にまたがって対称に記載する。

(2) 表記方法（溶接する側が矢のある側または手前側のとき）

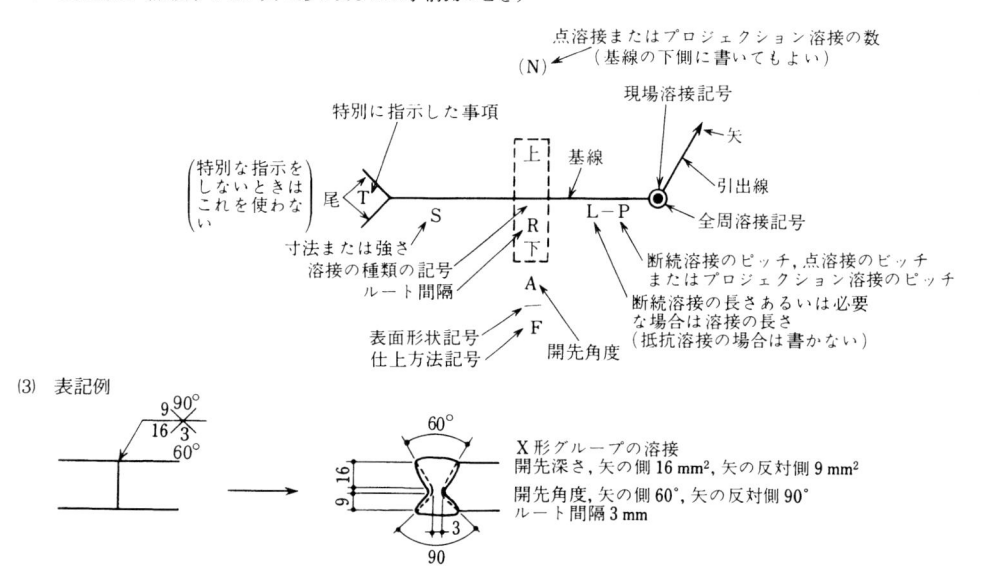

点溶接またはプロジェクション溶接の数
(N)（基線の下側に書いてもよい）

現場溶接記号
特別に指示した事項
矢
基線
引出線
全周溶接記号
（特別な指示をしないときはこれを使わない）尾 T S R 上/下 L-P
寸法または強さ
溶接の種類の記号
ルート間隔
表面形状記号
仕上方法記号
A
F
開先角度
断続溶接のピッチ，点溶接のピッチまたはプロジェクション溶接のピッチ
断続溶接の長さあるいは必要な場合は溶接の長さ（抵抗溶接の場合は書かない）

(3) 表記例

X形グルーブの溶接
開先深さ，矢の側 16 mm², 矢の反対側 9 mm²
開先角度，矢の側 60°, 矢の反対側 90°
ルート間隔 3 mm

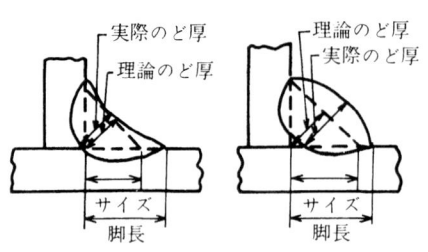

図 7.18 のど厚

(ii) **有効長さ** 突合せ溶接の有効長さは材軸に直角に切った接合部の幅とする。すみ肉溶接の有効長さは，溶接の全長からすみ肉のサイズの2倍を差し引いた値とする。

(5) **溶接欠陥と検査** 溶接の欠陥には次のようなものがある。

(i) **アンダーカット** 溶接の側面(**止端**という)に添って母材が溶け，溶着金属で満たされないまま溝となって残っている状態(図7.19 (a))。

(ii) **オーバーラップ** 溶着金属が母材と融合せず重なった状態(図7.19 (b))。

(iii) **スラグ巻き込み** 溶着部に生じる非金属物質(スラグ)が溶着金属と母材の融合部に残る状態。

(iv) **溶け込み不良** 溶接部に溶け込まない部分が残る状態(図7.19 (c))。

(v) **ピット** 溶接部の表面にできる小さなくぼみ(図7.19 (d))。

(vi) **融合不良** ビードとビードの間に生じた融合不良の状態(図7.19 (e))。

(vii) **ブローホール** 溶着金属中にガスでできた空洞。

(viii) のど厚不足，サイズ不足(図7.19 (f))。

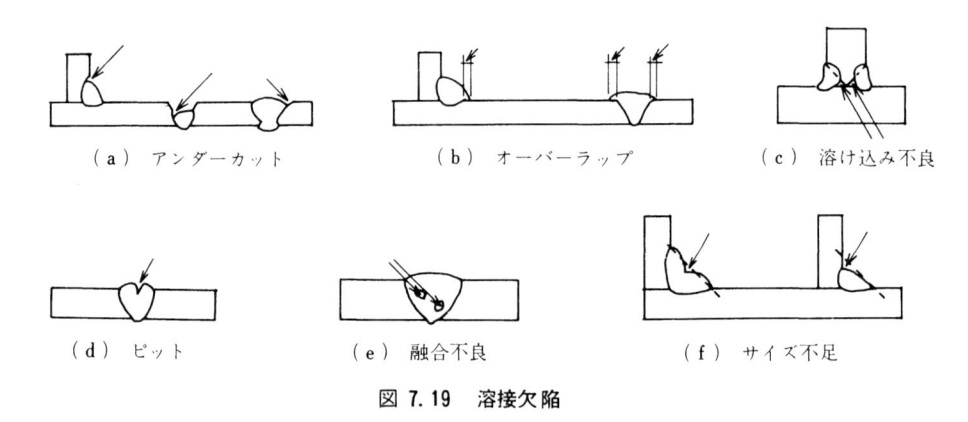

(a) アンダーカット　　(b) オーバーラップ　　(c) 溶け込み不良

(d) ピット　　(e) 融合不良　　(f) サイズ不足

図 7.19 溶接欠陥

溶接終了後には，上記欠陥の有無や設計図通りに行われているかについて，外観検査による形状寸法の検査と非破壊検査による溶着金属内部の検査を行う。非破壊試験の方法としては，レントゲンによる放射線透過試験や超音波探傷試験が多く用いられている。

(6) **溶接施工上の注意**

a．**気候条件** 強風下，気温0℃以下での溶接は避ける。降雨などによる水分は危険である。

b．**作業性** 溶接に伴う収縮や変形を考え，溶接順序，方向，作業姿勢などに配慮する。

c．**溶接条件**

(i) 電流，電圧は溶接材料と溶接方法を考えて適正なものを選ぶ。

(ii) アーク始点や終点は，溶け込み不良，割れ，スラグ巻き込みなど溶接欠陥を起こしやすい

7.5 継手・仕口

の05注意する。

　(iii)　突合せ溶接では，裏あて金具，エンドタブを用いる。裏はつりを行う場合には確実にはつり取る。

　d．その他

　(i)　溶接の仕上り寸法，長さは図面通り確実に行う。溶接の仕上り精度についてはJASS 6に規定されている。

　(ii)　すみ肉溶接の場合，図面の指示は通常有効長さであるので，サイズの2倍以上長く溶接する。

F．併用継手

(1)　リベット，ボルト，および，高力ボルトと溶接の併用　　ボルト，またはリベットと溶接を併用する場合には，全応力を溶接が負担すると考えなければならない。

　高力ボルトと溶接の併用は認められる。その場合，溶接を先に行うと母材に変形が生じ，高力ボルトで締付けても母材間に摩擦が生じないおそれがあるので，必ず溶接に先立って高力ボルトを締付けなくてはならない。溶接熱によって，ボルトが影響を受けないよう注意する必要がある。

(2)　リベット，ボルト，高力ボルトの併用　　リベットと高力ボルトの併用は認められている。ボルトとリベット，ボルトと高力ボルトの併用は認められない。全応力は，リベット，または高力ボルトが負担するものと考える。

(3)　溶接同士の組合せ　　突合せ溶接とすみ肉溶接では，剛性や変形能力に多少差があるが併用してもよい。ただし，継目の有効面積に大きな差があるなど，剛性にいちじるしい違いがあることが明らかな場合には，その影響を考慮しなければならない。

7.4　はり・柱の構造

はり・柱は，単一の材で用いる場合と，材を組立てて用いる場合がある。はりを例にとると，次のように分類される。

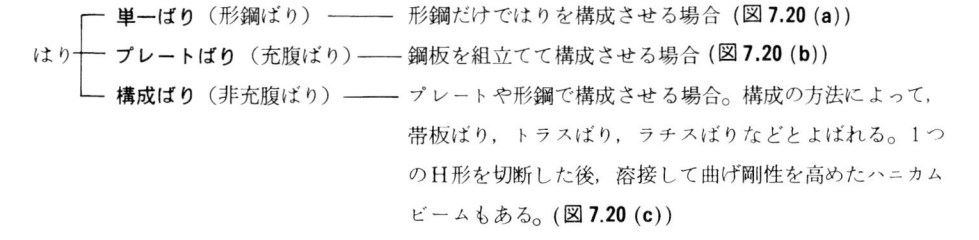

　　　　　┌ 単一ばり（形鋼ばり）──── 形鋼だけではりを構成させる場合（図7.20 (a)）
　はり─┤ プレートばり（充腹ばり）── 鋼板を組立てて構成させる場合（図7.20 (b)）
　　　　　└ 構成ばり（非充腹ばり）── プレートや形鋼で構成させる場合。構成の方法によって，帯板ばり，トラスばり，ラチスばりなどとよばれる。1つのH形を切断した後，溶接して曲げ剛性を高めたハニカムビームもある。(図7.20 (c))

プレートばり，構成ばりを総称して組立材という。組立柱の場合，二方向から力を受けることを考えて，図7.21のようにすることもある。

7.5　継手・仕口

単一材を組立てて，はりや柱を構成する際の継手には図7.22に示すように，次のものがある。

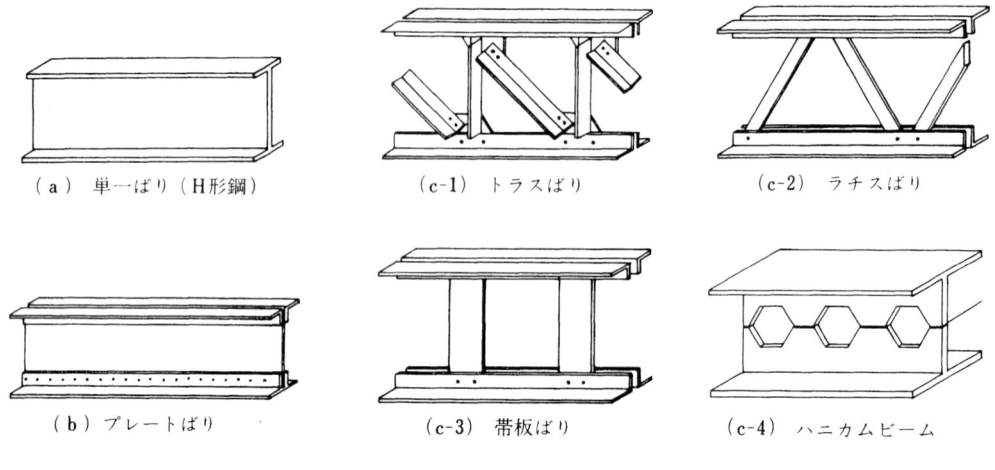

(a) 単一ばり（H形鋼）
(c-1) トラスばり
(c-2) ラチスばり
(b) プレートばり
(c-3) 帯板ばり
(c-4) ハニカムビーム
(c) 構成ばり

図 7.20　は　り

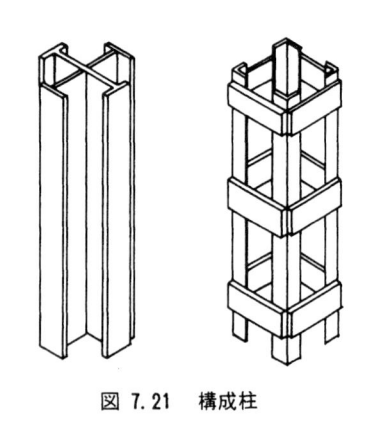

図 7.21　構成柱

(i) **突合せ継手**　材を突合せ，溶接などにより接合する。突合せ溶接など。
(ii) **添え板継手**　母材同士を突合せ両側 (または片側) に添え板をあてて，ボルト締めをするなどして接合する。
(iii) **重ね継手**　母材の端部を重ね合せ，ボルト締めや溶接などで接合する。
(iv) **T継手**　母材に他の板をのせてT形を作り，溶接などで接合する。
(v) **十字継手**　3枚の母材を十字形に組み，溶接などで接合する。
(vi) **かど継手**　2枚の母材をL字形に組み，その角を溶接などで接合する。
(vii) **へり継手**　ほぼ平行になっている母材の端面同士を溶接などで接合する。

　はりとはり，柱と柱の**継手**，およびはりと柱の**仕口**には，上記継手を組合せ，応力の伝達が無理なく合理的に行われるよう配慮して行う。はりとはりの継手，はりと柱の仕口の例を図 7.23 に示す。

7.6　部材の設計

　鉄骨構造においても鉄筋コンクリート構造と同様に，許容応力度に基づく弾性設計 (一次設計) と保有耐力の検討 (二次設計) を行う。ここでは，日本建築学会「鋼構造設計規準」に準拠して説明を行う。

A．許容応力度

　鋼材の品質，作用する応力によって許容応力度は定められている。表 7.13 に許容応力度の基準

7.6 部材の設計

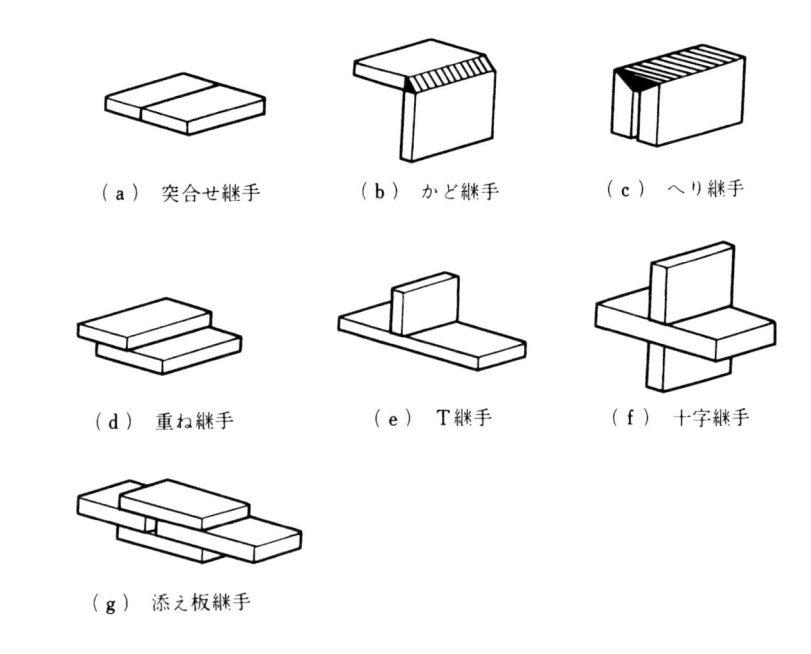

(a) 突合せ継手　　(b) かど継手　　(c) へり継手

(d) 重ね継手　　(e) T継手　　(f) 十字継手

(g) 添え板継手

図 7.22　継　手

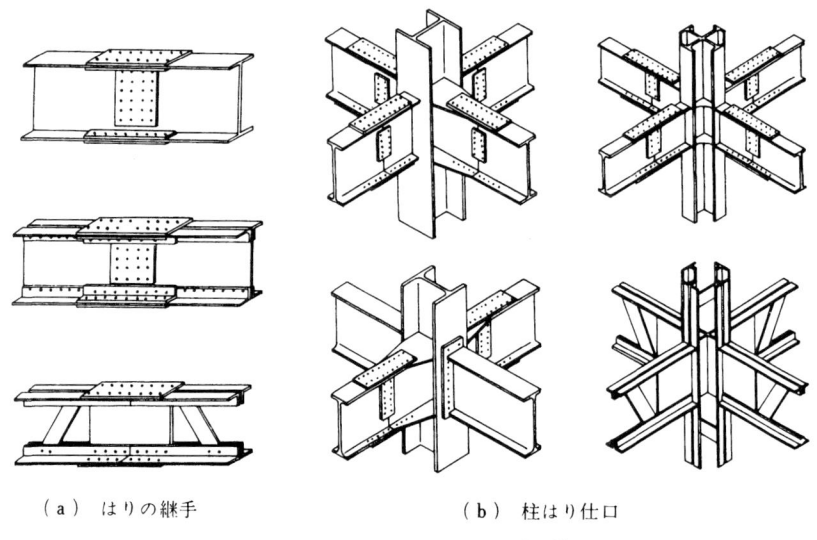

(a) はりの継手　　(b) 柱はり仕口

図 7.23　柱・はりの継手と仕口

値を示す。

B. 引 張 材

(1) 引張材の**有効断面積**　　リベット，ボルト，または，高力ボルトなどで接合された材や曲げ材フランジが引張応力となる場合，すなわち，穴による**断面欠損**がある材や部分が引張応力となる場合，断面積がもっとも小さい位置で破断する。穴による断面欠損分を除き，引張力に対して有効な

表 7.13　F の値 (tf/cm²)（鋼構造設計規準による）

鋼材種別	一般構造用			溶接構造用			
	SS 400 STK 400 STKR 400 SSC 400	SS 490	SS 540	SM 400 SMA 400	SM 490 SM 490 Y SMA 490 STKR 490 STK 490	SM 520	SM 570
F　厚さ 40 mm 以下	2.4	2.8	3.8	2.4	3.3	3.6	4.1
厚さ 40 mm をこえるもの	2.2	2.6	—	2.2	3.0	3.4	4.1

断面積を有効断面積といい, 引張応力の検定を行う。

$$f_t \geqq \sigma_t = N_t/A_n \tag{7.1}$$

ここで, f_t：許容引張応力度 ($f_t = F/1.5$), N_t：引張力, A_n：引張材の有効断面積とする。

(2) 組立引張材　2以上の形鋼で作った組立材が引張力を受ける場合, それを接合するリベット, ボルト, 高力ボルト, および, 断続溶接の軸方向の間隔は, 1000 mm 以下とする。平鋼や鋼板で組立引張材を構成する場合, これを接合するリベット, ボルト, 高力ボルトの軸方向間隔は, それぞれの軸径の12倍以下, かつ, 使用している板のうちもっとも薄い板厚の30倍以下とし, 断続溶接とするときの軸方向間隔は, もっとも薄い板厚の30倍以下とする。

(3) 偏心引張力を受ける場合　山形鋼やみぞ形鋼をガセットプレートの片側だけに接続する場合, 引張材は偏心引張力となるので, 図 7.24 に示すように, 有効断面からさらに突出脚部の 1/2 の断面を除いた部分を有効断面として計算する。

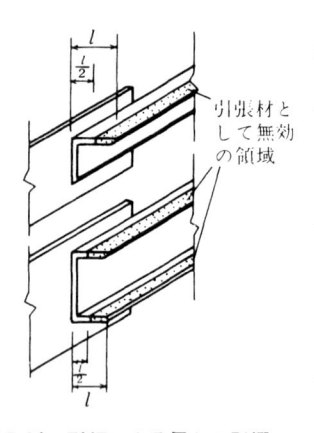

図 7.24　形鋼による偏心の影響

(4) 丸鋼を引張材として用いる場合　丸鋼は, 軽微な引張材に限って用いてもよい。図 7.25 に示すように, ターンバックルを用いるなどして緊張し, 引張力に対し確実に作用させる。

C. 圧縮材

(1) 座屈　座屈現象は, 鉄骨構造の圧縮材には必ずといっていいほど現われ, この考慮なしには, 鉄骨構造の設計がなりたたないほど重要な現象である。座屈には, 図 7.26 に示すように, **圧縮座屈, 局部座屈, 横座屈, ウェブせん断座屈**があり, そのうち圧縮材に現われるのは圧縮座屈と局部座屈である。

(2) 局部座屈　局部座屈とは, 材を構成している板要素が圧縮応力を受け, 降伏応力以下で局部的に面外に突出する座屈現象

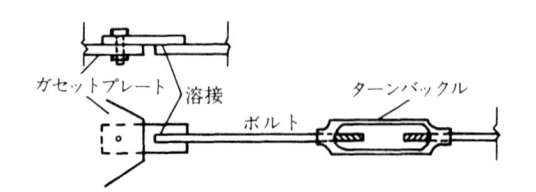

図 7.25　ターンバックルを用いた引張ブレース

7.6 部材の設計

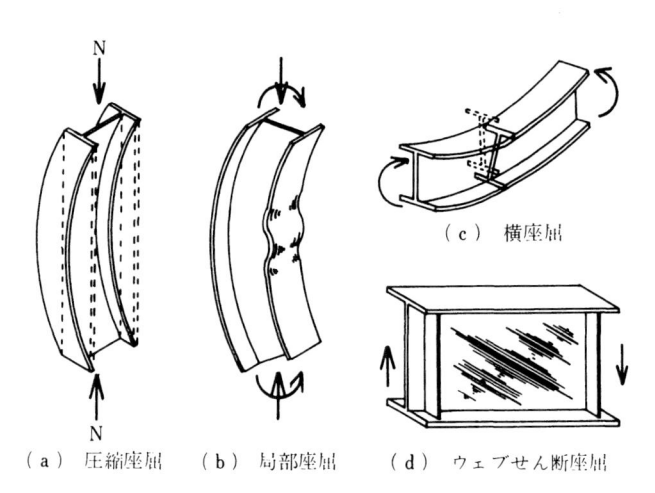

図 7.26 座屈形式
(a) 圧縮座屈　(b) 局部座屈　(c) 横座屈　(d) ウェブせん断座屈

である。この座屈は解析も非常に複雑であるが、板要素の幅が厚さに対して大きいほど生じやすく、幅の厚さに対する比、**幅厚比**が、ある値より小さければ局部座屈は生じない。したがって、**表 7.14** に示す幅厚比の制限を設け、局部座屈を考慮することなく設計することとなった。

(3) **圧縮座屈**　材端をピンで支持された部材が圧縮力を受けると、力が中心軸上に作用していても、材は横方向にはらみ出し崩壊にいたることがある。この現象を圧縮座屈という。圧縮座屈は座屈現象の代表的なもので、単に座屈というと、この圧縮座屈をさすことが多い。

表 7.14 幅厚比（鋼構造設計規準による）

一辺支持他端自由の板突出部分	単一山形鋼、はさみ板を有する複山形鋼	$\dfrac{b^{(1)}}{t^{(2)}} \leqq \dfrac{20}{\sqrt{F}}$
	柱および圧縮材一般の突出フランジ、はりの圧縮部分から突出している板および山形鋼、はりの圧縮フランジ、T形断面の脚	$\dfrac{b}{t} \leqq \dfrac{24}{\sqrt{F}}$
二辺支持の板	柱または圧縮材一般のウェブプレート、箱形断面柱のフランジプレート、カバープレートおよび補剛縁つきの圧縮フランジ	$\dfrac{d^{(3)}}{t} \leqq \dfrac{74}{\sqrt{F}}$
	はりのウェブプレート	$\dfrac{d}{t} \leqq \dfrac{110}{\sqrt{F}}$
鋼管	鋼管の外径と管厚の比	$\dfrac{D^{(4)}}{t'^{(5)}} \leqq \dfrac{240}{F}$

［注］
(1) b：板要素の幅（cm）で、組立材にあっては自由縁からもっとも近いリベット、ボルト、高力ボルト、または溶接列までの距離をとる。山形鋼の脚、みぞ形鋼・Z形鋼・T形鋼の脚および冷間成形軽量形鋼ではその公称寸法をとる。I形鋼およびT形鋼のフランジでは、公称全幅の1/2とする。
(2) t：板要素の厚さ（cm）で、板厚が直線的に変化している場合は、その平均値をとってよい。
(3) d：2縁で支持される板要素の幅（cm）で、組立材にあってはもっとも近いリベット、ボルト、高力ボルトまたは溶接線間距離。圧延形鋼にあってはウェブフィレット先端間の距離、冷間成形軽量形鋼にあっては平板部分の長さをとる。
(4) D：鋼管の公称外径（cm）
(5) t'：管厚（cm）

両端ピンの材が，座屈を始めるときの荷重をオイラーの座屈荷重 (P_k) という。

$$P_k = \pi^2 EI/l^2$$
$$\sigma_k = P_k/A = \pi^2 E \cdot (I/A)/l^2 = \pi^2 E \cdot (i/l)^2 = \pi^2 \cdot E/\lambda^2 \quad (7.2)$$

ここで，l：圧縮材の長さ，I：材の断面2次モーメント，A：材の断面積，i：材の断面2次半径 ($i = \sqrt{I/A}$)，λ：細長比 ($\lambda = l/i$) である。

式 (7.2) で示されるように，座屈しやすさは，**細長比**(λ) で表わすことができる。両端がピン支持でない場合でも座屈は生じるが，その場合には，部材の長さ l を補正することにより両端ピン支持として扱うことができる。このときの補正した部材長さを**座屈長さ**(l_k) といい，細長比は $\lambda = l_k/i$ で表わされる。支持の違いによる座屈長さを表 7.15 に示す。

表 7.15　座屈長さ l_k （鋼構造設計規準による）

移動に対する条件	拘	束		自	由
回転に対する条件	両端自由	両端拘束	一端自由 他端拘束	両端拘束	一端自由 他端拘束
l_k	l	$0.5\,l$	$0.7\,l$	l	$2\,l$
座屈形					

部材に中心圧縮荷重が加わるとき，座屈荷重に達するまではまっすぐに縮む。この過程で材の圧縮応力度が材料の比例限度をこえてしまうことがあり，このときには，ヤング係数が弾性とは異なるので，式 (7.2) では不合理となる。これを補正する式は各種提案されているが，実際には，(i) 材そのものにわずかながらも曲がりがあり (もとたわみがあり)，また，必ずしも全体が均質ではないこと，(ii) 材を接合したときの不連続性や溶接による残留応力があること，(iii) 圧縮荷重にも偏心が避けられないこと，などから，座屈安全率を考えて次式のような許容圧縮応力度を用いて検討する。

$$f_c \geq \sigma_c = N_c/A \quad (f_c：許容圧縮応力度)$$
$$f_c = \left\{1 - 0.4\left(\frac{\lambda}{\Lambda}\right)^2\right\} F/\nu \quad (\lambda \leq \Lambda \text{ のとき})$$
$$= 0.277\,F/(\lambda/\Lambda)^2 \quad (\lambda > \Lambda \text{ のとき})$$

ここで，λ：圧縮材の細長比，Λ：**限界細長比**；$\Lambda = \sqrt{\pi^2 E/0.6F}$，$E$：ヤング係数，$\nu = 3/2 + 2(\lambda/\Lambda)^2/3$，$N_c$：圧縮力，$A$：圧縮材の断面積とする。

(4) **細長比**　圧縮材の細長比は 250 以下とし，柱では 200 以下としなければならない。

組立圧縮材の充腹でない軸 (図 7.27 の y-y 軸) についての座屈荷重は，両弦材が一体として働く場合より低くなるので，有効細長比とし低減させる。

7.6 部材の設計

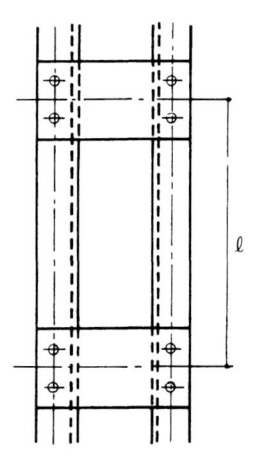

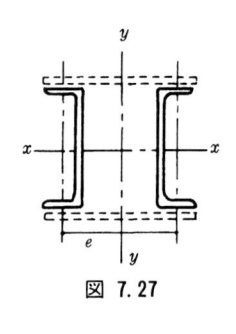

(5) 組立圧縮材の構造細則

(i) 圧縮材を組立てるリベット・ボルト・高力ボルト，あるいは断続溶接の間隔は，あまり広いと板がボルト間などで座屈するおそれがあるので，もっとも薄い板厚の $33/\sqrt{F}$ 以下かつ 300 mm 以下とする。ただし，リベットや高力ボルトが千鳥に配置されているときには，各ゲージライン上のピッチは1.5倍まで広げてもよい。

(ii) はさみ板・帯板・ラチスなどで分けられる区間数は3以上とし，なるべく各区間の長さを等しくとる。

(iii) はさみ板形式，帯板形式では，素材の細長比を50以下とする。ラチス形式では素材の細長比を圧縮材の細長比以下とする。

(iv) ラチス材の細長比は 160 以下とする。

(v) 素材間の距離の大きい組立圧縮材は，その材端部を剛なガセットプレートか帯板に3本以上のリベットか高力ボルト，または，溶接によって取り付けなければならない。このとき，リベットや高力ボルトの間隔は径の4倍以下とし，溶接は連続溶接でなければならない。

図 7.27

D. は　り

(1) 曲げ許容応力度　曲げモーメントが作用したときのはりフランジの圧縮縁と引張縁に作用する応力度は，次式で与えられる。

$$_t\sigma_b = M/Z_t, \quad _c\sigma_b = M/Z_c \tag{7.4}$$

ここで，M: 曲げモーメント，Z_t, Z_c: それぞれ引張側および圧縮側断面係数，$_t\sigma_b$, $_c\sigma_b$: それぞれ引張縁および圧縮縁の応力度とする。

$_t\sigma_b$, $_c\sigma_b$ はそれぞれ引張応力，圧縮応力であり，これが許容応力度以下であればよい。

はりが曲げモーメントを受けると，モーメントが小さいうちは荷重面内にたわんでいるが，ある程度曲げモーメントが大きくなると，はりは横方向(面外方向)にたわみ始め，ねじりを伴って破壊する現象が起こる。これをはりの横座屈，またはねじり座屈という。はりの曲げ許容応力度は，この横座屈の影響を考慮して設定されている。

$$f_t \geq {}_t\sigma_b = M/Z_t, \quad f_b \geq {}_t\sigma_b = M/Z_c$$

ここで，f_t: 許容引張応力度；$f_t = F/1.5$,

f_b: 許容曲げ応力度；$f_b = \{1.0 - 0.4(l_b/i)^2/C\Lambda^2\}f_t$

または，$900/(l_b \cdot h/A_f)$ の小さい方，かつ f_t 以下，l_b: 圧縮フランジ支点間距離，i: はりせいの圧縮側 1/6 部分のウェブ軸まわりの断面2次半径(図7.28)，h: はりせい，A_f: 圧縮フランジの断面積，C: 応力分布による補正係数。

Z_t を算出するときには，リベット，ボルト，または，高力ボルトの穴による断面欠損を考慮する。

(2) 許容せん断応力度は，ウェブ材に負担させ，次式で検定する。

$$f_s \geqq \tau = Q/A_\omega = Q/(h \cdot t_1) \tag{7.6}$$

ここで，f_s：許容せん断応力度；$f_s = F_s/1.5$，$F_s = F/\sqrt{3}$，Q：せん断応力，A_ω：ウェブ断面積，$A_\omega = h \cdot t_1$，h：はりせい，t_1：ウェブ板厚とする。

ウェブプレートの板厚が**表7.14**幅厚比の制限をこえている場合には，座屈の検定も行わなければならない。ウェブプレートの座屈は波形にしわがよるように現われる。これをウェブせん断座屈といい，この座屈耐力を高めるには**スチフナー**[7.4]によって座屈波形を拘束させればよい。

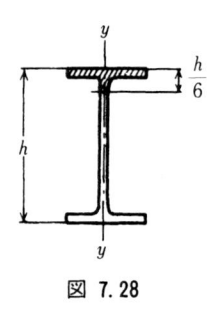

図 7.28

(3) 構造細則

(i) リベット，ボルト，または，高力ボルト接合のはりフランジの**カバープレート**[7.5]の枚数は4枚以下とし，カバープレートの断面積は，フランジ全断面積の70%以下とする。

(ii) 溶接組立てばりのフランジは1枚の板で構成する。

(iii) はりのたわみは，スパンの1/300以下，片持ばりでは1/250以下とする。

E. 柱

(1) 曲げ応力度の検定　　軸力と曲げモーメントを受ける部材の断面は，式(7.7)，(7.8)を満足しなければならない。

$$\frac{\sigma_c}{f_c} + \frac{{}_c\sigma_b}{f_b} \leqq 1 \quad かつ \quad \frac{({}_t\sigma_b - \sigma_c)}{f_t} \leqq 1 \tag{7.7}$$

$$\frac{\sigma_t + {}_t\sigma_b}{f_t} \leqq 1 \quad かつ \quad \frac{({}_c\sigma_b - \sigma_t)}{f_b} \leqq 1 \tag{7.8}$$

ここで，σ_c：平均軸方向圧縮応力度，式(7.3)参照，${}_c\sigma_b$, ${}_t\sigma_b$：曲げモーメントによるフランジの応力度，式(7.4)参照，f_c：許容圧縮応力度，式(7.3)参照，f_b：許容曲げ応力度，式(7.5)参照，f_t：許容引張応力度，式(7.1)参照，σ_t：平均引張応力度，式(7.1)参照とする。

(2) 座屈長さ　　**図7.29**のように，すじかい付ラーメンは剛性が高く水平力に対する水平変位が小さいので，それに連なるラーメン柱の座屈長さは，支点間距離より長くはならない。**図7.30**のように水平変位が大きい場合には，柱の座屈長さが長くなるので計算により求めなければならない。

F. 疲　労

鋼材は許容応力度以下の応力でも，非常に多数回のくりかえし応力を受けていると破壊を起こす。これを**疲労破壊**とよぶ。クレーンガーダーのようにくりかえし応力を受けるおそれのあるところでは，許容応力度を低減させて用いる。切り欠きや，カバープレートの終端など断面性能が急に異なる部分はとくに注意が必要である。

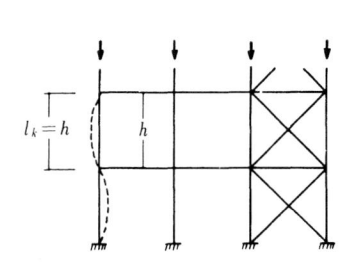

7.7 耐火被覆

図 7.29 水平移動のないラーメン 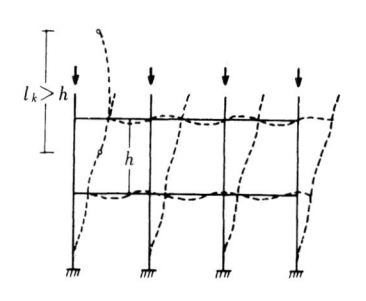   図 7.30 水平移動の生ずるラーメン

G. 柱　脚

鉄骨構造において，上部構造の力を基礎，および，地盤に伝達させる重要な部位である。柱脚の施工法は各種あるが，図 7.31 に例を示す。

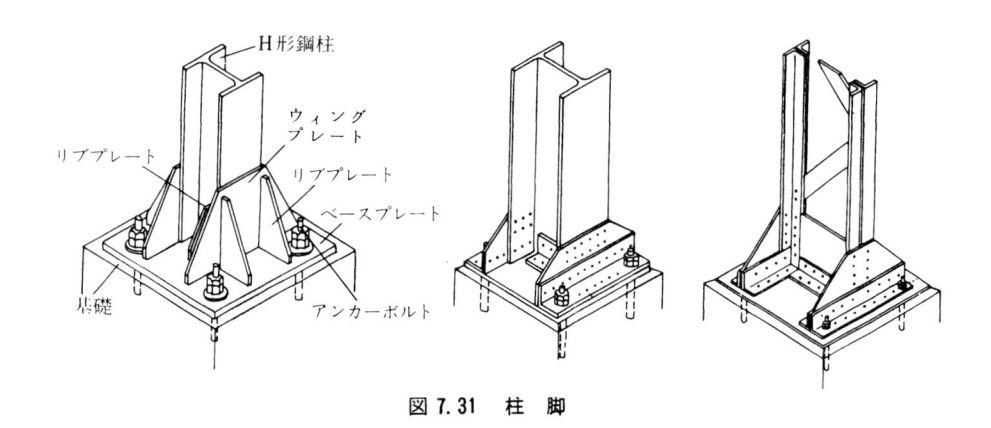

図 7.31 柱　脚

柱脚は，ピン，または，固定として設計するが，固定とする場合には，**ウイングプレート**とリブプレートで**ベースプレート**の変形を拘束し，ベースプレートの下面と基礎上面とを密着させる。柱脚をピンとする場合には，柱脚のせん断力を**アンカーボルト**に負担させるので，アンカーボルトは，引張力とせん断力の組合せ応力とするとともに座金を用い，二重ナットとするなどボルトがゆるまないよう配慮する。また，アンカーボルトの基礎内への定着も確実に行う。

7.7 耐火被覆

耐火建築とするためには，7.1, C. で述べたように**耐火被覆**が必要である。耐火被覆の方法として，現場打ちコンクリートで覆う(このコンクリートを耐力上有効なものとすると，第8章，鉄骨鉄筋コンクリート構造となる)，石綿や岩綿などを鉄骨に吹き付ける。石綿成形板やタイルなどを張り付けるなどの方法がある。図 7.32 に耐火被覆の方法を例示する。

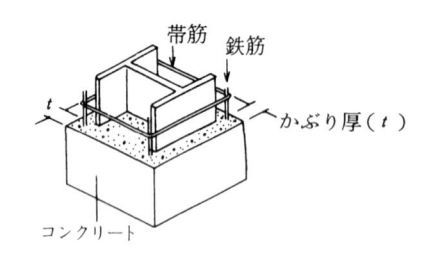

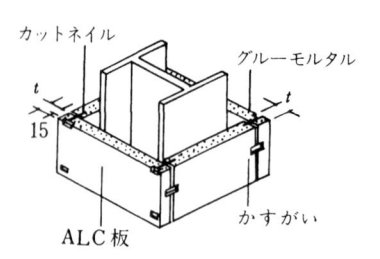

(a) 柱（コンクリートによる埋め込み）

(b) 柱（張付け工法）

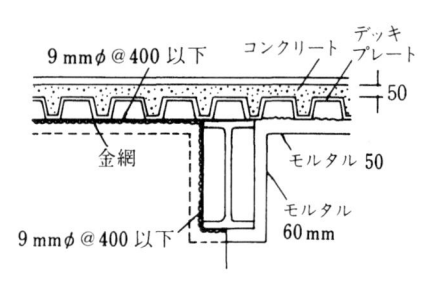

(c) はり，スラブ（吹付け工法）

図 7.32　耐火被覆

第8章

鉄骨鉄筋コンクリート構造

steel framed reinforced concrete construction

8.1 鉄骨鉄筋コンクリート構造とは

鉄骨鉄筋コンクリート構造は，鉄骨をコンクリートで補強した構造として発生したが，鉄骨のじん性と鉄筋コンクリートの剛性を協力させることにより，耐震性の大きな構造にできることから広く利用されるようになってきた。7階以上の中高層建物の多くは，鉄骨鉄筋コンクリート構造で建てられるようになり，また，超高層建物の低層部分にも用いられている。鉄骨鉄筋コンクリート構造は，鉄骨のまわりに鉄筋を配し，コンクリートを打設するので，鉄骨と鉄筋が互いにじゃましあわないように配置するよう，とくに，フルウェブの鉄骨を使用したときに注意を要し，また，はり鉄骨の下側にもコンクリートがよく充てんされるよう設計・施工に際して注意しなければならない。

8.2 設計方針

鉄骨鉄筋コンクリート構造といっても，鉄筋量や鉄骨量に制限があるわけではなく，鉄骨鉄筋コンクリート構造の発生の考え方からしても，鉄骨構造において鉄骨の座屈を防止するためだけにコンクリートを打設する鉄骨コンクリート構造から発展してくる考え方と，鉄筋コンクリート構造の鉄筋量を多くするために鉄骨にして集中配置をするという考え方がある。したがって，部材の設計方針にも，鉄骨式・鉄筋コンクリート式とそれらを合せた累加強度式の3通りがある。

(i) **鉄骨式**とは，鉄筋は鉄骨の一部であるとみなし，コンクリートは圧縮・引張りともに無視する。しかし，コンクリートは鉄骨(鉄筋)の座屈防止としては有効であるとし，鉄骨の座屈を考えないで鉄骨構造として設計する方法である。鉄骨量に比べ鉄筋量が非常に少ない場合に有効な設計方法である。

(ii) **鉄筋コンクリート式**とは，鉄骨を鉄筋の一部であるとみなして設計する方法であり，鉄骨量が少ない場合に有効である。

(iii) **累加強度式**とは，鉄筋コンクリートの耐力と鉄骨の耐力の和を部材の耐力とする考え方である。鉄筋コンクリートと鉄骨が別々に平面保持を行い，ともに許容応力度に達すると考えるので，同じ断面にありながら，鉄筋コンクリート部分の中立軸と鉄骨部分の中立軸は一致せず，弾性的には不合理である。しかし，鉄骨とコンクリートの付着はほとんど期待できないにもかかわらず，鉄骨鉄筋コンクリート部材は，等量の鉄量をもつ鉄筋コンクリートと同等の耐力をもち，同等以上の変形能力をもつので，この性質を反映させるために，鉄筋コンクリートとして考えるよりは多少許容応力度の大きくなる累加強度式が最も鉄骨鉄筋コンクリートとしての特徴をいかした設計法と考えられている。また累加強度式では，鉄筋量が少

なければ鉄骨式に，鉄骨量が少なければ鉄筋コンクリート式に自然に調整されるという利点もある。日本建築学会「鉄骨鉄筋コンクリート構造計算規準」にも，この累加強度式が適用されている。

8.3 はり・柱

鉄骨鉄筋コンクリート構造における，はり・柱について注意すべきことは

(i) 鉄骨鉄筋コンクリートのはりも，鉄筋コンクリート構造と同様に曲げ降伏をせん断破壊に先行させるようにする。

(ii) 鉄骨のウェブは，格子形よりラチス形，さらに充腹形の方が最大耐力，変形能力のいずれも優れている。

(iii) 鉄骨鉄筋コンクリートのはりの断面は，図8.1に示すようにコンクリートが鉄骨のフランジによって縁が切れているので，鉄筋の付着力を圧縮ゾーンのコンクリートまで伝えられるのは，〜〜で示したb'の幅だけしかない。このb'を鉄骨フランジ位置でのコンクリートの有効幅といい，この部分で付着破壊する破壊形式を**せん断付着破壊**という。せん断付着破壊を起こさないようにするためには，鉄骨のフランジ幅を小さくし，あまり多くの鉄筋を鉄骨の上下に並べないようにした方がよい。

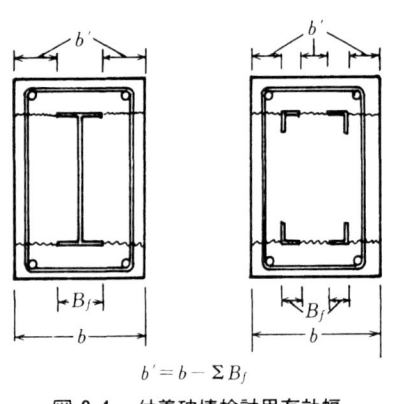

$b' = b - \Sigma B_f$

図 8.1 付着破壊検討用有効幅

(iv) 上記のことからも，また，鉄骨鉄筋としての特性をいかして，じん性のあるはりとするためにも，鉄筋コンクリートの負担の割合を小さめにするのがよい。

(v) 鉄骨鉄筋コンクリート構造ではコンクリートの充てんがよくないので，鉄骨や鉄筋のおさまりに十分注意しなければならない。また，充てんをよくするためにも，鉄筋の相互のあき，鉄筋と鉄骨のあき，鉄骨のかぶりを十分にとらなければならない。通常鉄骨のかぶりは10 cm以上とる。

(vi) 鉄筋コンクリート断面と鉄骨断面の偏心を少なくするとともに，鉄骨はりと鉄骨柱の心もそろえ，力の伝達をスムーズに行うようにする。

8.4 柱はり接合部

鉄骨部分の柱はり接合の方法は，現在，溶接または高力ボルトによる接合が多く用いられている。また接合方法は次のように分類される。

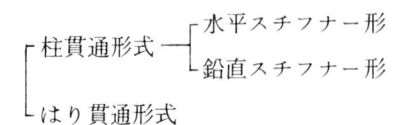

```
        ┌ 柱貫通形式 ┬ 水平スチフナー形
        │          └ 鉛直スチフナー形
        └ はり貫通形式
```

柱貫通形式は，柱鉄骨を通しはりを溶接するものであり，はりフランジの応力を水平スチフナーで伝達する形式と鉛直スチフナーで伝達する方法がある。力の流れでは，水平スチフナーが望ましいがコンクリートの充てんが悪くなるので注意する必要がある。図8.2に柱貫通形式水平スチフナー形のおさまりを示す。

はり貫通形式は，はり間かけた行かのどちらかのはりを通し，他のはりは柱と溶接するものであり，やはりコンクリートの充てんは悪くなる。

8.5 その他

鉄骨鉄筋コンクリート構造では，先に鉄骨部分を組み上げ後から鉄筋を配しコンクリートを打設していく。したがって，コンクリートが硬化するまでは不安定であるので，施工時の荷重や外力の実状をよく把握し，断面の割増しを行うなど安全を確認しなければならない。

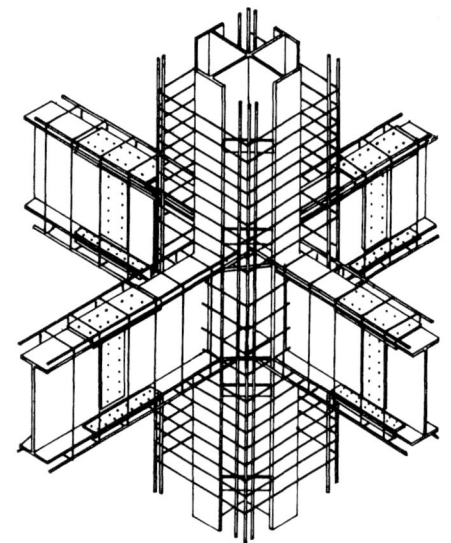

図8.2 柱はり仕口

第9章

組積造
masonry construction

9.1 組積造とは

屋根・床等の荷重を，れんが(煉瓦)や石をモルタルで接合し積み重ねた壁体で支え，これを基礎に伝達する構造の建物を**組積造**という。一般に，小屋組・床組は木造・鉄骨造・鉄筋コンクリート造等とする。

この建物は耐火・耐久性に優れているが，反面重厚で，しかも地震に対しては弱いことが関東大震災(1923年)で証明された。

9.2 れんが造

A. 普通れんが

構造用に使用するれんがを**普通れんが**という。その品質および形状を**表9.1**，**9.2**に示す。

表 9.1 普通れんがの品質

品質＼種類	2種	3種	4種
吸水率 %	15 以下	13 以下	10 以下
圧縮強さ N/cm²{kgf/cm²}	1471 {150} 以上	1961 {200} 以上	2942 {300} 以上

表 9.2 普通れんがの形状 (単位 mm)

項目＼寸法	長さ	幅	厚さ
寸法	210	100	60
許容差	±5.0	±3.0	±2.5

比重は1.5～2.0で1個の重量は1.9～2.5kgとなる。

れんがには，普通れんがと異形れんがとがあり，これらを図9.1に示す。普通れんがの寸法は表9.2のとおりであり，図9.1(a)において210mm×60mmの面を**長手**，100mm×60mmの面を**小口**という。異形れんがには，図9.1(b)のような普通れんがを割って作ったものと，図9.1(c)のような初めから特殊な形に焼いたものとがある。

B. 目地 (masonry joint)

れんがや石材の接合部のあき(明き)を**目地**という。一般に，この部に組積用のセメントモルタルを使用するが，モルタルを使用しない目地は**から(空)目地**という。

9.2 れんが造

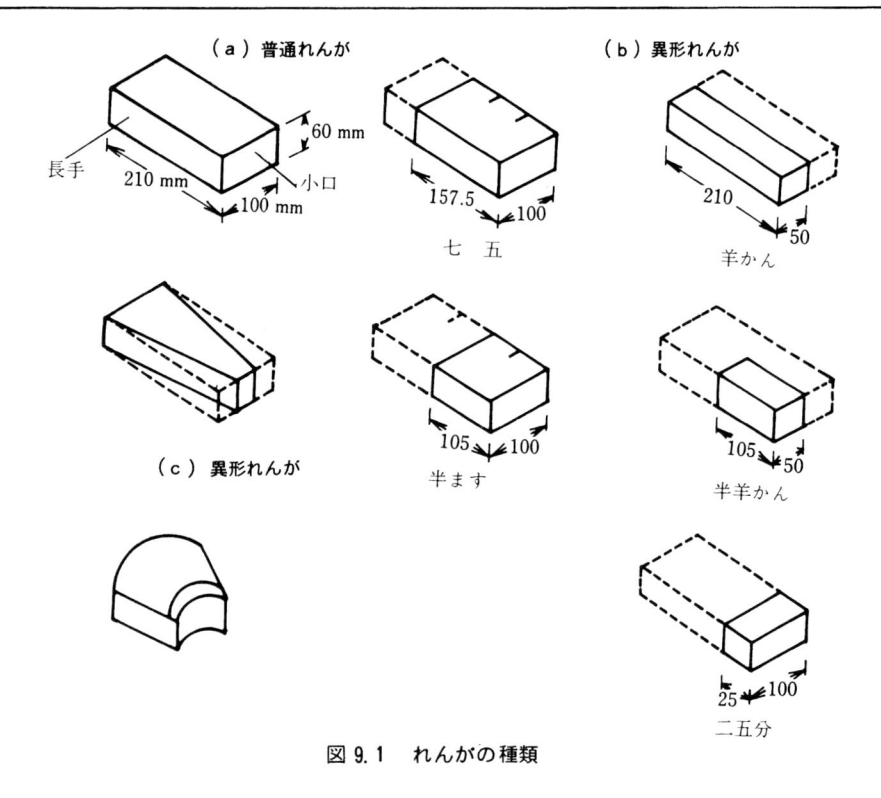

図 9.1 れんがの種類

(1) **組積用目地** 縦の目地を**縦目地**といい，横の目地を**横目地**という。縦目地の幅は 10 mm ぐらい，横目地の幅は 7～10 mm ぐらいとするが，この部の組積用セメントモルタルの強度は，れんが積み壁体の強度および防水に直接関係する。

縦目地が 2 段以上連続するものを**いも (芋) 目地** (straight joint) といい，連続しないものを**破り目地** (breaking joint) という (図 9.2)。

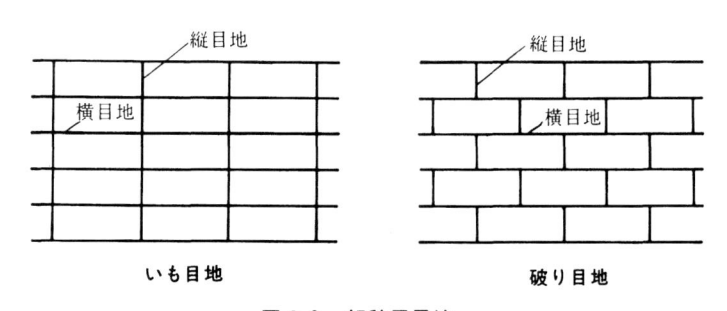

図 9.2 組積用目地

(2) **化粧目地** (pointed joint) 目地部の外面を意匠的に施した目地を**化粧目地**といい，その種類を図 9.3 に示す。組積用目地が固まる前に 10 mm ぐらい**目地彫り**する方法がよく用いられる。

C. れんが壁体

(1) **壁厚の表わし方** れんが積みでは，壁厚をその寸法で表わす以外に，れんがの長手を単位として次のようによぶことがある。これらの名称と壁厚の寸法との関係は**表 9.3**のようになる。

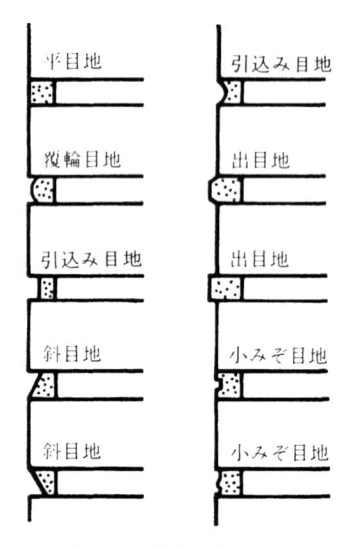

図9.3 化粧目地の種類

(2) **組積法** 壁体は，下部にいたるに従ってその断面積を広げ，力を分布させて基礎に伝える必要がある。また，目地で壁体がせん断されたり亀裂したりするのを避ける目的で，いも目地を作らないような積み方が必要である。一方，目地による壁面の装飾的効果もはかった主なものに，**イギリス積み・フランス積み・オランダ積み・長手積み・小口積み**等がある。

a. **イギリス積みおよび長手積み** 図9.4(a)のような長手の層と小口の層とを交互に積み重ねたもので，すみの部分に羊かんを用いていも目地ができないようにしている。

長手積みは，イギリス積みの半枚積みといえる（図9.4(c)）。

b. **フランス積み** 図9.4(b)のような，装飾的効果を考え，各層とも長手と小口とを交ぜた積み方である。これは，いも目地の個所ができるので強度はイギリス積みに劣る。

c. **小口積み** 小口のみを見せる積み方である。

表9.3 壁厚のよび方

名称	壁厚の寸法(mm)	名称	壁厚の寸法(mm)
半枚積み	100	2枚積み	430
1枚積み	210	2.5枚積み	540
1.5枚積み	320	以下	半枚ごとに10mm増

(a) イギリス積み

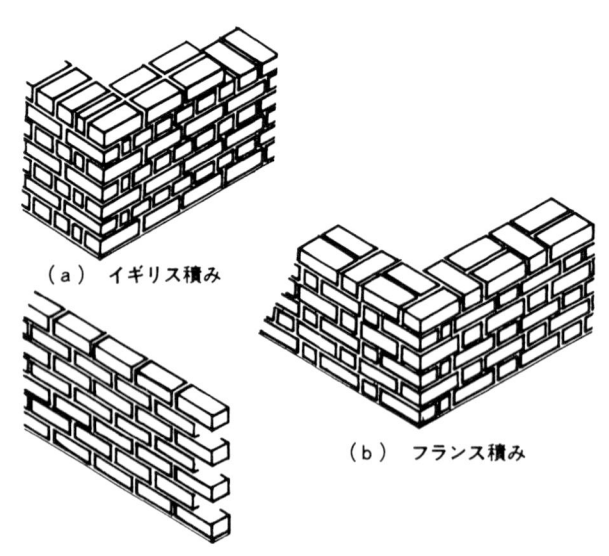

(b) フランス積み

(c) 長手積み（イギリス積みの半枚積み）

図9.4 れんがの組積法

9.3 石造 (stone construction)

A. 石 材

(1) **強 度**　引張強度は圧縮強度の 1/10～1/20 ぐらいであり，一般に比重の大きいものほど強度が大きく，その順序は花こう(崗)岩 → 大理石 → 安山岩 → 砂岩 → 凝灰岩 → 軽石となる。

(2) **耐火性**　火熱による破損の原因には，熱伝導率が小さいための熱応力の相異・溶融・化学成分の熱分解等が考えられる。

花こう岩は，600℃を超えると割れ目を生じ変色して強度が低下し，石灰石・大理石は，800℃で粉体化する。凝灰岩・安山岩・砂岩は変色するのみで，火熱に強い。

B. 石材の表面仕上

石材の表面仕上は，次の順序で行う。

(i) 荒石　石切場で切り出したままの，表面加工していないものを**荒石**，その表面を**野づら**(**野面**)という。

(ii) こぶだし　荒石の表面をのみまたは玄能で平らにしたもので，表面にこぶがある。

(iii) のみ切り　玄能・片刃で，こぶ面をほぼ平行な筋状に仕上げたもの。

(iv) びしゃんたたき(叩き)　のみ切り面をびしゃんでたたいて平坦にしたもの。

(v) 小たたき　びしゃんたたき面に両刃で細密な平行線を刻みつつ平坦にしたもの。

(vi) 水磨き　主として，大理石・花こう岩の仕上に採用される。荒研ぎ → 中磨き → 上磨き → つや(艶)出しの順に，表面を磨き仕上げたもの。

C. 組 積

(1) **組積法**　石積の方法には，**野石積み**と**切石積み**とがある。

a. **野石積み**　大小不同の切石屑や自然石を，野づらのまま接合面だけ荒だたきして整層または乱層に積む方法を**野石積み**という(図 9.5 (a))。

b. **切石積み**　方形の切石を規則正しく整層または乱層に積む方法を**切石積み**という(図 9.5 (b))。

c. **間知石積み**　表面は四角形で，後部が角錐形の石を，裏込めコンクリートを施して積む方法を**間知石**(けんちいし)**積み**という(図 9.5 (c))。

(a) 野石積み　　(b) 切石積み　　(c) 間知石積み

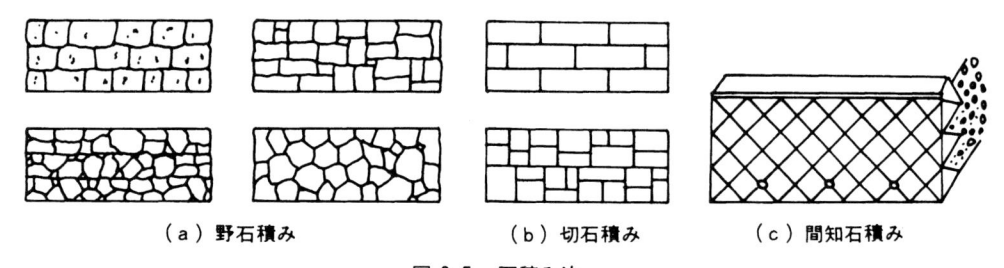

図 9.5 石積み法

(2) **組石の表面仕上**　図 9.6 のように江戸切り・二面切り・きっこう(亀甲)切り・谷切り・平切り・こぶだし等で仕上げる。

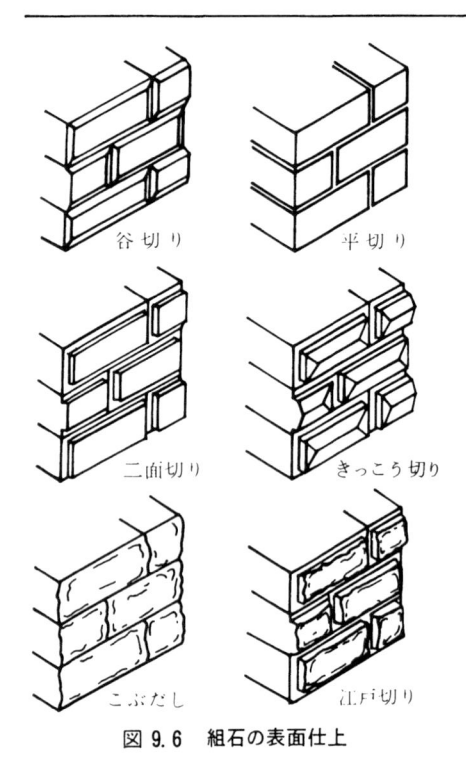

(3) 組石構法　石相互間の接合面を**合口**といい，合口のすきまを目地という。**図 9.7** のように，表面より 50 mm までたたき仕上して，モルタルの接着をよくする。目地幅は，6〜12 mm または**眠り目地・水切り目地**等とする。れんがよりも目地モルタルの接着が悪く，モルタルの接合力だけでは不十分なので，**図 9.8** のように銅・ブロンズ・亜鉛引鉄等のだぼ・かすがい・ちぎり等を使用して，石の横すべり・あき等を防止する。

図 9.6　組石の表面仕上

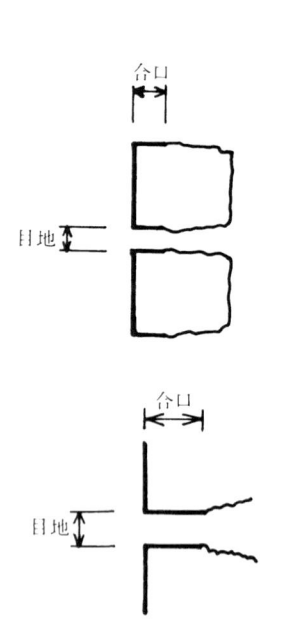

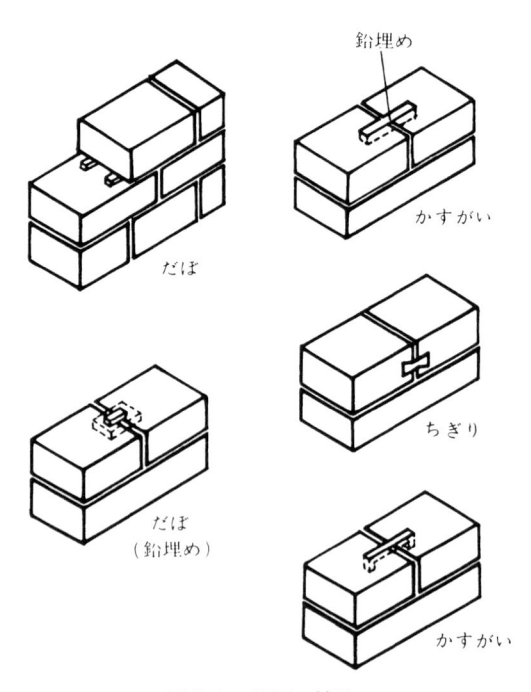

図 9.7　石の接合面

図 9.8　組石の補強

第10章
補強コンクリートブロック造
reinforced concrete block construction

10.1 補強コンクリートブロック造とは

　石造・れんが造等の組積造は地震に対してきわめてもろいため，これを鉄筋で補強しなければならない。そこでさまざまな形のコンクリートブロックを工場生産して，これを現場で積み重ね，その際に接合部に鉄筋をとおし，コンクリートを打込んで鉄筋とブロックとを一体化する構造が開発された。それらの中で，JIS A 5406 で規定された**建築用コンクリートブロック**を使用し，これを鉄筋で補強する構造を，**補強コンクリートブロック造**という。

　この構造は，耐震・耐風・耐久・耐火性が大きく，また防寒・防暑・防音性に優れている。しかし，平面内に存在する壁の量が少なかったり，壁に入れる鉄筋が少ない場合，あるいはブロックが弱かったり，ブロック積みの施工が粗雑であったりすると，建物の耐震性は低下するので注意しなければならない。補強コンクリートブロック造は，2，3階以下の低層建物で，間仕切りが多く，開口部が大きくない建物に適用される。

10.2 空洞ブロック

A．ブロックの品質

　補強コンクリートブロック造に使用される空洞コンクリートブロックの骨材には，重量を軽減する目的で炭殻（たんがら）・ボタ等さまざまなものを使用するが，建築物の耐力を受けもつ壁体に使用する空洞ブロックは，圧縮強さによって，08, 12, 16, 20, 25, 30, 40 の8種類に分類されており，補強コンクリートブロック造には，一般的に 08, 12, 16 が使用される。同一の建物に異種ブロックを使用してはならない。一般的に使用されている空洞ブロックの性能を**表 10.1** に示す。

表 10.1 ブロックの性能（JIS A 5406）

圧縮強さによる区分の記号	圧縮強さ N/mm² {kgf/cm²}	気乾かさ比重	吸水率 (％)	透水性 ml/m²・h	呼び方
08	8 { 82} 以上	1.7 未満	—	—	A種
12	12 {122} 以上	1.9 未満	—	—	B種
16	16 {163} 以上	—	10 以下	300 以下	C種

　気乾かさ（嵩）比重は，ブロック製造後養生をおわってから，さらに1週間以上常温室中に置いて質量を測定して，次式で算出する。

$$気乾かさ比重 = \frac{コンクリートブロックの質量(g)}{コンクリートブロックの正味体積(ml)}$$

ブロックの強度は，図10.1のように圧縮荷重 $P(N)$ を加えて，次式で算出する。

$$ブロックの強度 = \frac{圧縮荷重\ P(N)}{ブロック加圧面の断面積(mm^2)}$$

B．ブロックの形状と寸法

ブロックの形状および寸法を表10.2に示し，寸法精度を表10.3に示す。ブロック製品の寸法は，モジュール呼び寸法から目地幅を引いたものである。標準目地幅を表10.4に示す。一般的に使用されている空洞ブロックの形状を図10.2に示す。

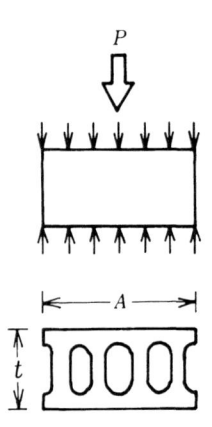

図 10.1 空洞コンクリートブロックの強度

図 10.2 空洞ブロック

表 10.2 基本形ブロックの長さおよび高さのモジュール予備寸法（単位：mm）

長さ	300	400	450	500	600	900
高さ	100	150	200	250	300	

表 10.3 寸法精度

	長さ	厚さ	高さ
標準精度用	±2.0	±2.0	±2.0
高精度用	±1.0	±1.0	±0.5

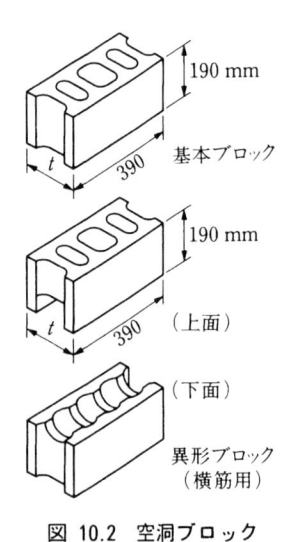

表 10.4 寸法精度に対する標準目地幅（単位：mm）

寸法精度による区分	標準目地幅
標準精度	10
高精度	3

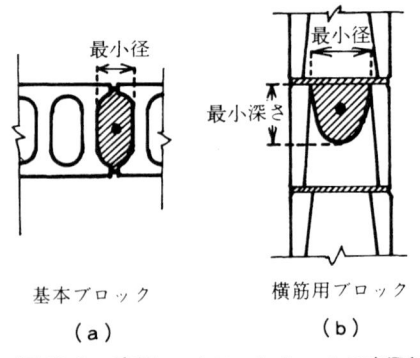

図 10.3 空洞コンクリートブロックの空洞部

ブロックの厚さ(t)，肉厚および図10.3に示す鉄筋挿入用の空洞部についてそれぞれ規定[10.1]がある。

C. 補強ブロック造の規模

A種ブロックを使うA種ブロック造は2階建以下で軒の高さ7m以下とし、B種およびC種ブロック造は3階建以下で軒の高さ11m以下とし、A種、B種、C種とも各階の階高は3.5m以下とする。平屋建の軒の高さは4.0m以下とする。

10.3 構造計画

A. 耐力壁

壁体のうち、建物に作用する鉛直荷重（固定荷重と積載荷重の和）およびこれと同時に作用する水平荷重（地震力・風圧等）に耐えさせる壁体を耐力壁という。耐力壁は水平荷重に対して安全であることが支配的要件であるため、耐力壁の上下をがりょう（臥梁）および基礎で緊結しなければならない。

耐力壁が地震力を受けると図10.4のように、せん断作用と曲げ作用とを同時に受ける。せん断作用に対しては、ブロック積みの耐力壁自身が抵抗するので、壁に生ずるせん断応力がブロックのせん断強度の1/2を超えると、同図のように壁体に階段状（または斜め）のひび割れが生じて、耐力壁は破壊する。このような破壊を防ぐために、D10以上の縦筋・横筋を壁体の中に入れ、せん断に対して抵抗させる。この場合の鉄筋をせん断補強筋という。また、曲げ作用により、耐力壁と基礎およびがりょうとの間に同図のような口があき、壁体が破壊する。この破壊を防ぐためにこれを鉄筋で補強する。すなわち、耐力壁の端部・取合せ隅角部・開口部の周囲にD13以上の縦筋を入れて、曲げに対して抵抗させる。この鉄筋を曲げ補強筋という。

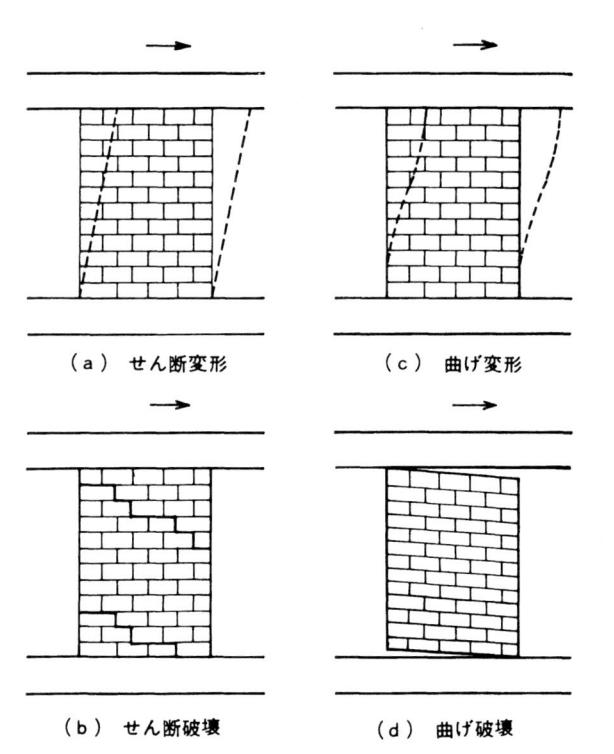

図10.4 耐力壁の破壊機構

(a) せん断変形　(c) 曲げ変形
(b) せん断破壊　(d) 曲げ破壊

(1) **耐力壁の配置** 耐力壁の量を増せば耐震性を強化することになるが，耐力壁の長さが短いと曲げ作用による耐力壁の水平ひび割れが発生しやすいので，それぞれ壁長の長い耐力壁を平面的につり合いよく配置する計画が必要である。もし図10.5のように平面内に配置されたすべての耐力壁の断面からなる図心(抵抗の中心・**剛心**)Sと，平面の図心(**重心**)Gとが一致しないと，地震力の作用で建物はS点を中心にねじり（振り）回転を起こし，建物が崩壊する場合があるので，剛心と重心を一致させることが好ましい。

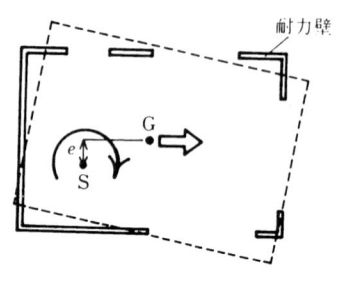

図 10.5 建物のねじれ

また各階それぞれの耐力壁が一体となって作用できるように，それらを互いに剛な床等で結合する。このとき図10.6(a)のように，各階の耐力壁の中心線によって囲まれた部分の面積

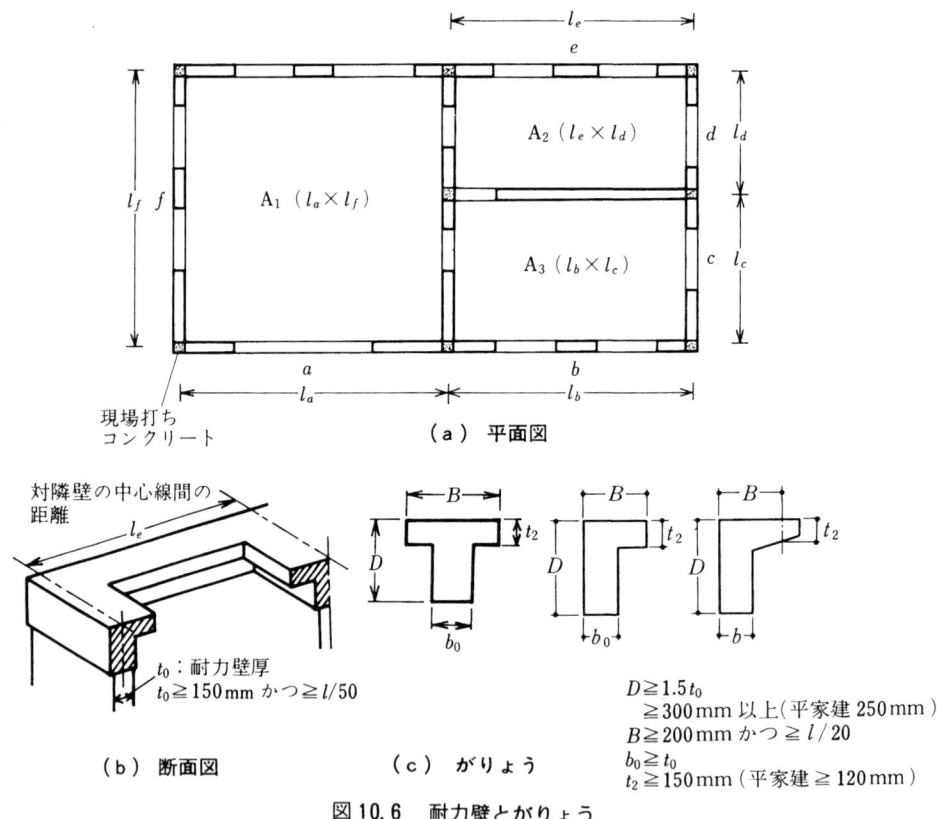

(a) 平面図

(b) 断面図　　(c) がりょう

t_0：耐力壁厚
$t_0 \geq 150$ mm かつ $\geq l/50$

$D \geq 1.5 t_0$
≥ 300 mm 以上(平家建 250 mm)
$B \geq 200$ mm かつ $\geq l/20$
$b_0 \leq t_0$
$t_2 \geq 150$ mm (平家建 ≥ 120 mm)

図 10.6 耐力壁とがりょう

を，それぞれ60 m^{2}以下となるように耐力壁を配置する（建築基準法施行令第62条の四）。

(2) **耐力壁の長さ** 実験によれば，(耐力壁の壁長)/(壁高)が0.3より小さくなるとせん断より曲げの影響が大きくなり，耐力壁のせん断抵抗は急激に減少する。このことを考慮して図10.7のように耐力壁の壁長は550 mm以上で，かつ壁両側にある窓の内法高さの平均値の0.3倍以上とする。

(3) **耐力壁の厚さ** 耐力壁の厚さは，仕上げ部分を除き平屋および最上階では150 mm（最上

10.3 構造計画

階から数えて2つ目の階および3つ目の階では190mm)以上とし,かつ平屋および最上階ではブロック積み部分の高さ h の $h/20$(最上階から数えて2つ目の階および3つ目の階では $h/16$)以上とする。

(4) 配 筋　　耐力壁に配筋する鉄筋の断面の大きさおよびその間隔を**表 10.5**に示す。

表 10.5　耐力壁のせん断補強筋

階	縦筋 呼び名-間隔(cm)	横筋 呼び名-間隔(cm)
平屋, 2階建の2階	D10以上-80以下	D10以上-80以下かつ(3/4) l 以下*
2階建の1階, 3階建の3階	D10以上-40以下 または D13以上-80以下	D10以上-60以下かつ(3/4) l 以下 または D13以上-80以下かつ(3/4) l 以下
3階建の2階	D10以上-40以下 または D13以上-80以下	D10以上-40以下かつ(3/4) l 以下 または D13以上-60以下かつ(3/4) l 以下
3階建の1階	D13以上-40以下	D10以上-40以下かつ(3/4) l 以下 または D13以上-60以下かつ(3/4) l 以下

＊平屋,2階建の最上階に限り,横筋間隔は(3/4) l にかかわらず,最低60cmとすることができる。
l：耐力壁の実長(cm)

耐力壁の端部,交差部および開口部の上部の下端,下部の上端部にはそれぞれ,平屋,最上階ではD13,その他の階ではD16〜D19を一本づつ使って補強する。

縦筋の末端はかぎ状に折曲げて(異形鉄筋は折曲げなくてよい)鉄筋径の40倍の長さ以上を基礎・基礎ばり・がりょう・床板・屋根板等に定着させる。また次の理由によって,縦筋は途中で継がない。ただし,溶接の場合を除く。

(i) コンクリートのつまりが悪い。

(ii) 鉄筋のかぶり厚が少なくなり,鉄筋がさびやすい。

(iii) 応力の伝達が悪い。

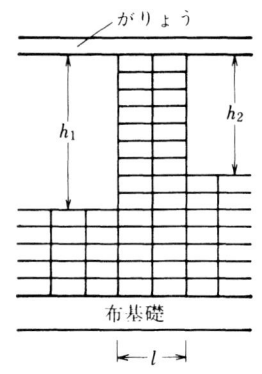

$l \geqq 550$ mm かつ $0.3 \times \dfrac{h_1+h_2}{2}$ 以上

図 10.7　壁長の最低限

横筋の継手長さは鉄筋径の45倍以上とし,壁体端部では180°フックにして端部縦筋に引きかける。鉄筋のかぶり厚さは20mm以上とする。

B. ま ぐ さ

壁体の開口部の上部に小壁を設ける場合は,小壁を支えてそれを壁体に安全に伝える目的でまぐさ(楣)を設ける。まぐさは,開口部の内法幅の大きさに応じて**図10.8**のような断面のものを構造計算を行って使用する。

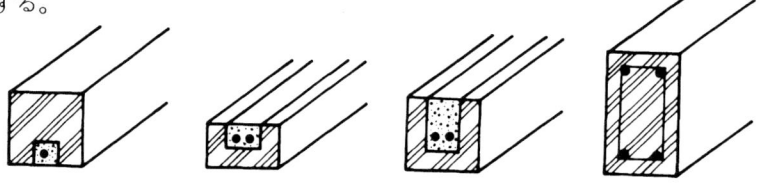

図 10.8　まぐさの種類

まぐさの端部は**図10.9**のように,壁体に200mm以上突込んで設け,その下部に空洞部分があれば,その全部に**打込みコンクリート(充てんコンクリート)**を打込んで直下の壁体部を補強する。

C. がりょう

(1) がりょうの働き 同一壁体内に存在する耐力壁の頂部に設けて、それらの耐力壁を連結する鉄筋コンクリートの横架材を**がりょう**という。がりょうは次のような働きをする。

(i) 木造や鉄筋コンクリートの小屋組や床組を支えて、それらの荷重を耐力壁に伝える。

(ii) 耐力壁の縦筋を完全に固定し、耐力壁の鉄筋が完全に働くようにする。

(iii) 平面的にばらばらに配置された耐力壁を連結して、それらの耐力壁が一体となって地震力に抵抗できるようにする。

(iv) 図10.10のように、耐力壁の水平方向の面外曲げに対して丈夫ながりょうを用い、地震時に耐力壁が面外に揺れるのを防ぐ。

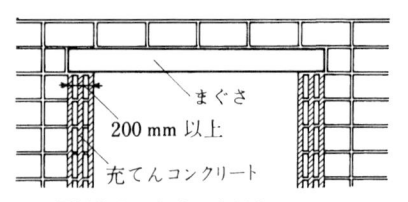

図10.9 まぐさ支持部の補強

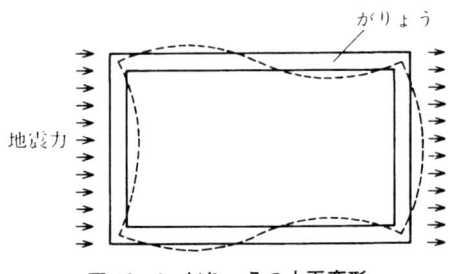

図10.10 がりょうの水平変形

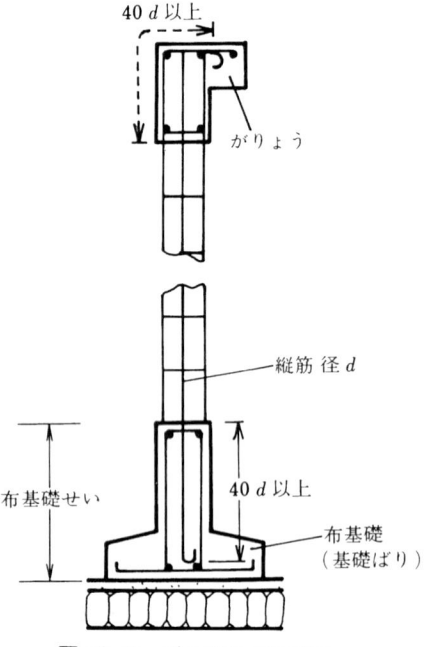

図10.11 耐力壁部の断面図

(2) がりょうの断面 がりょうのせいは一般に図10.11のように、耐力壁の縦筋の埋込み（アンカー）に支障のない大きさが必要である。また下部が開口部のときは、それより上部の荷重を支える強さが必要となる。図10.6(c)において一般にがりょうのせい(D)は耐力壁の厚さ(t_0)の1.5倍以上、かつ300mm以上（平屋建では250mm以上）としがりょうの幅(b_0)はt_0以上としている。下部に広い開口部がある場合等は両端固定のはりとして強度計算を行って定める。がりょうの働き(iv)で述べたように、地震時に耐力壁が抵抗するには、がりょうの幅は大きい方が有利である。建築基準法施行令第62条の五では図10.6(a)、(c)のようにがりょうの有効な幅(B)は200mm以上で、かつ各耐力壁について、それぞれ支点間の距離($l_e \sim l_f$)の1/20以上と規定している。

がりょうの配筋は図10.11のようであり、主筋は径13mm(D13)以上とし、鉛直方向・水平方向に対してそれぞれ複筋とする。肋筋は径9mm(D10)以上のものを300mm以下の間隔で配置するが、縦筋の埋込み部を肋筋とみなしてもよい。鉄筋のかぶり厚さは30mm以上とする。

D. 基礎ばり

(1) **基礎ばりの働き** **基礎ばり**は，耐力壁の底部を固定状態に保ちながら，それぞれの耐力壁を連結して地盤の不同沈下や局部応力による壁体の破壊を防ぎ，かつ荷重を地盤に均等に伝える働きをする。

(2) **基礎ばりの断面** 図10.11に示すように，基礎ばりの幅は壁厚より大きくする。一般に基礎ばりの幅は，地耐力の大きさによって定める。実験によれば，基礎ばりが強剛であれば上部構造が一体的な**箱形構造**として働き有効である。そのため，基礎ばりのせいを大きくすることが望ましい。一般に基礎ばりのせいは，平屋建で450 mm以上，2階建で600 mm以上3階建で600 mm以上かつ軒高の1/12以上が必要とされている。基礎ばりは耐力壁の固定と，開口部分の地盤反力を左右の耐力壁に伝えるはりの働きをするので，主筋はD 13以上かつ4本以上，肋筋はD 10以上のものを300 mm間隔以下で配置する。鉄筋のかぶり厚さは60 mm以上とする。

10.4 施 工

1階の補強コンクリートブロック積み高は12～13段程度である。図10.12のように，たてやりかたを設け，これにブロック積用目盛を印した**ブロック割**をしておく。そのあとたてやりかた間に，

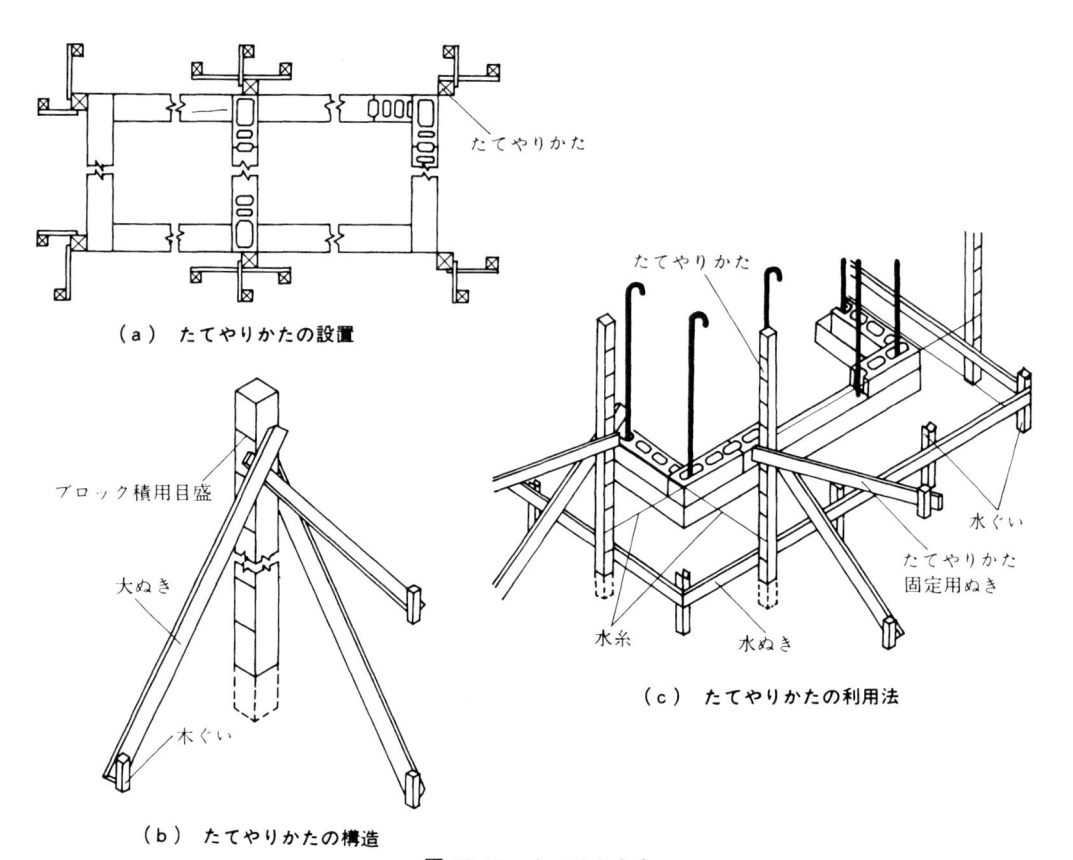

(a) たてやりかたの設置

(b) たてやりかたの構造

(c) たてやりかたの利用法

図10.12 たてやりかた

そのブロック割に従って水糸を張り，さらにこれに合せてブロックを積む。

基礎の捨コンクリートの上面に，壁心・縦筋の位置やブロック割を墨出しする。これが不正確なときは図 10.13 のように，基礎上面で縦筋の位置をゆるやかな角度で修正する。これを**台直し**という。このとき急激な角度で修正すると，耐力壁の曲げ抵抗が低下する。ブロックは，図 10.14 (a) のようにシェルの厚い方を上にして積む。このとき接合面全部に目地モルタルを施すとともに，ブロック接合部で縦筋のある部分およびない部分ともに，充てんコンクリートを打込む。充てんコンクリートはブロック 2 段目ごとに打込み，図 10.14 (c) のようにてんばより 50 mm 下げておき，次回に打込む充てんコンクリートがせん断抵抗をもつようにする。横筋用のブロックは 2 段目ごとに設けて，その空洞部分には図 10.15 のように，横筋を配筋する。このとき鉄筋の被覆 (ひふく) 厚さは，20 mm 以上になるよう配筋する。

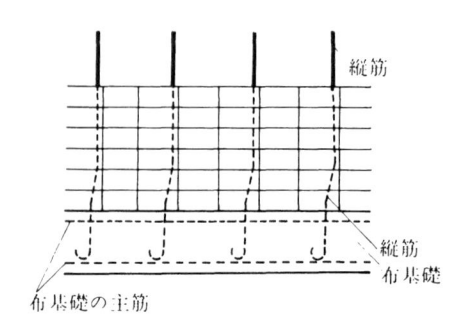

図 10.13　縦筋の台直し

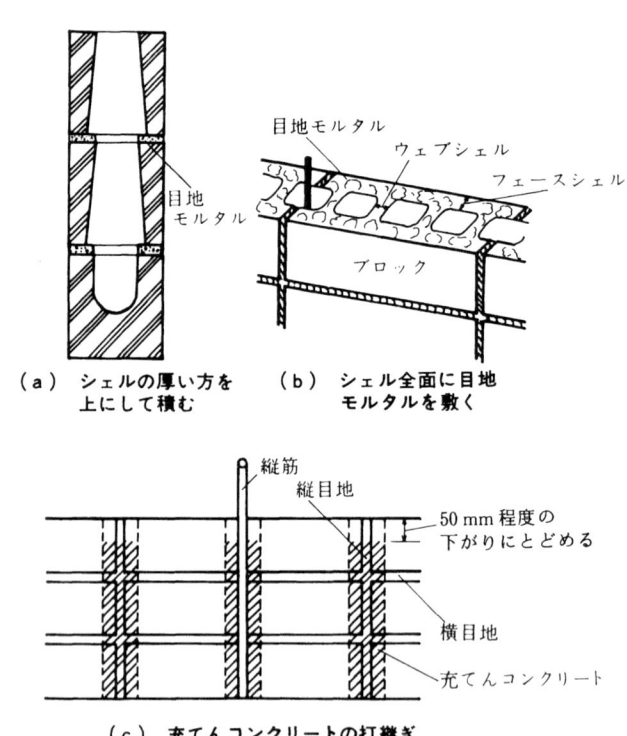

(a) シェルの厚い方を上にして積む

(b) シェル全面に目地モルタルを敷く

(c) 充てんコンクリートの打継ぎ

図 10.14　ブロック積工法

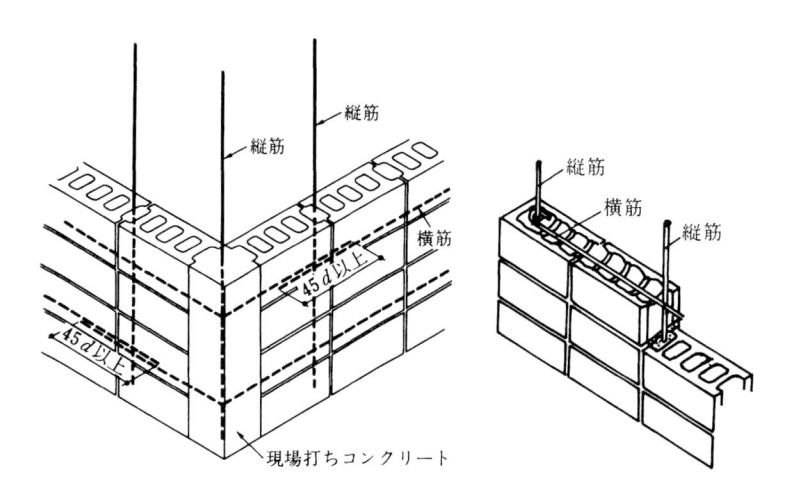

図 10.15　耐力壁の配筋

　施工中に壁が倒壊するのを防ぎ，自重により目地モルタルがはみ出さないように，一般に1日の積み上げ高さは1.2m以下とされている。目地の厚さは一般に横目地を8～10mm，縦目地を9～11mmとする。開口部周囲は雨水が浸入しやすいので，図10.16のように，とくに防水を考慮して施工しなければならない。

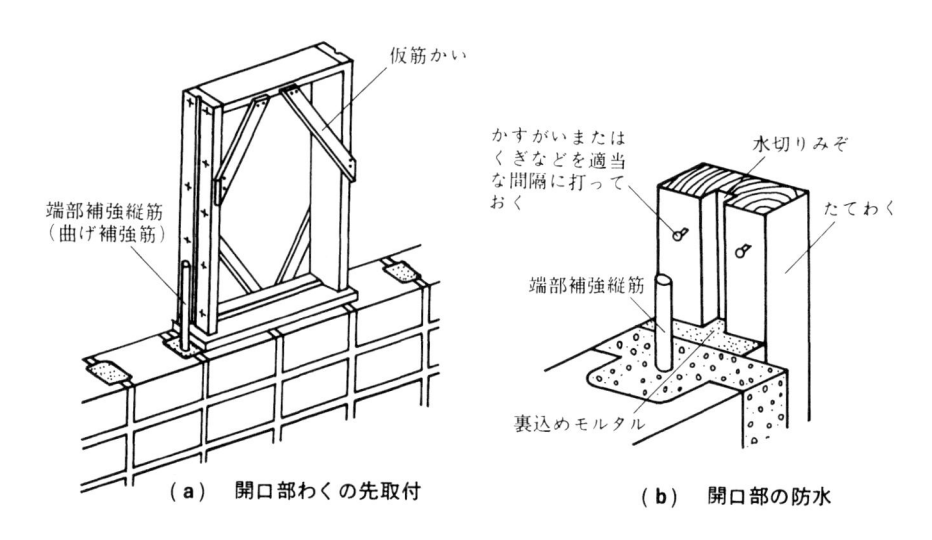

(a) 開口部わくの先取付　　　(b) 開口部の防水

図 10.16　開　口　部

第11章 屋 根

11.1 屋根とは

屋根は，人間の生活空間の上部において，雨・雪・風・寒さ・暑さ等自然の厳しい作用を遮断する性能をもつ構成部位であり，小屋組で支えられる。したがって，これらの自然の厳しい作用から生活空間を守るとともに，騒音および火災による延焼・飛び火等からも守るように屋根の材料・構法を決定しなければならない。

また，屋根の形状は建物の美観を支配する重要なものであるが，それはその時代の社会的要素にも影響される。このように，屋根の形状は建築設計上重要なポイントとなる。

11.2 屋根の形状

屋根の形状を決定するにあたっては，まず屋根面の水はけを良くして雨水の浸入を防ぐ考慮が必要である。そのために，屋根には勾配をつけ適当な屋根ぶき材料を選び，しかもなるべく単純な屋根形状とすることが望ましい。しかし平面および立面計画，ならびに意匠との関係から，図 11.1 に示すように，複雑な屋根の形状となることが多い。同図のように，屋根面で雨水の流れに沿った方向を**流れ**といい，流れの集まる凹部を**谷**という。屋根面の交わる陵線を**むね**といい，陵線が水平のものを**大むね**（単にむねともいう），陵線が傾斜しているものを**すみむね**という。妻に近い所にあって，流れ方向のむねを**くだり（降り）むね**（または**登りむね**）という。

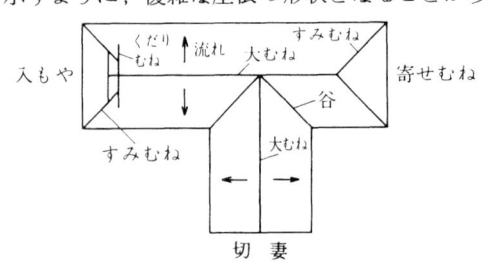

図 11.1 複雑な屋根

矩形平面の屋根の形状には，図 11.2 に示すように，**切妻屋根** (gable roof)，**寄せむね屋根** (hipped roof)，**方形（ほうぎょう）屋根** (polygonal roof)，**入もや（入母屋）屋根** (gambrel roof)，**招き屋根**[11.1]，**マンサード屋根** (mansard roof)（**腰折れ屋根**）[11.2]，**片流れ屋根**[11.3] (shed roof)，**のこぎり（鋸）屋根**[11.4] (sawtooth roof)，**越屋根**[11.5] (monitor roof)，せん塔等に示す勾配のある屋根と平らな**ろく（陸）屋根** (flat roof) がある。さらに屋根面が曲面のもののうち，凹面のものを**そり（反り）屋根**，凸面のものを**むくり（起り）屋根**とよぶ。

A. 切妻屋根

切妻屋根は，むねからその両側へ屋根面を降ろして雨水を両側へ流すように構成した屋根であり，その小屋組の構造はもっとも自然である。むねの端部に屋根面がなく，三角形の壁（妻壁）となる (p.25 妻部参照)。屋根面の流れの下ばを，外壁より外に差出すこと（軒先）によって外壁や開口部

11.2 屋根の形状

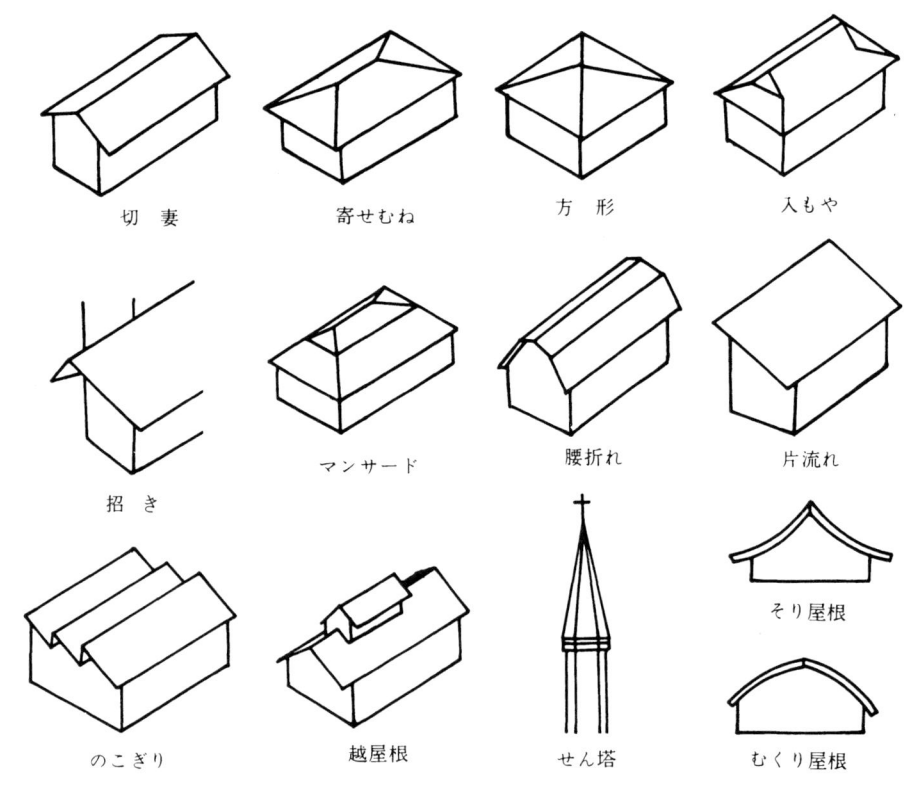

図 11.2 屋根の形状

を風雨や日照から守る (p. 23 軒先参照)。

切妻屋根の場合，妻壁に小屋裏通気孔を設けたり，採光のための窓を設けることができるが，その反面，妻壁に直接雨が吹き付ける欠点がある。

B. 寄せむね屋根

寄せむね屋根は，四方に流れる屋根面があり，むねおよびすみむねをもっている。

寄せむね屋根の場合，屋根裏に通気孔・窓等を設けることはできないが，妻部の壁体保護と雨仕舞には適している。

C. 方形屋根

寄せむね屋根で正方形のものは，すみむねが1点に集まる。これを**方形屋根**という。

D. 入もや屋根

入もや屋根とは，寄せむね屋根の一部を切妻とした和風のもので，切妻と寄せむねの両者の特色をもつ屋根であって，小屋裏の通気・採光が可能である。

E. ろく屋根

ろく屋根とは，屋根面がほぼ水平なものであり，鉄筋コンクリート建物等に適し，屋根面を使用できる利点がある。

11.3 屋根勾配

屋根勾配は，建物の種類および構造，ならびに降雨量等の自然条件を考慮しながら，屋根ぶき材料および建物の外観の美しさをも考慮して定める。

雨量の多い地方では勾配を急にし，多雪区域では屋上に積った雪の自然落下をはかるように勾配を急にすることもある。屋根勾配を急にすると，屋根面積が大きくなり，また風圧も屋根面に大きく作用する。したがって，小屋組が複雑となるとともに自重が大きくなり不経済ともなる。逆に勾配をゆるくすると，台風で軒先が吸い上げられる被害も発生する。

水平面に対する屋根面の勾配を**平勾配**という。これを**図 11.3** のように，角度 ($\theta°$ 勾配)・分数 ($1/n$ 勾配，すなわち tangent)・寸法 (m 寸勾配：水平方向一尺に対する登り高さ，すなわち登り

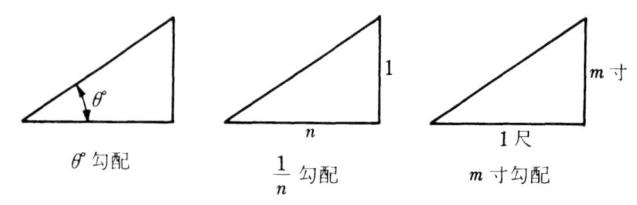

図 11.3 屋根勾配の表わし方

高さが5寸の場合は5寸勾配という)等で表わす。さらに，寄せむね等にあるすみむねの勾配を**すみ勾配**という。両屋根の勾配が等しい場合は $1/(n\sqrt{2})$ となる。

屋根勾配の一般的な数値を，**表 11.1** に示す。

表 11.1 屋根勾配

屋根ぶき材料別	屋根勾配
か わ ら ぶ き	4/10 ～ 5/10
波 形 鉄 板 ぶ き 波形スレートぶき	3.5/10 ～ 4/10
金 属 板 ぶ き	2.5/10 ～ 3/10
長 尺 鉄 板 ぶ き	1.5/10 ～ 2/10
天然スレートぶき 石綿スレートぶき	5/10　(1/2)

11.4 屋根ぶき材料の選択

屋根ぶき材料を選択するにあたっては，屋根勾配・美観を考慮しながら，同時に耐水性[11.6]・耐久性[11.7]・不燃性・軽量化・温度差による伸縮・施工性[11.8]・保全性[11.9]等をも考慮しなければならない。

11.5 屋根の構造

A. こけら板ぶき

こけら(柿)板[11.10]を図11.4のように，どこでも3枚重なるようにふき足を定め，登り2足ごとぐらいに竹くぎまたは鉄くぎを用いて，30 mm程度の**歩み**で野地板に打付ける。

かわらぶき下地となるこけら板ぶきを**土居ぶき**という。

こけら板ぶきの上に押縁を500 mm間隔ぐらいに打付けたり，または石を載せたりして，強風時にこけら板が飛散するのを防ぐことがある。

B. ひわだぶき

神社・宮殿・数寄屋建築等に古くから使用された高級な屋根ぶきである。これを図11.5に示す。

(1) **軒付け**　軒付けとは，軒先を厚くみせる目的の

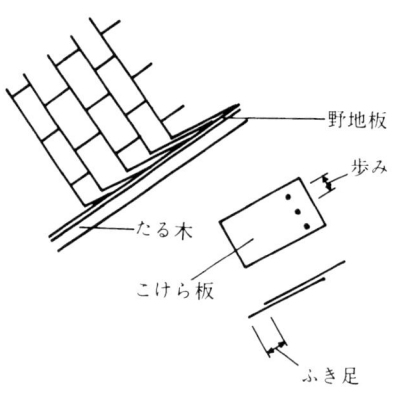

図11.4　こけら板ぶき

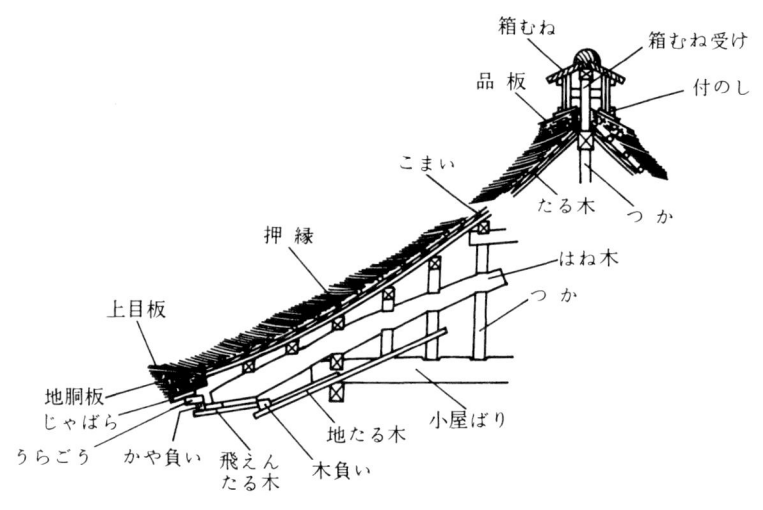

図11.5　ひわだぶき

ものである。**うらごう**(裏甲)の上に杉または桜の**じゃばら**(蛇腹)**板**を傾けて並べ，その上に長さ250〜400 mm，幅70 mmぐらいの**ひわだ**[11.11]を30 mmぐらいの厚さに束ねたものを木くぎで打付ける。その上部に**地胴板**(押縁)をあて鉄くぎで押える。

さらに軒付けが前方に壊れるのを防ぐ目的で，**わらび手**(蕨手)**金物**をうらごうまで打付ける。軒付けと平ぶきとの境に**上目板**を並べたり銅板を用いることによって，軒角の形を保ち，かつ水切れを良くする。

(2) **平ぶき**　ふき足は軒先で10 mmぐらい，むね近くで20〜25 mmぐらいとなるようにひわだを5〜10枚重ねにして木くぎまたは竹くぎを10 mmぐらいの歩みで打付ける。平ぶきの総厚は70〜120 mmとなる。

(3) む ね　むねは箱むねまたはかわらむね[11.12]とする。箱むねは木材を組んだもので，外面を銅板または亜鉛鉄板で覆う。

C. 日本がわらぶき

日本古来からの屋根ぶきであり，断熱性・耐久性が優れているが，重量が重い。かわらを屋根下地につながないと，積雪が落下する際，または地震の際にかわらが落下したり，強風時にかわらが飛散する等の被害を受ける。

(1) 日本がわら　日本がわらとは，粘土を成形・焼成した粘土がわらであり，焼成方法によっていぶし(燻し)がわら[11.13]・ゆう(釉)薬がわら[11.14]・塩焼がわら[11.15]等がある。積雪寒冷地ではゆう薬がわらを使用して凍害を防ぐ。

かわらは屋根ぶきの種類および屋根面での取り付け位置により，平がわら[11.16]・さん(桟)がわら[11.17]・から草がわら[11.18]・丸がわら[11.19]・鬼がわら[11.20]・面戸がわら[11.21]等があり，これらを図11.6に示す。これらの形状および寸法はJIS A 5208に規定されている。

並平がわら　敷平がわら　のしがわら　けらば平がわら

深くばがわら　ひも付のしがわら　目板がわら　がんぶりがわら　ともえがわら　並丸がわら
　　　　　　　（平がわら）　　　　　　　　　　　　　　　　　　　　　　　（丸がわら）

並さんがわら　切込みさんがわら　引掛けさんがわら　雪止めがわら　谷そでがわら
　　　　　　　　　　　　　　（さんがわら）

平から草がわら　さんから草がわら　一文字から草がわら　けらばさんがわら　面取りさんがわら
　　　　　　　　　　　　　　　　　　　　　　　　　　　　　　　　　（さんがわら）

けらばから草がわら　すみから草がわら
（右重箱がわら）
　　　　（から草がわら）

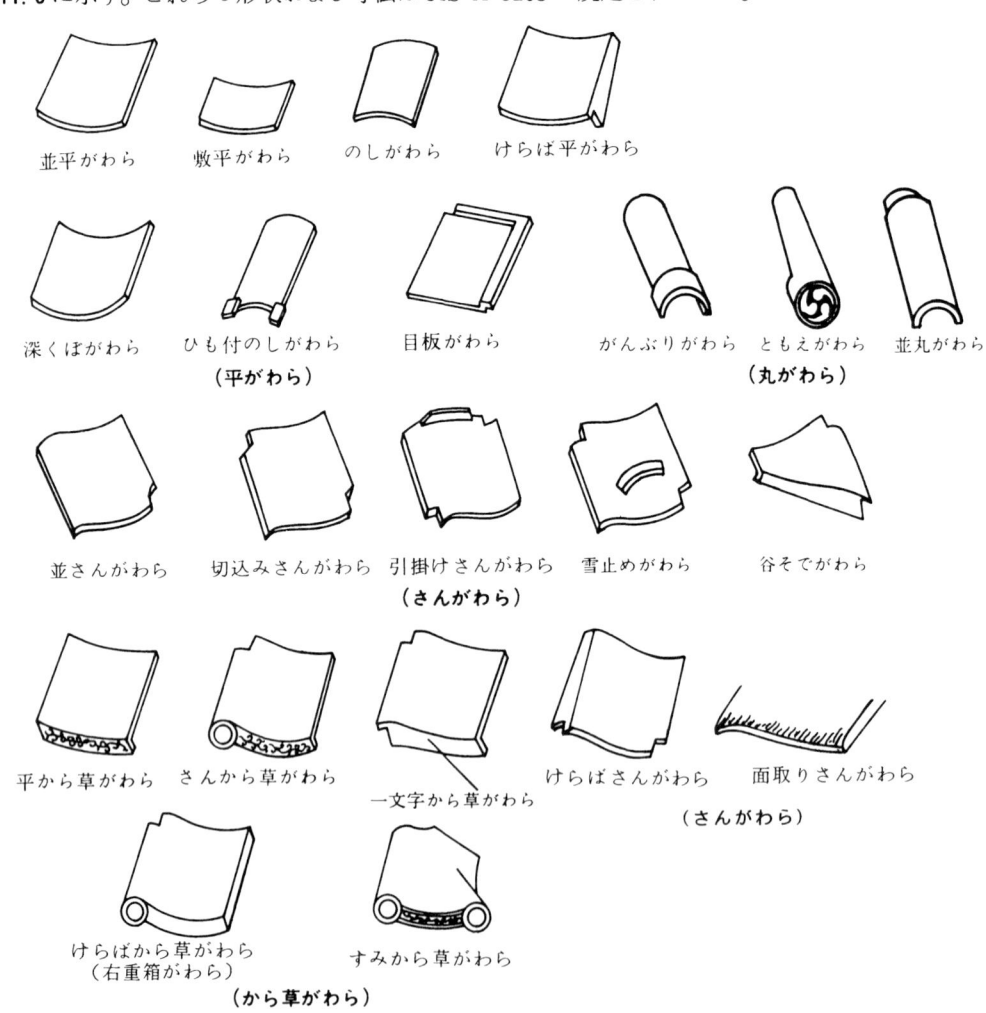

図11.6　かわらの種類

11.5 屋根の構造

かわらの品質は，吸水率・曲げ強さ・音色・色彩等によって等級がつけられる。

(2) 平部のふき方

　a．さんがわらぶき　　図11.7のように，野地板の上に土居ぶきまたはアスファルトフェルトを張り，ふき土を置く。その上にさんがわらを5段以内ごとに，かわら1枚ずつ銅線で下地に緊結し，軒先からむねに向ってふき上げる。**ふき土はすさ（苆）**を混ぜた粘土を使用し，これをかわらの裏全面に置いてふく方法を**べたぶき**といい，かわらの谷の下部にのみふき土を置いてふく方法を**筋ぶき**という。

　b．引掛けさんがわらぶき　　図11.8のように，野地板の上に土居ぶきまたはアスファルトフェルトを張って，その上に25mm×25mmぐらいの**かわらさん**を，また軒先の広こまいの上には25mm×35mmぐらいの**かわら座**をくぎ打ちし，これらに**引掛けさんがわら**を引掛けて銅線で結合しながら軒先からむねに向ってふき上げる。

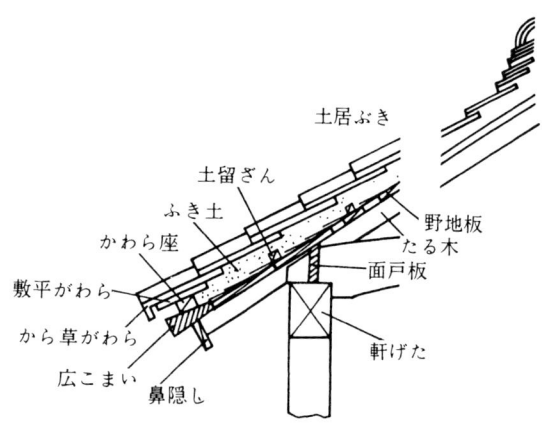

図11.7　さんがわらぶき

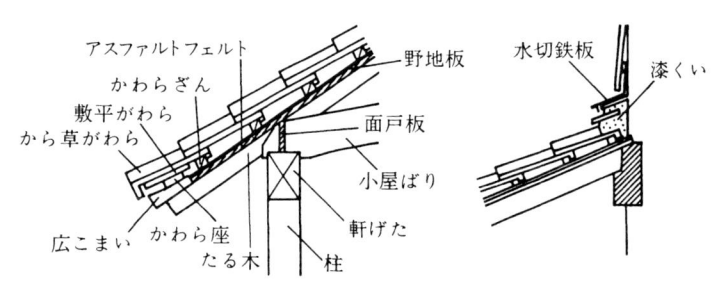

図11.8　引掛けさんがわらぶき

　c．本がわらぶき　　図11.9のように，野地板の上に土居ぶきをし，その上部にふき土を置いて下地を作る。その上に平がわらを置き，さらに丸がわらを載せて軒先からむねに向ってふき上

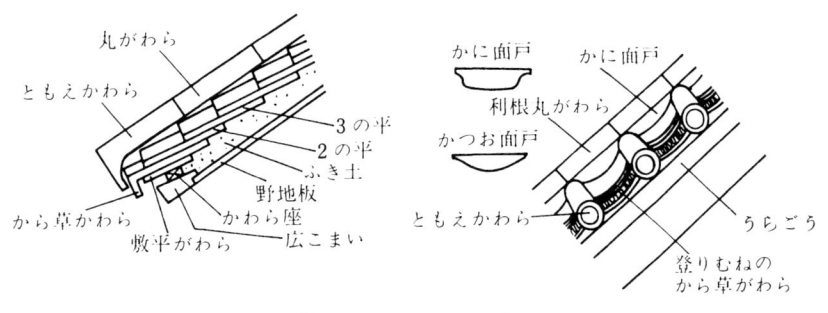

図11.9　本がわらぶき

げる。

本がわらぶきは，従来から社寺建築に用いられる。

(3) 軒先のふき方　軒先には，さんがわらぶきでは**さんから草がわら**を，本がわらぶきでは**平から草がわら**と，**並丸がわら**または**ともえ(巴)がわら**を用いる。さらにすべり落ちるのを防ぐために，**敷平がわら**をかわら座の上に置いて，その上に平から草がわらを広こまいから約 60 mm 出して据える。

軒先はとくに，かわら1枚ごとに銅線を用いて下地に緊結したり，また**すずめ口(雀口)**に漆くいをつめたりしてすべり落ちるのを防ぐ。

図 11.10 のように，軒先部分を銅板ぶきとし，銅板をかわらざんの所で立ち上げて，その上部に**一文字がわら**を用いることもある。こうすると屋根が軽快に見える。

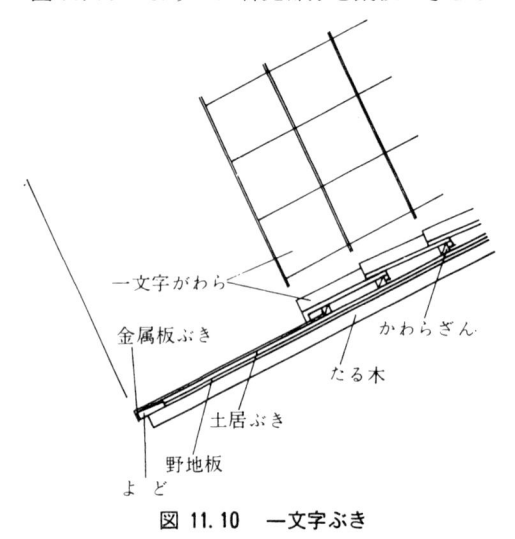

(4) けらばのふき方　図 11.11 のように，けらばのおさめ方には，塗込めおさめと，木型または破風板でおさめるものがある。

かわらでおさめる場合，軒先すみ部は，方形屋根では**すみから草がわら**を，切妻屋根では**けらばから草がわら(重箱がわらともいう)**を用いる。並がわらでおさめるときは，けらば部分に漆くいを塗付ける。さんがわらぶきの場合はけらばの1～2通りを風切丸がわらで押える。

図 11.10　一文字ぶき

(5) むねのふき方　むねには**大むね・すみむね**がある。むねを築くには最下段に丸のし(丸熨斗)がわらを2通りやり違いに積み，その上に図 11.12 のように，建物に応じて**割のしがわら**を3～8段積む。さらに**がんぶり(雁振)がわら**を載せてむな木に取り付けた銅線で結束する。平ぶきがわらとのしがわらとの空げきには漆くいを塗ったり面戸がわらを用いる。むねの端部は，鬼がわらを銅線を用いて野地に結束させる。

のしがわらの積み重ねの枚数によって重量感が異なるため，本がわらぶきの社寺建築ではのしがわらの枚数を多くしてむねを高くし重量感を出し，軽い感じの建物ではのしがわらの枚数を少なくする。

(6) 谷のふき方　図 11.13 のように，亜鉛引き鉄板または銅板を**こはぜ掛け**とし釣子を用いて野地板に取り付け，端をかわらざんの上に折り曲げて置く。その上部に**谷そでがわら**を載せ，銅線でかわらざんに緊結する。

D. 洋がわらぶき

洋がわらの形状・寸法は各国によって異なり，ゆう薬をかけたものが多い。ふき方は日本がわらぶきと等しく，野地板の上にアスファルトフェルトを張付け，その上にかわらざんをくぎ打ちし，それにかわらを**しりくぎ打ち**するかまたは針金で緊結する。むねにはむね用の**役がわら**を，むな木に取り付けた銅線で1枚ずつ緊結する。

11.5 屋根の構造

図 11.11 けらばのふき方

図 11.12 むねのふき方

図 11.13 谷のふき方

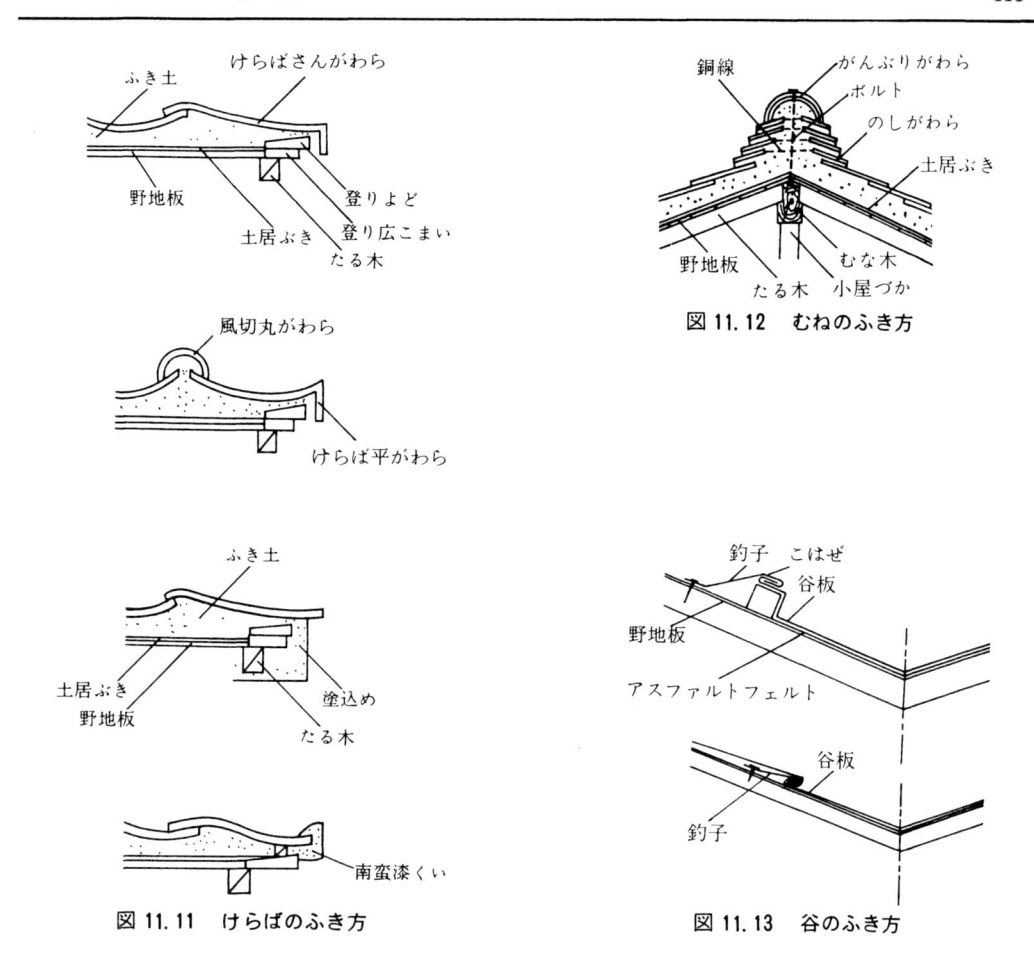

洋がわらぶきの主なものには，**フランスがわらぶき**[11.22]・**スペインがわらぶき**[11.23]・**イタリアがわらぶき**[11.24]・**アメリカがわらぶき**[11.25]等があり，これらを図 11.14 に示す。

E. セメントがわらぶき

セメントがわらはセメントと砂を主原料とし，圧さくして製造したものであり，形状・ふき方は日本がわらぶき・洋がわらぶきに準じる。

F. 天然スレートぶき

天然スレートとは粘板岩を 6〜9 mm に薄くはいだ黒・ねずみ・緑色の石盤であり，吸水量が少なく軽量であるが，薄いものは破損しやすく，凍結によっても割れやすい。

天然スレートぶきは，図 11.15 のように，野地板の上にアスファルトフェルトを張付けて下地とし，軒先は 2 枚重ね，けらば・むねは 3 枚重ねとする。谷は谷板を用いる。平部はふき足 120 mm，かつ 3 枚以上重なるようにして，亜鉛メッキくぎ 2 本ずつで**しりくぎ打ち**(スレートの上部にくぎ打ちするもので雨仕舞がよい)，または**胴くぎ打ち**(スレートの中央にくぎ打ちするもので耐風性がある)とする。勾配は，1/2 以上とすれば雨仕舞がよい。

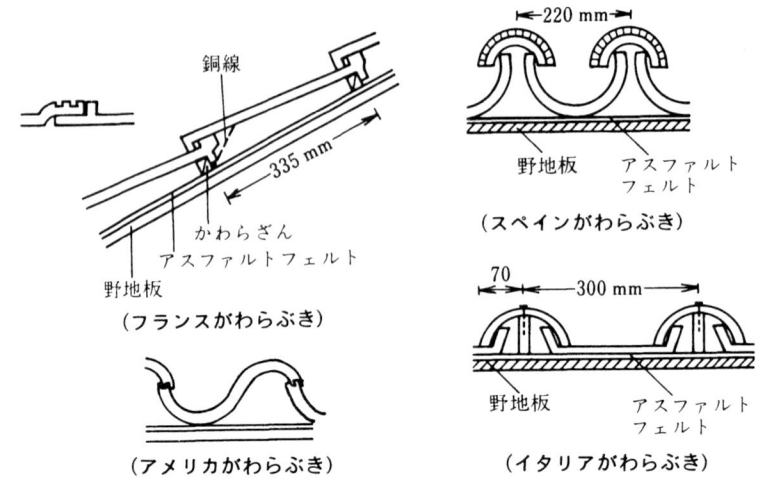

図 11.14　洋がわらぶき

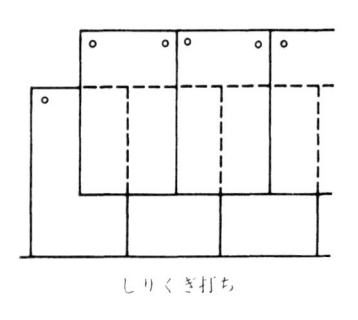

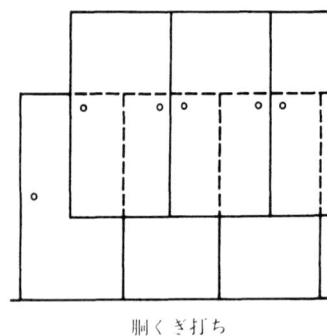

図 11.15　スレートのふき方（しりくぎ打ち・胴くぎ打ち）

G. 石綿スレートぶき

石綿スレートは，石綿繊維とセメントを混ぜて平板または波形に圧縮・成形したものである。さらにナイロン繊維や合成繊維の網・鉄線等を入れた波形スレートもある。石綿スレートは不燃性で軽く，耐久・耐候性に優れていると同時に切断しやすいため施工が容易であるが，衝撃に対しては弱い。

(1) 石綿スレート平板ぶき　**石綿スレート平板ぶき**は，図11.16のように，野地板の上にアスファルトフェルトを張り，スレートを軒先からむねに向って重ねながらふき上げる。スレート平板の基本形は厚さ 4 mm の正方形であるが，これを切断した形状やふき方により，**一文字ぶき**[11.26]・**うろこ(鱗)形ぶき**・**ひし(菱)形ぶき**[11.27]・**きっこうぶき**・**すみ切りぶき**等があり，これらを図11.16に示す。いずれも，屋根勾配は1/2以上とする。

(2) 厚形スレートぶき　**厚形スレート**は厚さ 12 mm ぐらいのもので，平形・S形・和形があり，JIS A 5402 に規定している。

厚形スレートぶきは，野地板にアスファルトフェルトを張り，日本がわらぶきと同様にふくが，かわら1枚ごとに2本のくぎで下地に打付ける。

(3) 波形スレートぶき　**波形スレートぶき**には，野地板の上にアスファルトフェルトを張りその上にふく方法と，もやの上に直接ふく方法とがある。もやに直接ふく場合で，もやが木造の場合は，図11.17のように，亜鉛メッキくぎまたは木ねじで止める。また，もやが鉄骨の場合は，**稲妻金**

11.5 屋根の構造

物，または径6mmぐらいの亜鉛メッキのフックボルトでもやに締付ける。スレートの重なりを十分にし，座金の下にはゴム・コルク・アスファルトを浸透させたフェルト等を入れて雨の浸入を防ぐ。

H. 金属板ぶき

金属板ぶきに使用する材料には銅板・鉛板・薄鋼板[11,28]・アルミニウム板・ステンレススチール板等がある。

これらの特徴は，軽量で不燃性であること，さらに，成形が自由で継手を防水的にできて，耐水性に優れていること，また吸引力に対する抵抗が大きいので勾配を1/10ぐらいにゆる

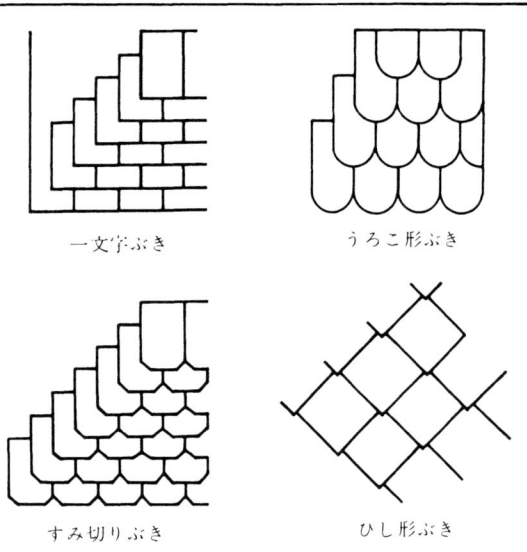

図11.16 スレートのふき方

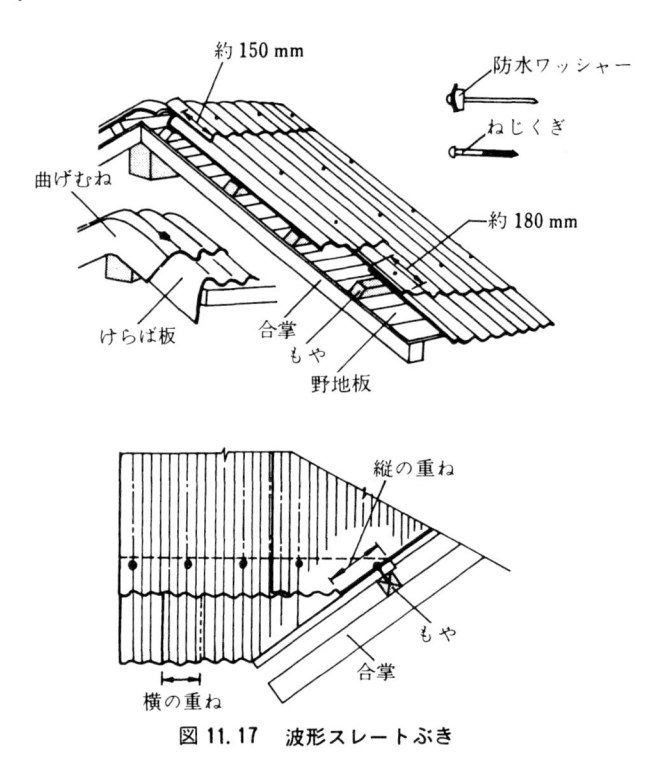

図11.17 波形スレートぶき

くできることである。欠点は遮断性に欠けること，また断熱性にも欠けるため金属板の裏面に結露しやすいことである。これを防ぐにはアスファルトフェルトを敷いたり，天井裏に断熱材を使用する。さらに，熱による伸縮が大きく，耐薬品性に劣り，異種金属を直接触れ合せるとイオン化傾向の違いにより腐食するという欠点もある。アルミニウム板は副射熱を反射するが，強度が小さくアルカリに弱い。銅板は炭酸ガスと化合して炭酸銅(緑青)が生じるため，これが表面を包んで耐久性を増

す。都市では大気汚染のために，酸化銅・硫化銅ができて黒色となる。

金属板ぶきのふき方には，平板ぶき(一文字ぶき・ひし形ぶき)・**かわら棒ぶき・波形金属板ぶき・折板ぶき**等がある。

(1) **平板ぶき(一文字ぶき)**　平板ぶきは図11.18のように，野地板の上にアスファルトフェルトを張り，その上に金属板をふく。軒先には**通し付子**を亜鉛メッキくぎで取り付け，**軒先包み板**をふき板とかみ合せて**捨板**で固定する。平部は，四方を**こはぜ掛け**にして，周辺に**釣子**を付け，野地板にくぎ2本あてで固定する。壁際は，ふき板を100～150 mm立ち上げて釣子で留め，谷部は，ふき板とこはぜ掛けにして釣子で留め，谷ふき板はこはぜ(または二重はぜ)掛けとする。むねはあふり板の上にかぶせたむね包み板とこはぜ掛けにする。

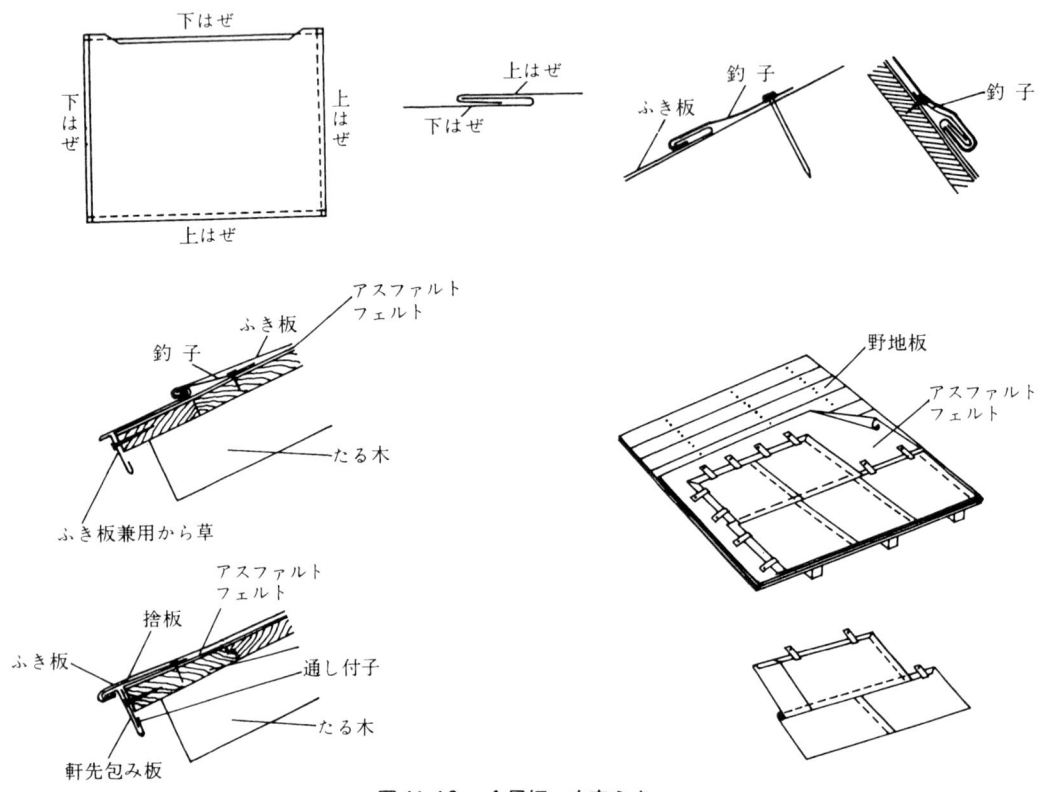

図11.18　金属板一文字ぶき

(2) **かわら棒ぶき**　かわら棒ぶきは図11.19のように，野地板の上にアスファルトフェルトを張り，その上からたる木の上に載る位置に40 mm×50 mmくらいの木製の**かわら棒**をくぎ打ちして下地を作る。隣合う平ぶき板はかわら棒の側面で立ち上げ，**包み板**の両耳とこはぜ掛けにし，300 mmぐらいの間隔で設けた釣子で下地に取り付ける。流れ方向はこはぜ掛けとして釣子で下地に取り付ける。

長尺金属板を使用する場合は木製のかわら棒を使用せずに，U型の通し釣子を使用し，これをボルトで下地に締付ける。縦の継ぎ目がないので屋根勾配を1/10ぐらいにゆるくすることができる。

11.5 屋根の構造

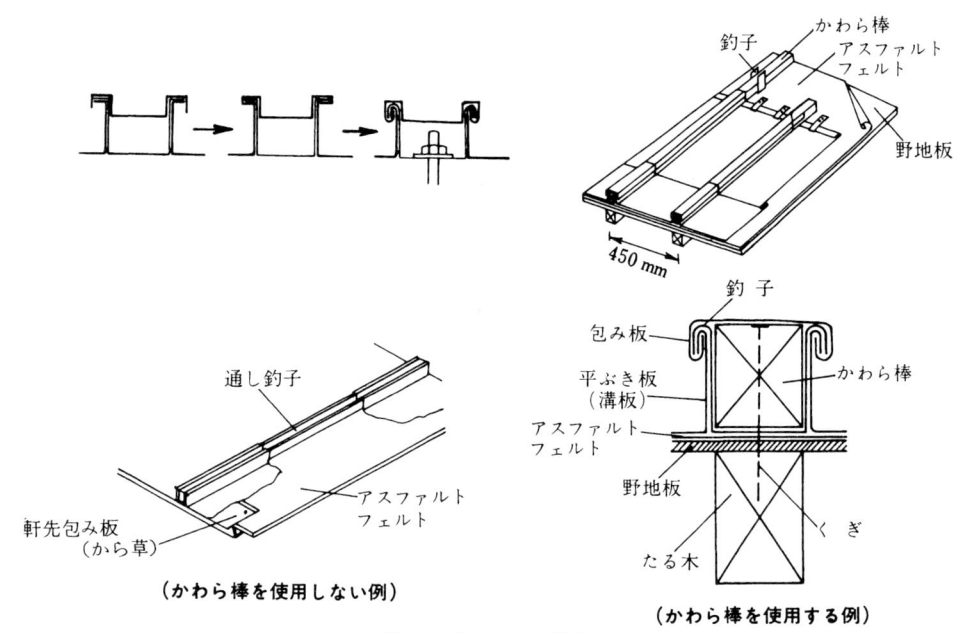

図11.19 かわら棒ぶき

(3) **波形金属板ぶき** 波形スレートぶきに準じ，図11.20のように野地板の上にアスファルトフェルトを張り，その上に波形金属板を置き波形の山部から亜鉛くぎで打付ける。野地板を使用しない場合で鉄骨もやに取り付ける場合は，径6mmぐらいの**フックボルト**で締付ける。金属板ではボルト部に**まくら座金・木座**を使用してその部分の変形を防ぐ。また雨水が浸入するのを防ぐため**鉛座**の下にゴム等を入れて締付ける。

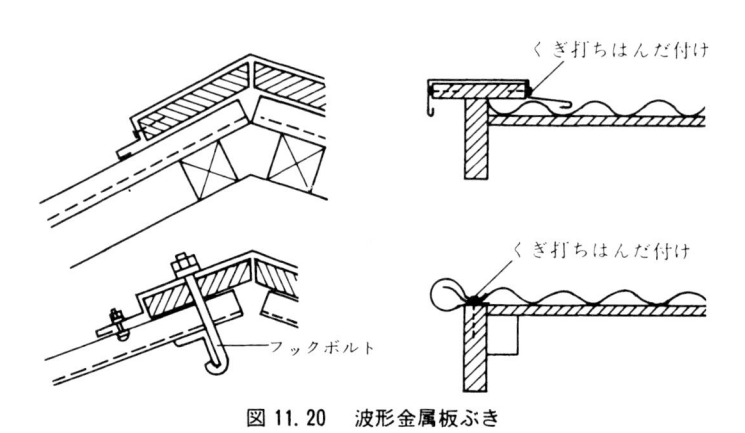

図11.20 波形金属板ぶき

(4) **折板ぶき** **折板ぶき**は，大きな角形の山形に折板して剛性・強度を増した屋根ぶき材料を，図11.21のように，もやを使用せずにはりからはりへ架けて，それをボルトではりに締付けるものであり，屋根勾配をゆるくすることができる。

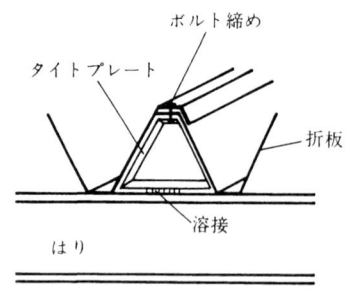

図 11.21　折板ぶき

1. 採光屋根

屋根面から採光や太陽熱を採り入れる目的の屋根を**採光屋根**という。これはトップライト・温室・サンルーム等に使用される。屋根ぶき材料にはガラスや合成樹脂が用いられ，**平板ガラスぶき**（図 11.22）・**波形ガラスぶき**[11.29]（図 11.23）・**波形プラスチック板ぶき**[11.30]・**デッキガラス (deck glass) ぶき**等がある。

(1) 平板ガラスぶき　　平板ガラスぶきは図 11.22 のよう

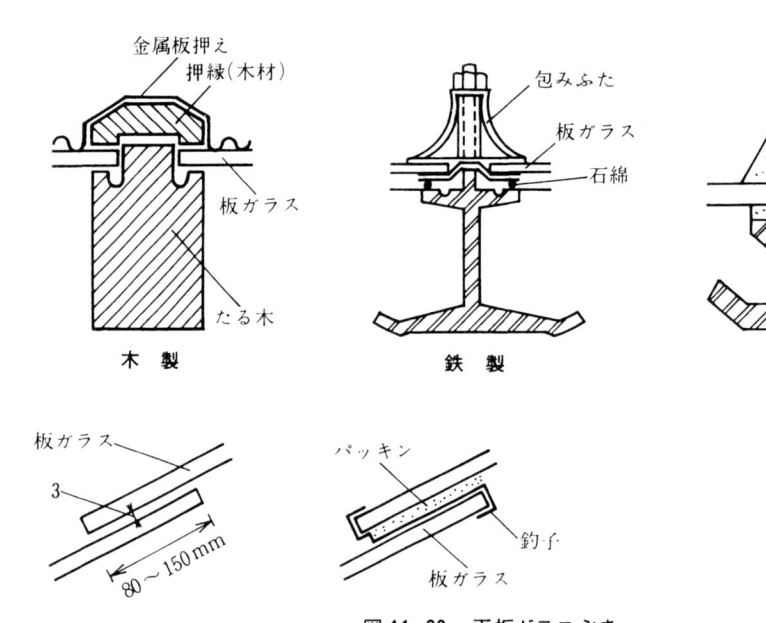

図 11.22　平板ガラスぶき

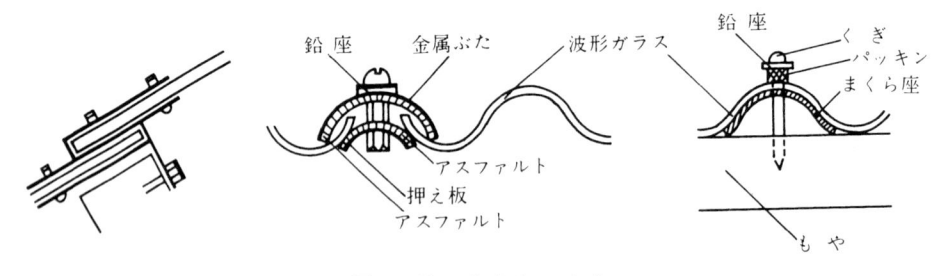

図 11.23　波形ガラスぶき

に，木製または凸形鋼のたる木の上に**敷パテ**（またはフェルト敷き）→ ガラス → **押パテ**（またはフェルトをあてる）の順にガラスをはさんで取り付け，上から金属板で被覆する。

ガラスと押えの金属板との間から浸入した雨水を妻方向へ流すための水取りといがたる木に作り出してある。ガラスの流れ方向の継手は，重ねを 80～150 mm とし釣子留めとする。ガラスは 3 mm

11.5 屋根の構造

以上すかせ，石綿ひもでかい物をする。

(2) **デッキガラスぶき**　コンクリートろく屋根等に設ける天窓(top light)および地下室の舗道からの採光用には**デッキガラス**(舗道に用いるものを**ペイブメントガラス**という)を使用する。取り付けは**図11.24**のように，鉄わくにはめ込んだものを取り付ける場合と，スラブに直接打込む場合とがある。

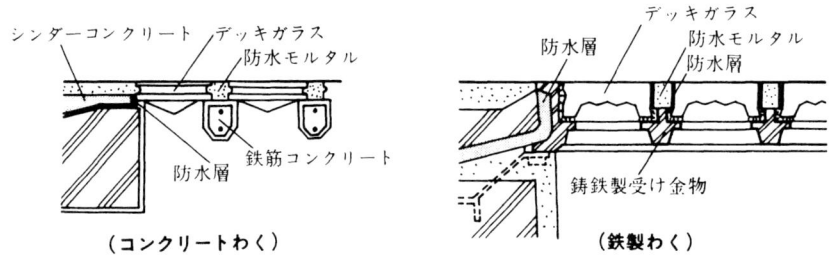

図11.24　デッキガラスぶき

J. ろく屋根

屋上床を鉄筋コンクリート・プレキャストコンクリート板・ALC板・デッキプレートの上にコンクリートを打込んだ構造等にして，勾配を 1/60～1/200 とゆるくすれば屋上を利用できる。これを**ろく屋根**という。この場合の屋根防水の方法として，モルタル防水・コンクリート防水[11.31]・アスファルト防水・シート防水・塗膜防水[11.32] 等が使用される。

(1) **モルタル防水**　屋根スラブの勾配を 1/30～1/50 とし，**図11.25** のようにその表面にならしモルタルを施して平滑にし，その上に防水剤入りのモルタル(**防水モルタル**)を 20～30 mm の厚さに塗り，さらに 25 mm ぐらいの保護モルタルで仕上げる。

モルタル防水は，施工は容易であるがスラブの亀裂がそのまま防水モルタルの亀裂につながる。これを防ぐためにスラブの配筋をダブルにしたり，スラブの上ばに溶接金網を取り付ける。また，屋根面の要所に**伸縮目地**を設けることも効果がある。

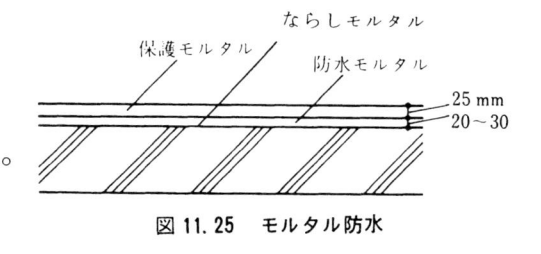

図11.25　モルタル防水

(2) **アスファルト防水層**　図11.26 のように，アスファルトフェルト，アスファルトルーフィング等の心材を溶融したアスファルト[11.33]で数層重ね合せて厚さ 10～15 mm に張上げた層を**アスファルト防水層**という。この重量は 10 mm 厚に対して 150 N/m² ぐらいとなる。

スラブの勾配を 1/100 ぐらいとし，図11.26 のように，下地ならしモルタルを塗厚 15 mm ぐらい塗付ける。このとき集水孔に向って 1/200 の水勾配をとり，また周辺の立ち上がりは 300 mm 以上とする。下地モルタルが乾燥した後その上にアスファルト防水層を作る。さらにその上に耐摩耗・耐久性・断熱の目的で**シンダーコンクリート**を厚さ 60 mm 以上塗押えて，その上を防水モルタルを塗ったり**クリンカータイル**を張付けて仕上げる。軽量コンクリートおよび仕上げ材には伸縮目地を入

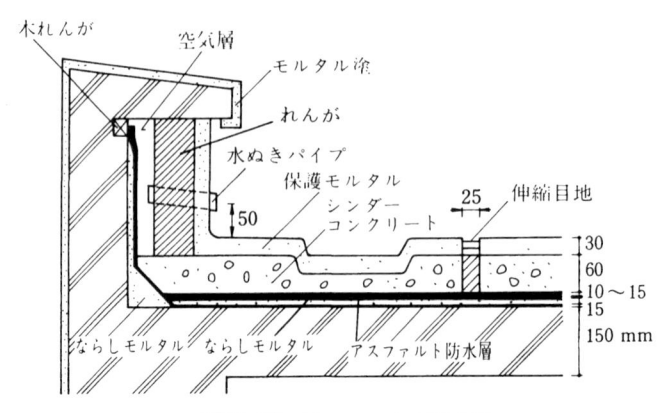

図11.26 アスファルト防水層

れて亀裂を防ぐ。防水層の立ち上がりは300 mm以上とする。防水層から20 mm離して，これをれんが積みで押える。保護層のない場合は，スラブの勾配を1/50ぐらいとして水切りをよくする。上部に砂利敷，豆砂利焼付けまたは砂付きルーフィング，アルミニウムペンキで保護することもある。

(3) シート防水　スラブを平滑にしてモルタルを塗り，モルタル下地が乾燥してから，天然・合成ゴム系，塩化ビニール・ポリエチレン等合成樹脂系の厚さ0.05～2 mmのシートを接着剤で張付ける。この上部に保護モルタルや押えコンクリートおよび仕上を施すこともある。

11.6 雨水排除

屋根面の降雨を軒先から直接地上に落下させると，建物周囲の地盤を軟弱にするばかりでなく，建物の外壁を汚し，建物を腐朽させる原因ともなる。屋根の末端で雨水を集水してこれを地中の排水系統に誘導することを**雨水排除**という。雨水排除は**とい**によって行う。

といは**表11.2**のA，B，C 3部分からなり，これを**図11.27**に示す。

表11.2　雨水排除機構

	A．集水口へ導くもの	B．雨水をAからCへ横引きするもの	C．雨水を下部の屋根面または地盤に導くもの
ろく屋根	屋根面の集水口への勾配	ルーフドレイン	たてどい
軒先	軒どい 谷どい	よびどい ルーフドレイン	たてどい はいどい

使用される材料には，亜鉛鉄板・銅板・鋳鉄・鋼管・合成樹脂管等がある。

(1) ルーフドレイン (roof drain)　屋根面の降雨を集水した個所からたてどいに導く部分に，鋳鉄製のルーフドレインがある。これには集水・排水の方法により，**図11.28**に示すように縦型・横型・受継型の3種がある。

(2) 軒どい　**図11.29**のように，軒どいの勾配は1/100～1/50とし，半円形または角形断面の

11.6 雨水排除

ものを使用する。直径は，屋根面の流れの大きさおよび角度，ならびに地方的降雨量によって定める[11.34]。

材料は，厚さ1.2 mm 以上 (30～38#) の亜鉛鉄板・厚さ1.4 mm 以上の銅板・合成樹脂等が使用される。といの両耳は鉄線を入れて耳巻する。たてどいと接続する所に**ちり除き網**を取り付ける。軒どいの受け金物は約900 mm 間隔とし，同図のようにたる木の小口・側面または鼻隠しにビス止め，あるいはくぎ打ちとする。

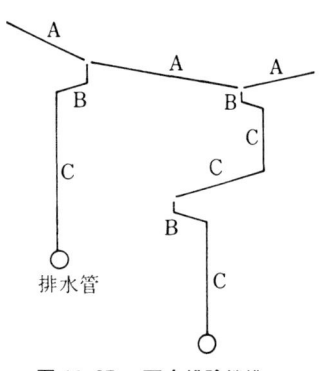

(3) よびどい　**よび(呼)どい**とは，軒どいとたてどい・ルーフドレインとたてどいをそれぞれ連結する横引きどいで，またの名を**あんこう**という。

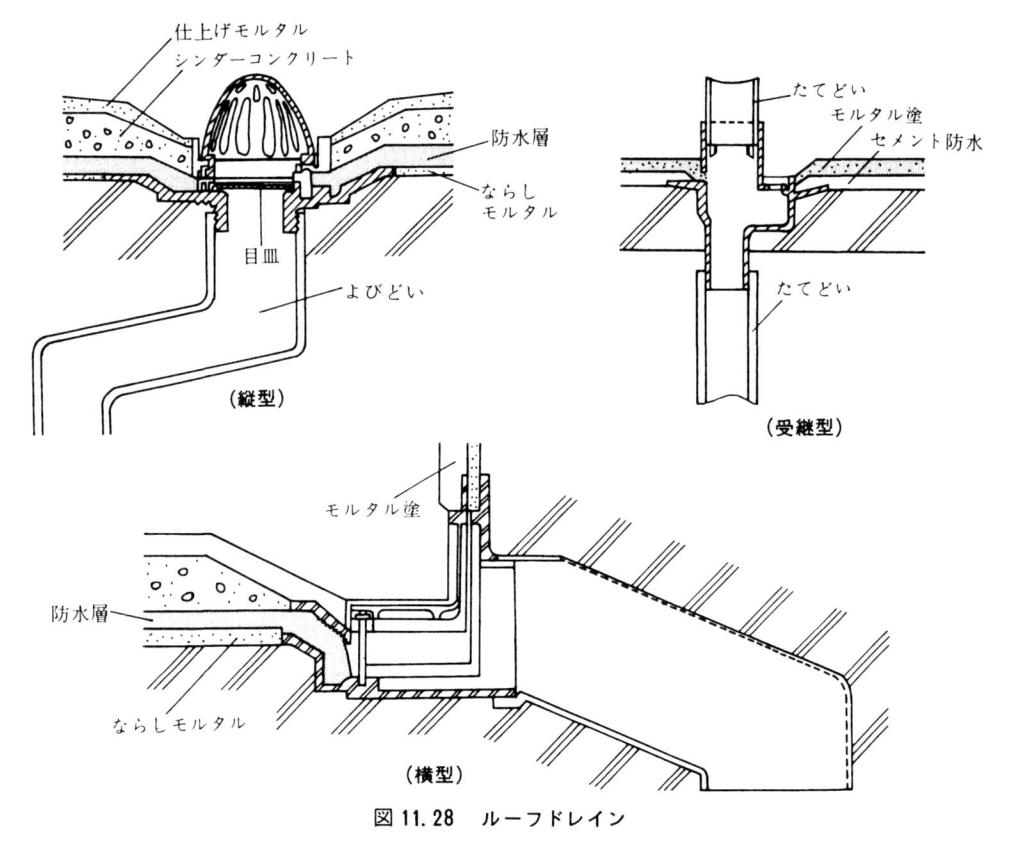

図 11.27　雨水排除機構

図 11.28　ルーフドレイン

(4) はいどい　**はい(這)どい**とは，大屋根のたてどいからの雨水を下屋の軒どいに流す横引きどいで，たてどい受けの部分および軒先落には，ふた板を付けて雨水があふれるのを防ぐ。

(5) たてどい　雨水を鉛直に導くといを**たてどい**といい，軒どいと同じ材料を使用する。縦の継ぎ目はこはぜ掛け，横の継手は50 mm 以上差込んで**印ろう(籠)組み**，はんだ付けとする。控え金物は上，下両端部に設け，中間は1 m 間隔ぐらいに設けて壁体に取り付ける。たてどいの下がるのを止めるため，つかみ金物の位置に下がり止めを設ける。

下部 2 m ぐらいは鋼管・鋳鉄管・石綿セメント管の**養生管**を使用してたてどいを保護する。

たてどいの脚部はかさふたを設けて排水土管に直接排水する場合と，といの脚部を折曲げてとい受け石の上に雨水を流す場合とがある。

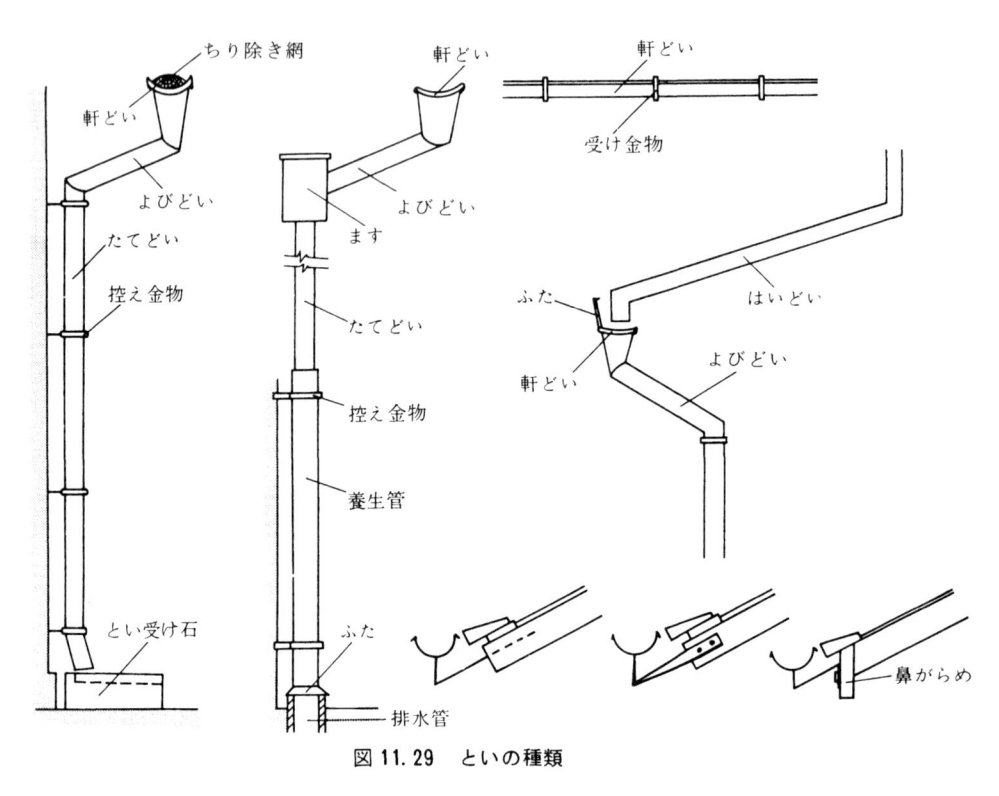

図 11.29 といの種類

第12章

階　段

12.1 階段とは

構造物の中で，上下の床を連絡する廊下の一種とみなせる通路となる段型のものを**階段** (stair) といい，段のないものを**スロープ** (slope) という。建築基準法においては施行令第26条で，勾配が 1/8 まではスロープでよいとしている。

A. 階段の各部名称

階段について，各部名称を図12.1に示す。

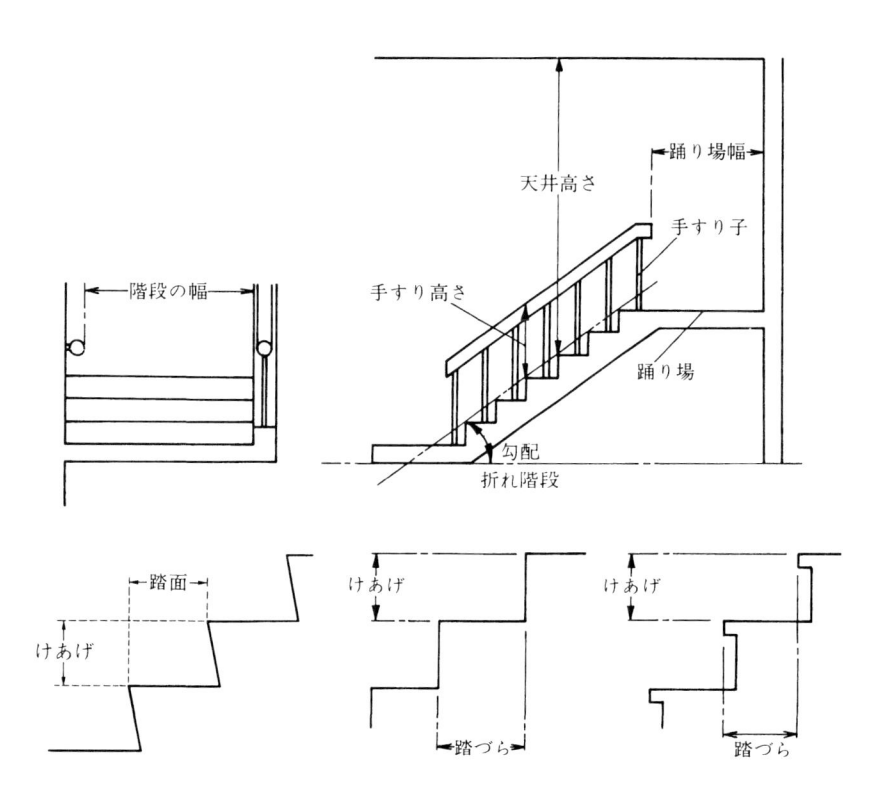

図12.1 階段の各部名称

(1) 踏づら・けあげ　　1段の正味の奥行を**踏づら**(踏面)といい，段と段との高さの差を**けあげ (蹴上げ)** という。踏づら寸法とけあげ寸法との関係から歩きやすさが決まる。

(2) 勾配　踏板の先端を連ねた線を階段の**勾配**という。快適な勾配は29°～35°であり，建築基準法では，施行令第23条で住宅の階段のけあげは230 mm以下，踏づらは150 mm以上と規定している。

(3) 有効幅　階段の幅の正味内法寸法を**有効幅（階段の幅）**という。1人通行のものは750 mm以上とし，2人すれ違う場合は1.2 m以上必要であるが，一般に廊下の幅と関連して有効幅を定める。建築基準法においては，施行令第23条で建物の用途に応じて階段幅を規定している。

(4) 踊り場　階段が高くなる場合に，危険防止の意味で途中に広い段を設ける。これを**踊り場**といい，学校・百貨店・劇場等では高さ3 m以内ごとに，その他では高さ4 m以内ごとに踊り場を設けることを建築基準法施行令第24条で定めている。踊り場の踏幅は，5～6段分ぐらいとする。建築基準法施行令第24条で**直階段**の踊り場の踏幅を1.2 m以上としている。

(5) 手すり　階段の端部には，かさ(笠)木につかまりやすい構造の**手すり(摺)**を設けて，平時および非常時の安全・危険防止をはかる。なお老・幼・病人等の使用する階段では，壁側にも手すりを設ける。**踏板**の先端から手すりのかさ木の上ばまでの高さを**手すり高さ**といい，その高さは室内階段では0.8～1.1 mが，屋外階段では1.1 m以上が適当であろう。

(6) 天井高さ　踏板の先端から天井までの高さを階段の**天井高さ**という。

B. 階段設計上の要点

階段を設計する際に，次のことを考慮しなければならない。

(i) 歩行の際の衝撃で重量の約1.2～1.5倍の荷重が加わるので，剛性・強度を十分にする。

(ii) 平時に安全に使用できるように，踏づら・けあげ・階段の有効幅・踊り場の位置および大きさ・手すり高さ等を定める。

(iii) 平時に歩きやすいように，踏づらとけあげとの関係・踏づらの仕上・階段の有効幅等を，人体の寸法等から割り出して定める。

(iv) 非常時に避難が円滑にできるように，各階ごとに階段の設置場所・階段の大きさ・構造耐力・耐火性・階段室の排煙設備等を十分にする。

12.2　階段の分類

階段を階段の主要構造材によって分類すると，**木造階段・石造階段・鉄骨造階段・鉄筋コンクリート造階段**等がある。これらを平面形式によって分類すると，図12.2に示すように**直階段・折れ階段(急折れ階段・全折れ階段・中空き階段)・回り階段・らせん(螺旋)階段**等がある。

(1) 直階段　一直線で上がりきる階段で，踊り場の踏幅は1.2 m以上とする。

(2) 折れ階段　折れ曲った階段であり，急折れ階段・全折れ階段・中空き階段がある。急折れ階段は上段に上がるだけの場合に適し，全折れ階段は上階へ連続して上がる場合に適している。中空き階段は全折れ階段の変形である。回り階段は階段幅の中心線が曲線の階段で，1段の踏幅が異なるので，踏づらの寸法は踏づらのせまい方の端から300 mmの位置で測る。

12.3 階段の構造

中空き階段　　　　全折れ階段

急折れ階段

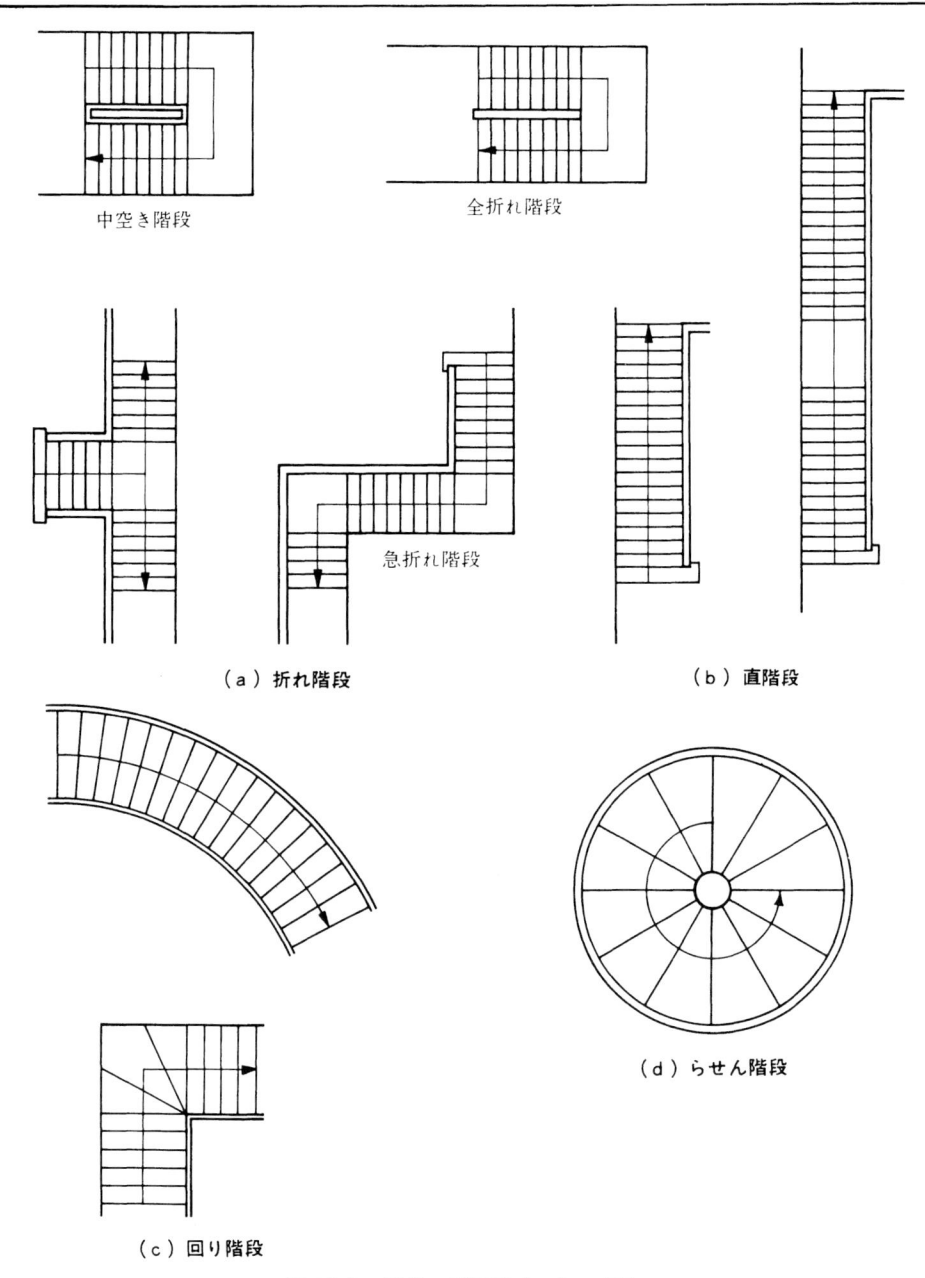

（a）折れ階段　　　　　　　　　　（b）直階段

（d）らせん階段

（c）回り階段

図 12.2　階段の平面形式による分類

12.3 階段の構造

A. さるばしご (ladder)

木造のさるばしご（猿梯子）は，図 12.3 (a) のように 2 本の側木に踏棒を 1 本おきに打抜き，割くさび打ちとしたもので，取りはずしのできるはしごである。

　鉄骨のさるばしごは，煙突・水槽・ペントハウス等に取り付ける。図 12.3 (b) のように，丸鋼を曲げてコンクリートに埋め込むものと，側棒を平鋼または山形鋼で作り，丸鋼を取り付けたものと

(a) 木造　　　　(b) 鉄骨造

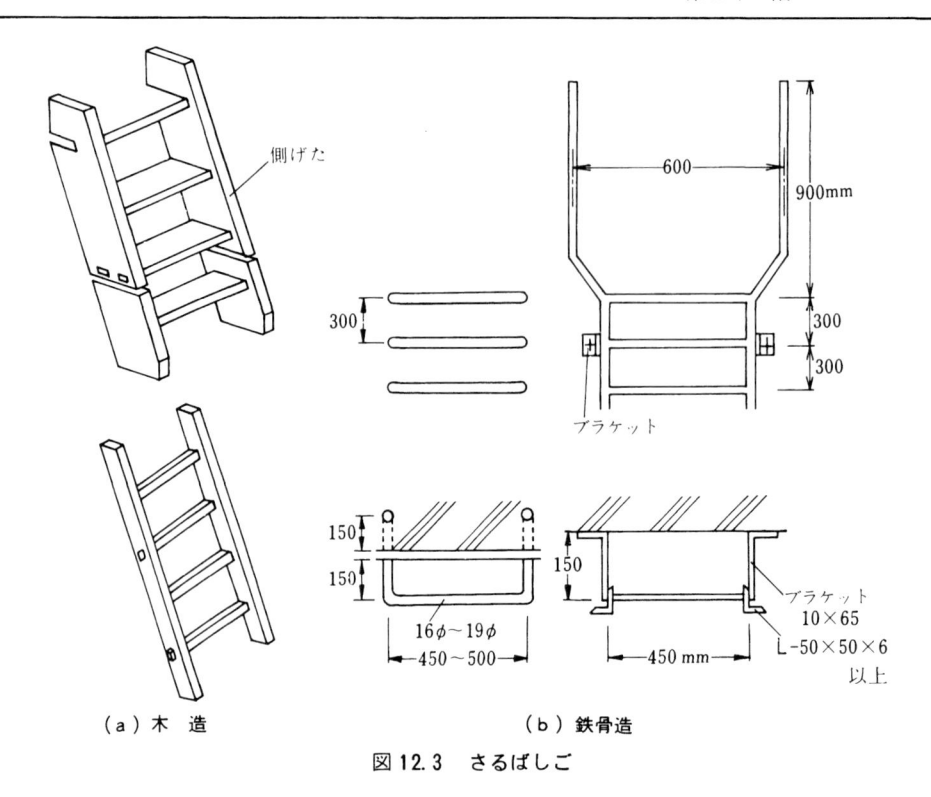

図12.3　さるばしご

がある。1段の高さは，35 cm以下とするが，あまり低過ぎると危険である。

B. 側げた階段

(1) 木造の側げた(桁)階段　　木造の側(がわ)げた階段は，**図12.4**のように，側げたには**踏板・けこみ(蹴込み)板**を取り付けるための溝彫りをやや大きくして，それらをくさびで締付ける。踏板には，板のそりを防ぐ目的で，裏面に**吸付さん**を450〜600 mm間隔に取り付ける。踏板の端部にはすべり止めの溝を設けたり，**ノンスリップ**を打付ける。踏板の先端から30〜50 mm後退して，けこみ板を踏板間に取り付ける。側げたの下部は大引きに，上部は階段受けばりに，羽子板ボルトで締付ける。ボルトを1.8 m以内の間隔で締付けて，両側げたが開いて踏板がはずれるのを防ぐ。

階段の幅が900 mm以上のものには，たわみや鳴りを防ぐため，中央に120 mm角の**力げた**を側げたに準じて上下に取り付ける。

手すり子は上下ほぞ差しとして，**手すり**および側げたに取り付ける。

(2) 鉄骨の側げた階段　　鉄骨の側げたにはⅠ形鋼・溝形鋼・平鋼と山形鋼で組立てたもの・パイプ等を使ったものがある。**図12.5**のように，側げたの**フランジ**を外側にして**ウェブ**に**ピース・アングル**を溶接し，これに踏板の両端を，溶接・リベット締め・ボルト締め等して取り付ける。

側げたに踏板だけを取り付けるものと，けこみ板も設けるものとがある。

板の表面がそのままのものは，厚さ6〜10 mmのしま(縞)鋼板(chequered plate)を用い，先端を下方に折り曲げる。厚さ4.5〜6 mm踏板・けこみ板を用いる場合は，表面に木材・ビニールタイル・石材を張って仕上げる。

12.3 階段の構造

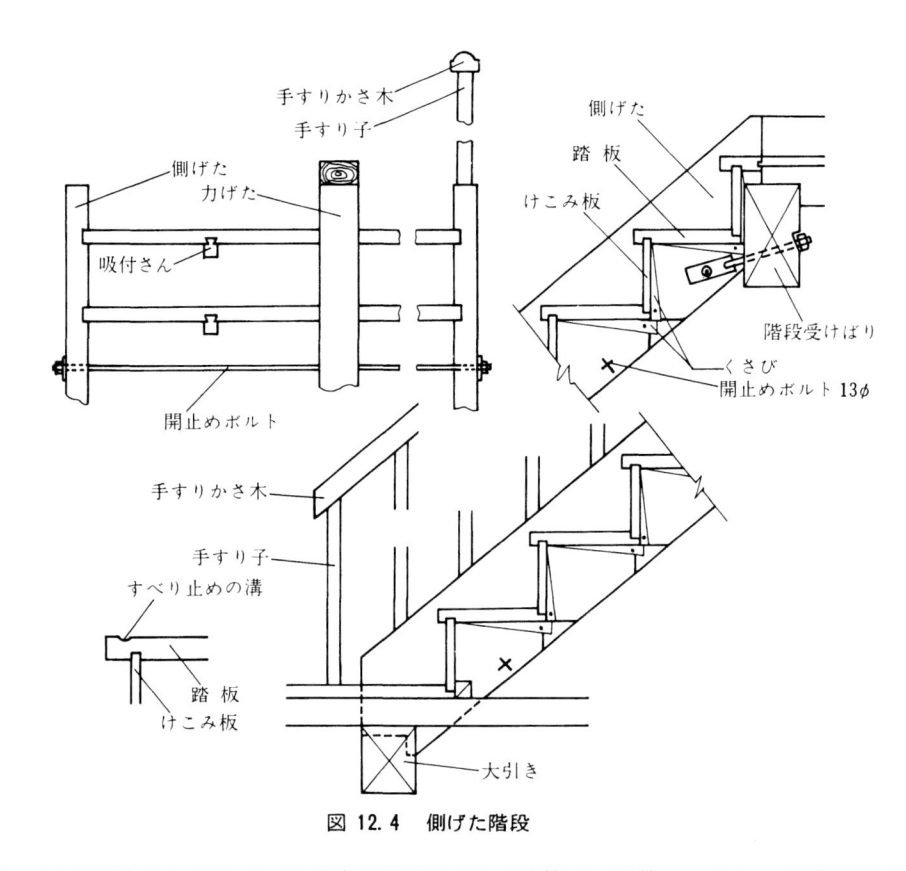

図 12.4 側げた階段

側げたには山形鋼を取り付けて，鉄骨造の階段ばりには溶接で，鉄筋コンクリートばりにはアンカーボルトでそれぞれ取り付ける。

手すり子は，側げたの外側から鋼板の部分に羽子板ボルトで取り付けるか，側げたフランジ上ばに溶接して取り付ける。

(3) 鉄筋コンクリートの側げた階段　上下階の間に，側げたに相当する斜めばりを渡し，これと段形断面のスラブとを一体化した構造である。

C. 箱　階　段

木造の側げた階段と同じであるが，けこみ板を各段ごとに設けずに，図 12.6 のように，裏側から各段を連続して化粧羽目板を打付けたものである。

D. ささらげた階段

(1) 木造のささらげた階段・中げた階段　図 12.7 (a) のように，段形に切込んだ側げたを**ささらげた**(簓桁)といい，ささらげたで踏板を受ける構造のものを**ささらげた階段**という。側面から見ると，側げたは奥に引込み，踏板が側面に現われる。

この階段は踏板だけの場合が多く，踏板をささらげたにあり形で取り付けるが，けたを段形にせず同図 (b) のように，三角形のブロックまたは三角形の金物を取り付けて，これに踏板を設けることもある。けこみ板を設ける場合は，踏板とささらげたの間に取り付ける。

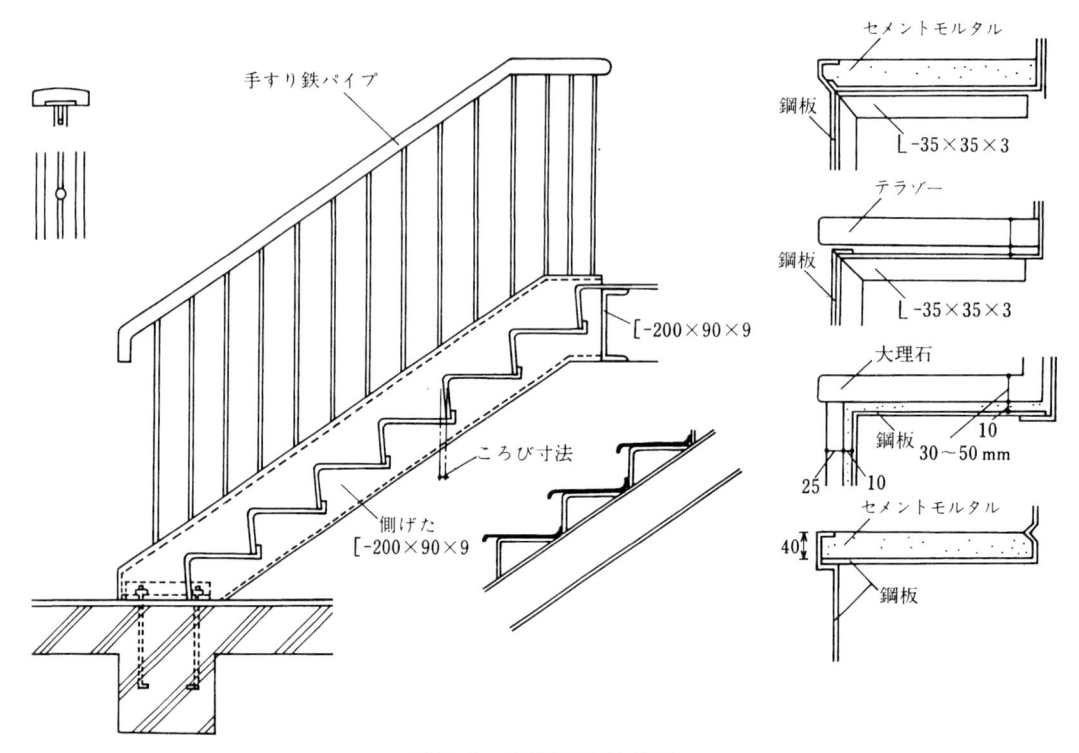

図 12.5　鉄骨造側げた階段

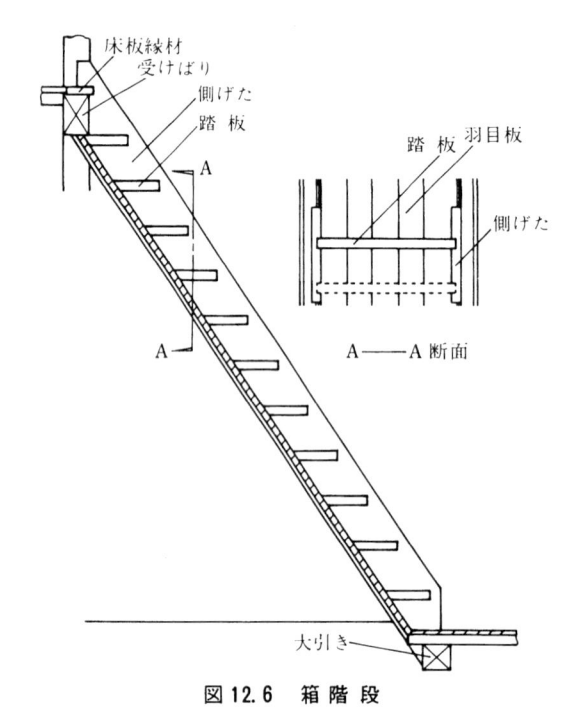

図 12.6　箱階段

図 12.8 のように，ささらげたを踏板の中央に 1 本だけですませたものを**中げた階段**という。

手すり子は段板に取り付ける。

(2)　鉄骨・パイプ・鉄筋コンクリートのささらげた階段および中げた階段　図 12.9 のように，ささらげたに鉄骨・パイプ等を，または鉄筋コンクリートを使用することもできる。

E．らせん(螺旋)階段

鉛直心柱を軸として図 12.10 (a) のように，その回りに円を 12～16 等分した扇形の踏板を心柱に取り付けたもので，昇降のための空間が最も少ないが，造形的にはおもしろい。踏づらの幅は，踏づらのせまい方の端から 30 cm の位置で測る。しかし 1 回転で降りきるには，昇り口と降り口が同じ位置で反対方向となるので，昇り口と降り

12.3 階段の構造

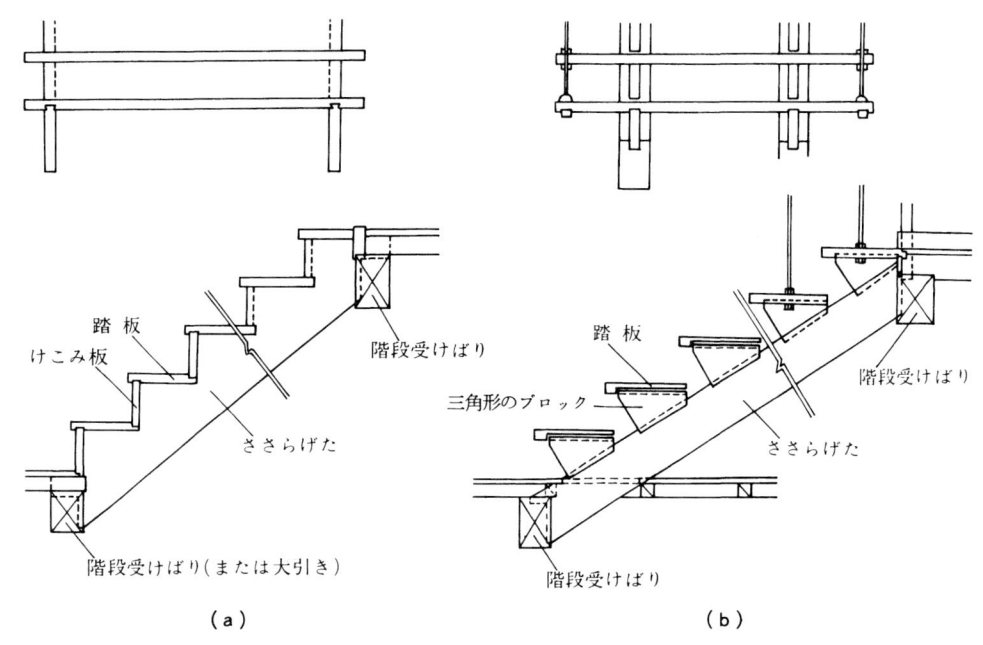

図 12.7 木造ささらげた階段

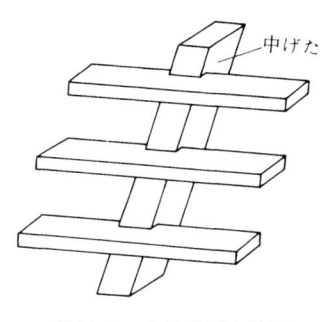

図 12.8 木造中げた階段

ロの位置の関係の割り出しが重要である。

木造の回り階段は**図 12.10 (b)**のように，心柱に腕木兼用のけこみ板を出し，これで踏板を支える。鉄骨ならば**同図(a)**のように，鋼管にブラケットを溶接し，これに厚さ 4.5〜6 mm のしま鋼板の踏板を溶接する。

F. 片持ばり式階段

回り階段は心柱に踏板を取り付け，心柱で踏板を支える構造(片持ばり式構造)であるが[12.1]，壁体に全く同様な片持ばり式構法で取り付けたものを**片持ばり式階段**という。木造・鉄骨造・鉄筋コンクリート造のいずれの場合にも行われる。

G. 石造階段(段積階段)

盛り土して突固め，割ぐり地業の上，コンクリートを厚く打ち，段石を敷いた階段である(**図 12.11**)。段の端は丸味または**大面**をとる。段石は側面に大入れにしなくても良く，また 1 本の石でなくても良い。手すり子には足を取り付けて石の穴に入れ，鉛を充てんするか，硫黄湯を流し込んで固定する。

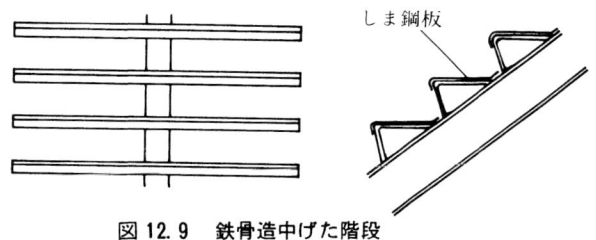

図 12.9 鉄骨造中げた階段

第12章 階段

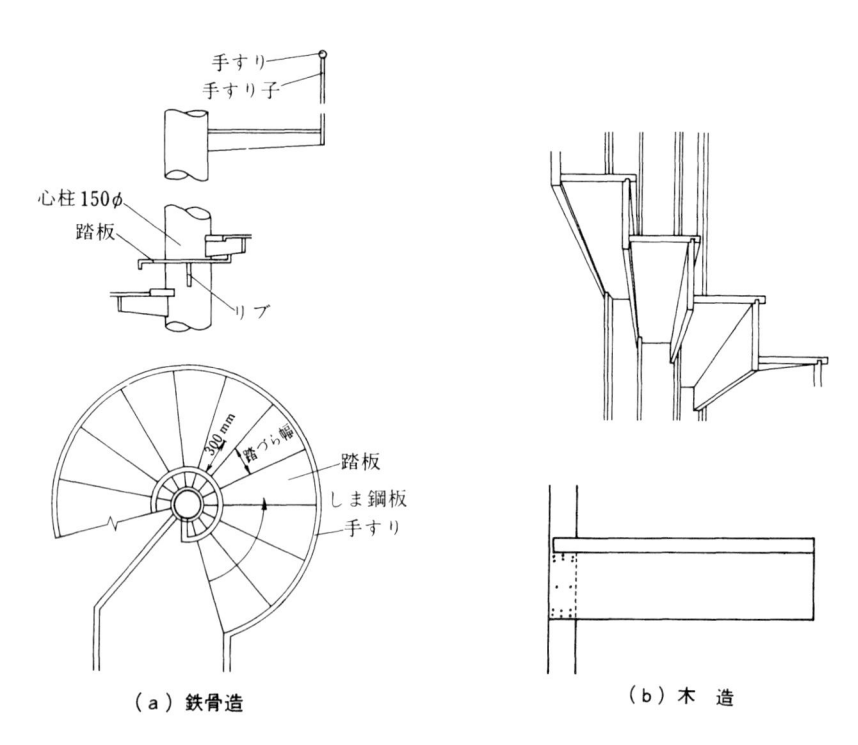

(a) 鉄骨造　　(b) 木造

図 12.10　らせん階段

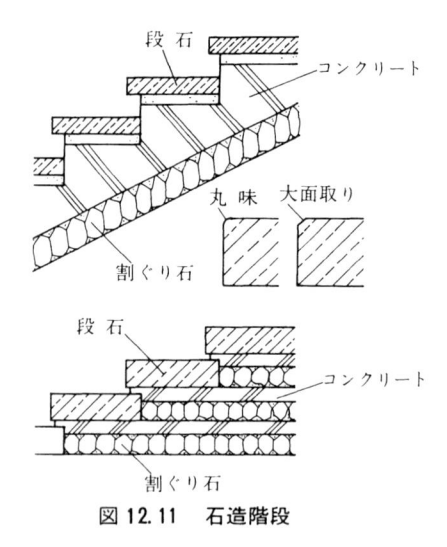

図 12.11　石造階段

第13章 天　井
ceiling

13.1　天井とは

部屋を，その上部で小屋組または床組と区画する構造部を**天井**という。図 13.1 のように，天井と屋根との間の空間を**小屋裏**，床との間の空間を**天井裏**という。天井裏・小屋裏に配線・配管等を行う。

A．天井の形状および高さ

天井の形状には，図 13.2 のように**平天井・傾斜天井・舟底天井・折上げ天井**等がある。これらの天井で床面から天井仕上面までの高さを天井高さといい，一室で高さが異なる場合は，その平均の高さとする。建築基準法施行令第 21 条では，居室の天井高さは 2.1 m 以上とし，学校の教室で床面積が 50 m² を超えるものは 3 m 以上とすることを規定している。

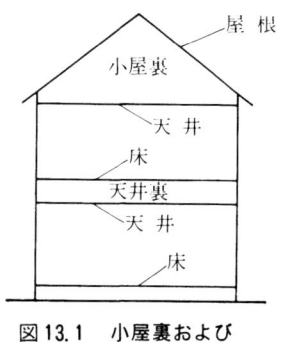

図 13.1　小屋裏および天井裏

平天井　　傾斜天井　　舟底天井　　折上げ天井
図 13.2　天井の形状

B．設計・施工上の要点

天井は，その部屋の用途・大きさ・形状等を考慮し，また要求される性能に応じて遮断性・吸収反射性・耐火性・軽量化等を満たすような材料や構法を選ぶ。天井の材料自身の強度はそれほど重要でないが，仕上げ材の落下を防ぐとともに，とくに塗り仕上の場合は収縮・振動等によって亀裂が生じないような材料・構法とし，また亀裂が発生しても亀裂が目立たない構法とする。また，水平に張上げた天井は中央が下がって見えるので，中央部で 1/300～1/600 の**むくり**をつけて施工する。

13.2　天井下地構造および塗り下地構造

A．天井下地構造

天井仕上げ材を支持する構造を**天井下地構造**といい，木造下地構造 (図 13.3) と鉄製下地構造 (図 13.4) とに分類できる。また天井をその下地構造に応じて次の 3 つに分類することもできる。

(1) **つり天井**　　つり木を使用して天井をつる構造。

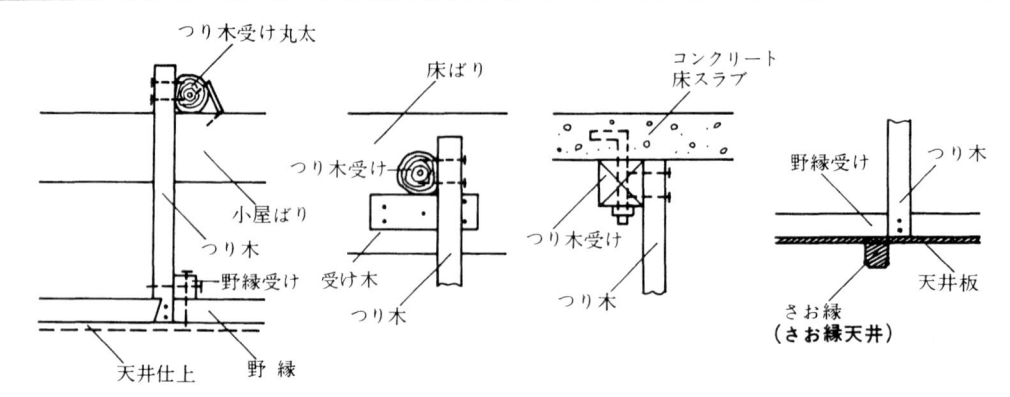

図 13.3 天井下地構造（木造下地構造）

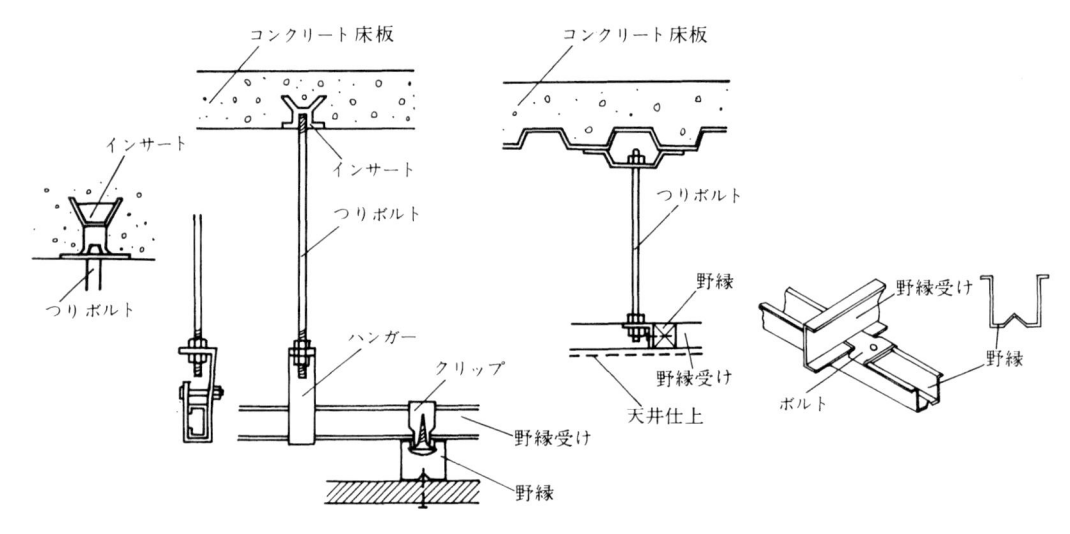

図 13.4 天井下地構造（鉄製下地構造）

(ii) じか張り天井　つり木を使用せず，小屋組・床組の構造材に直接**野縁受け・野縁**を取り付ける構法。

(iii) じか塗り天井　鉄筋コンクリートスラブ等に，直接プラスター・セメント等を塗る構法。

上記のうち，つり天井は天井裏を配管・配線に利用できるが，その他のものは不可能である。

(1) 木造下地

　a. つり木受け　つり木を取り付ける材を**つり木受け**という。上部が，木造および鉄骨造の場合は，図 13.3 のように，径 100 mm ぐらいの丸太または押角材を約 900 mm 間隔に，小屋ばりの上または2階床ばり間に受け木を取り付けた上に架渡し，くぎ・かすがい・ボルト・鉄筋等で取り付ける。鉄筋コンクリートの場合は，スラブにアンカーボルトで締付ける。

　b. つり木　つり天井の場合，天井仕上げ材および天井仕上げ下地をつる目的で，約 36 mm 角の**つり**(釣または**吊**)**木**を 900 mm 間隔に配し，上部はつり木受けにくぎ打ちし，下部は野縁に片ありまたはくぎ打ちする。

13.2 天井下地構造および塗り下地構造

　　c. 野縁受け　　**野縁受け**は**野縁**を取り付ける材で，39 mm×45 mm ぐらいの角材を約 900 mm 間隔に架渡し，つり木と野縁にくぎ打ちする。

　　d. 野　縁　　**野縁**とは天井仕上げ材または仕上の下地材を取り付ける材で，野縁受けの下ばに直角にくぎ打ちする。間隔は天井仕上により異なるが，おおよそ 300～450 mm とする。**さお(竿・棹)縁天井**の場合は，図 13.3 のように野縁を省略して野縁受けを**天井板**にくぎ打ちする。

(2) **鉄製下地**　　鉄製天井は天井の不燃化・軽量化・工業化が期待できる天井であり，図 13.4 のように，コンクリートの中に**インサート**を埋込み，これに径 9～16 mm のつりボルトの上部をねじ込んで，下部には調節可能なハンガーで 40 mm ぐらいの**軽量形鋼**の**チャンネル**の野縁受けを取り付ける。さらに，野縁受けにクリップを取り付けて 20 mm ぐらいの軽量形鋼の野縁を取り付ける。

B. 塗り下地構造

モルタル・プラスター・漆くい等で塗り仕上をする場合，つり天井・じか張り天井には野縁に塗り下地を取り付けた上に，またコンクリート面には直接に，それぞれ塗り仕上をする。塗り下地としては，**木ずり下地・ラスボード下地・メタルラス下地**および**コンクリート下地**等がある。

(1) **木ずり下地**　　図 13.5 のように，野縁の間隔を 450 mm として，7 mm×36 mm ぐらいの**木ずり**を 6～12 mm あけて 6～10 枚ごとに継手の位置を変えながら，長さ 30 mm ぐらいのくぎ 2 本ずつで野縁にくぎ打ちする。木ずりには，ねじれ・腐食等による仕上の汚れやクラックを防ぐために，上等の杉・ひのきのまさ目で十分乾燥したものを使用する。じか張り天井では受け木 (野縁受け) を 360 mm 間隔に打付ける。

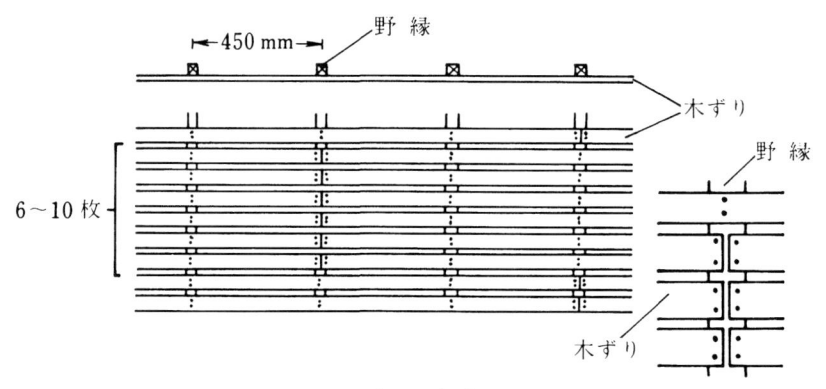

図 13.5　木ずり下地

中塗以上の亀裂やはくり (剝離) を防ぐ目的で，青麻の長さ 550 mm ぐらいの**下げお (苧) (とんぼ**ともいう) を二つ折りにして，210～240 mm の千鳥で亜鉛メッキくぎを用いて打付ける。

(2) **ラスボード下地**　　せっこうプラスター塗り下地用のものを**ラスボード**といい，一定間隔に穴をあけた**穴あきラスボード**と，窪みを半貫どおりに付けた**平ラスボード**とがある。強度は木ずりより劣り，耐水性に欠けるので，外部や浴室回りには用いない。ラスボードは図 13.6 のように，野縁および**野縁小骨**に亜鉛メッキくぎで打付ける。

(3) **メタルラス下地**　　メタルラスには，図 13.7 (a), (b) に示す**メタルラス**[13.1] と**ワイヤーラス**[13.2]

図 13.6 ラスボード下地

図 13.7 メタルラス

図 13.8 メタルラス下地

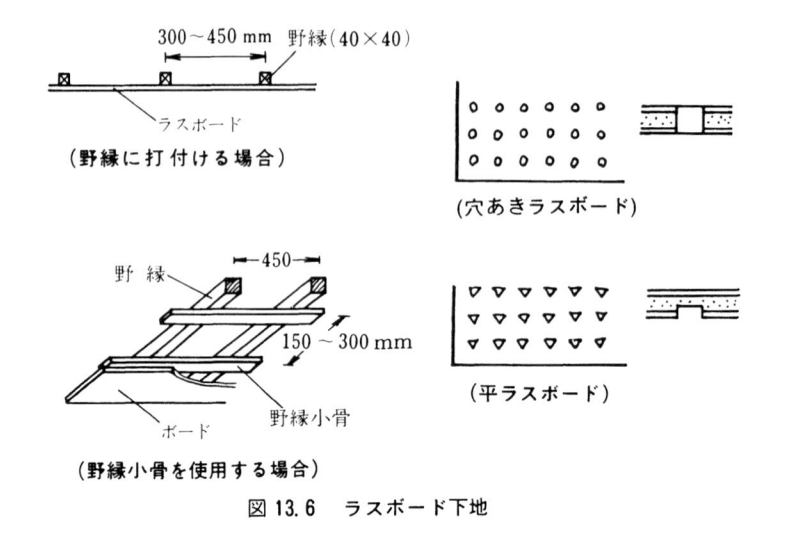

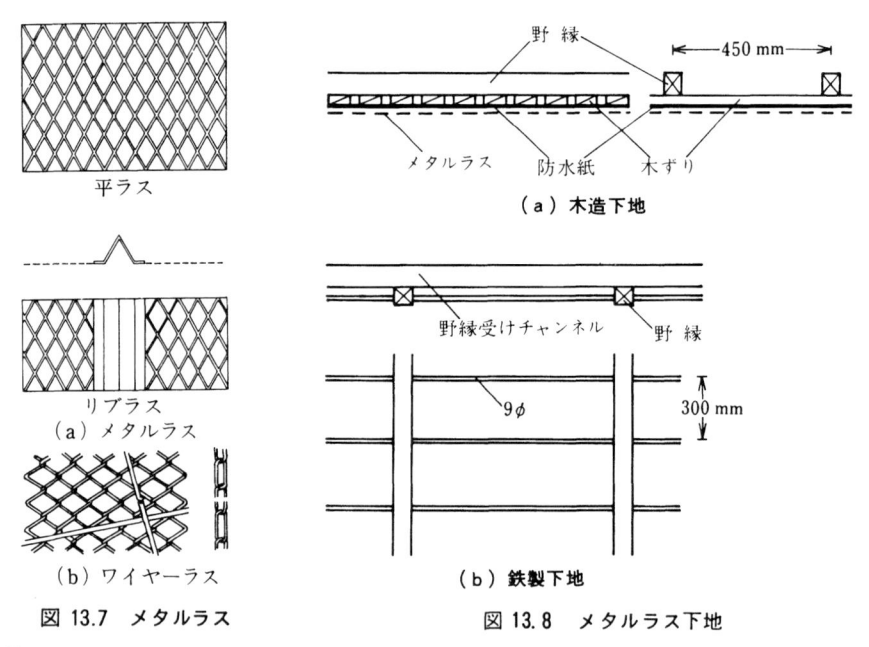

が用いられる。

　リブラスは，野縁に結束または溶接する。その他のラスは，図 13.8 (a) のように木ずりの上に防水紙を座付きくぎで張り，その表面にメタルラスをステップくぎで 150〜200 mm 間隔に打付ける。ワイヤーラスの場合は，ラスの表面に 8 番線の力骨を 300〜450 mm 間隔に格子状に配して，番線をステップルくぎで打付ける。

　鉄製下地の場合は，野縁を 900 mm 間隔に取り付け，野縁に直角に径 9 mm の鉄筋を 300 mm 間隔で取り付けたり，野縁を井形に組んでメタルラス・ワイヤーラスを銅線・亜鉛引鉄線等で結束する。図 13.8 (b) に一例を示す。

(4) コンクリート下地　表面をワイヤーブラシで清掃し，表面の凹凸をはつ（斫）り，モルタルで付け送りをして下地とする。

13.3　天井仕上

A．板張り天井

平板張り天井（打上げ天井）・さお縁天井・箱格縁（ごうぶち）板張り天井・格（ごう）天井等がある。

(1) 打上げ天井　つり天井・じか張り天井の木造天井下地構造に行う仕上の一つで，野縁の間隔を450mmとして，天井板をくぎで打付ける。板のはぎ目は図13.9のように相じゃくり（決り）・さねはぎ（実矧ぎ）・雇いざねはぎ・目板張り・敷目板張り・突付け・目透し等とする。壁ぎわに回り縁を取り付け，壁と接する面にはちりじゃくりをして回り縁と壁とが離れてすきまができるのを防ぐ。

(2) さお縁天井　日本古来の天井で，和風の天井として用いられた。図13.10のように壁ぎわに回り縁を取り付け，これにさお縁を架渡し，この上ばに天井板をくぎで打付ける。天井板に野縁受けを約900mm間隔に取り付けてつり木でつる。

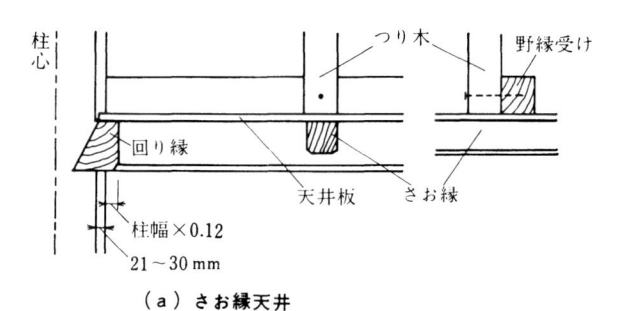

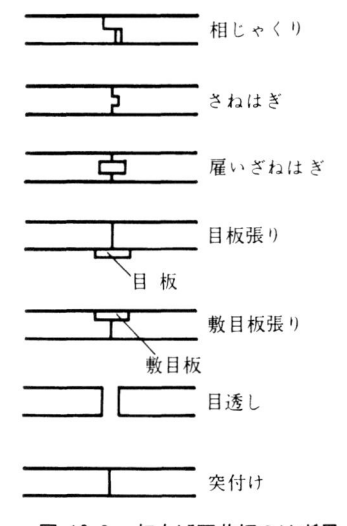

図13.9　打上げ天井板のはぎ目

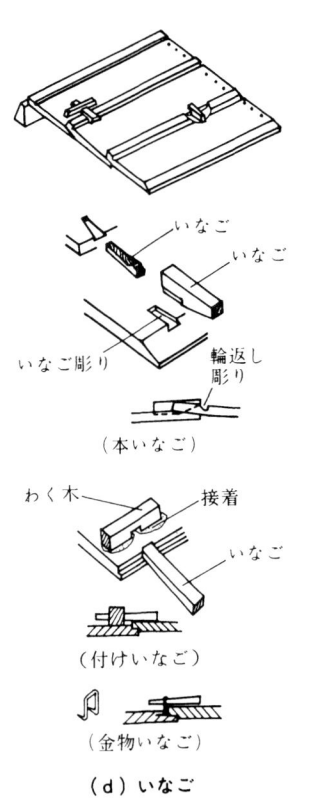

（a）さお縁天井
（b）二重回り縁さるぼう回し
（c）さお縁
（d）いなご

図13.10　さお縁天井

a．回り縁　　下ばに壁のちりじゃくりをして，せいの1/10ぐらいの適当な面をとる。継手は柱心で，柱と仕口はえり（襟）輪欠きとする。回り縁の上に二重に縁を回すのを**二重回り縁**[13.3)]という。

　　b．さお縁　　さお縁の渡す方向は，床の間に平行（床の間がない場合は主な踏みこみ口に平行）に渡し，次の間は主の間と同じ方向に渡す習わしであり，これらに反するものは差し天井といって不吉とされてきた。

　　さお縁の割付けは，1間を4つ割とするのが普通であるが，時には3～6つ割にしたり，**吹寄せ**[13.4)]とすることもある。

　　材料は，杉・ひのき等の角物とするが，柔らかい味を表わすために丸太[13.5)]・竹[13.6)]等も使用される。継手は，角物の場合はいすか継ぎとするが，丸太の場合は継がずに一本物を使用する。

　　c．天井板　　杉のまさ・もく板または化粧合板等が使用され，2間に対して13枚，10枚，8枚張りが用いられる。裏面を25mmぐらい刃形に削って羽重ねとするが，重ね目がすく（笑うという）のを防ぐ目的で，いなご（稲子）を羽重ね部に取り付ける。

(1) **格天井**[13.7)]　　社寺や格式の高い部屋に用いられ，図13.11のように回り縁を二重にして，それと同じせいの**格縁**を井げたに組み，つり木を格縁に寄せありにして天井をつり，格間に鏡板を張ったり，紙張り，漆くい，格子組等とする。格縁には，同図のような面がよく用いられる。

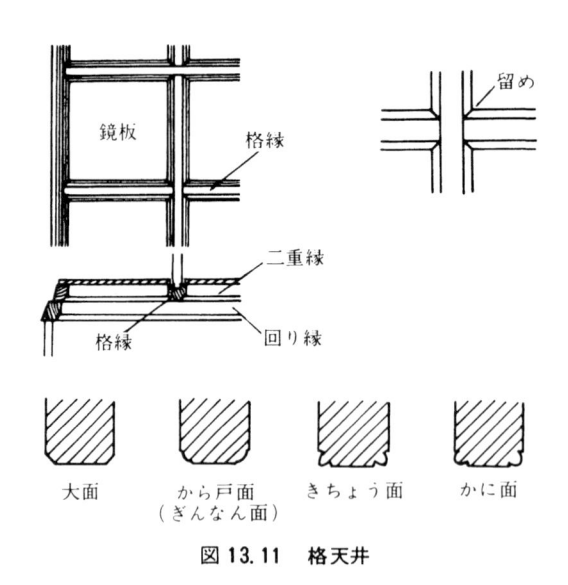

図13.11　格天井

B．**数奇屋風天井**

　あじろ天井[13.8)]・すだれ（簾）張り天井[13.9)]・棒状形天井[13.10)]等があるが，いずれも裏面に下地板を打付けたものを打上げ天井の構法に準じて打上げる（図13.12）。

13.3 天井仕上

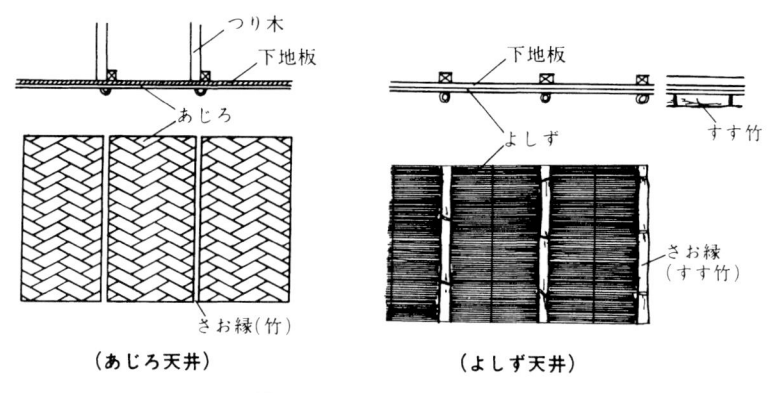

図 13.12 数寄屋風天井

C. 建築板張り天井

繊維板・せっこうボード・石綿スレート・木毛セメント板等の工場生産材（建築板とよぶことにする）を使用するもので，この天井は断熱・耐火・音響効果もある。天井板材が板状またはタイル状のものでは，それぞれの規格寸法に割り合せて配置した野縁にくぎまたは接着剤で張付ける。目地は突付け・目透しとし，継ぎ目を隠すために木製・金属製・ビニール製の目地棒を使用することもある（図 13.13）。

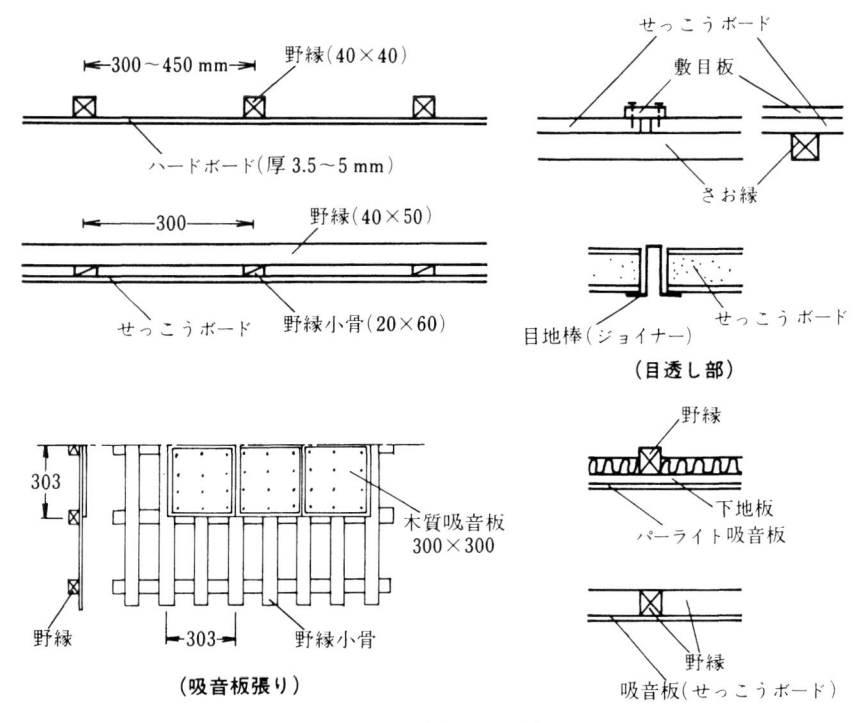

図 13.13 建築板張り天井

D. 紙・布張り天井

打上げ天井に準じて，野縁に木ずり・合板・せっこうボード・ハードボード等を張付けるか，または漆くい塗を中塗まで施した上に張付ける。張り方は，まず下地全面にのりを付けて美濃紙または半紙を張る。その上に美濃紙で袋張りをして下地張りとする。さらに，その上に紙または布をべた張りする（図 13.14）。

E. 金属板天井

アルミニウム・ステンレス・銅板・亜鉛鉄板等を板状・タイル状に加工し，吸音孔をあけた内側にロックウール等の吸音材を入れたもの，板を折り曲げてリブを付けたもの，帯状のアルミ薄板で蜂の巣状の空間を作ったもの，照明効果を備えたもの等がある。下地は，木製野縁・形鋼野縁にビス止め，または特殊な取付け金物で張付ける。その例を図 13.15 に示す。

F. 塗り天井

図 13.16 のように，塗り下地の上に，下塗・中塗・上塗の順に塗る天井で毎回塗厚を少なくして（8 mm 以下）何回も塗ることによって，格層の接着を良くし，はくりを防ぐ。

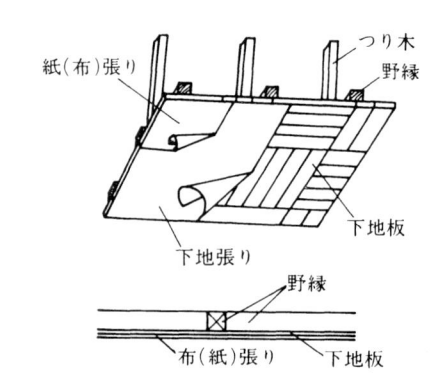

図 13.14　布（紙・プラスチッククロス）張り天井

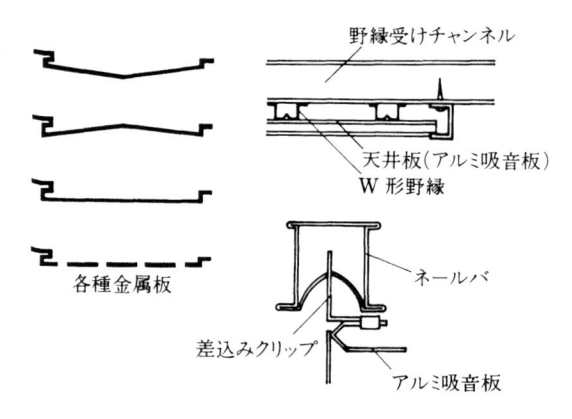

図 13.15　金属板天井

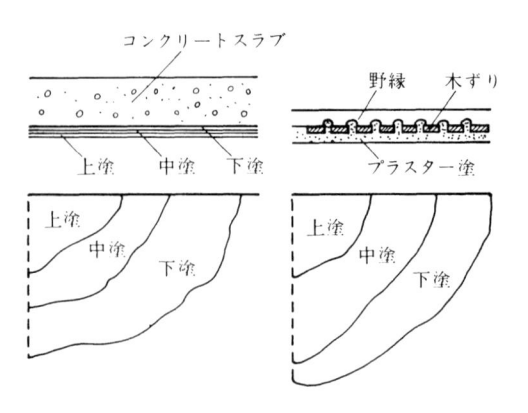

図 13.16　塗り天井

第14章

壁体仕上

14.1 壁体と壁仕上

壁体は，建物の耐力を分担する壁主体構造[14.1]，および壁仕上げ材・仕上げ材を取り付けるための壁下地 (張り下地および塗り下地) 等で構成される。壁体には，外壁と間仕切壁とがある。外壁の外部仕上は，雨水の浸入防止，風圧に対する耐力，および吸引力による飛散，遮断性 (熱・音・湿気等)，延焼防止のための防火性等に関する諸性能が要求される。また内壁の仕上は，部屋の使用目的に応じて天井とともに，遮断性，音および光の吸収・反射性，汚れにくさ等が要求される。とくに，**防火壁・断熱壁・遮音壁・放射線遮断壁**等を特殊性能壁ともいう。

壁体仕上には，水分を使用せずにくぎ・接着剤等で仕上げ材を取り付ける**乾式構造** (dry construction) と，左官仕上・石張り・タイル張り等のように水分を使用して仕上げ材を施す**湿式構造** (wet construction) がある。

14.2 壁の保護

壁や柱の出すみは人や物が触れやすいので，仕上げ材の強度・耐摩耗性が不十分な場合は，衝撃に耐えられる材料，または衝撃を吸収できる形状のものを取り付けて，それらの部分を保護する。図14.1 (a) のように，出すみを**コーナービード**等で保護したり，また倉庫・工場等では同図 (b) のように壁面を**荷ずり木**等で保護することもある。

壁と床の接する部分は，掃除具や靴先があたって，損傷しやすく汚れやすいので，この部分に図14.2 のように**幅木**を取り付けて保護する。幅木は室内の装飾をも兼ねる。幅木に用いる材料には，木材・石材・人造石・テラゾー・タイル・ゴムタイル・アスファルトタイル・金属材等があり，それを張付けたり，モルタル塗・人造石研 (とぎ) 出し等で塗り仕上げたりする。図 14.1 (c) のように幅木は一般に壁仕上げ面より出すが，靴先のつかえを楽にしたり，ほこりのたまるのを防ぐ意味で，幅木を壁仕上げ面より奥に入れることもある。

A. 木材幅木

上ばは，**壁ちりじゃくり**または仕上げ板の**小穴**を設け，下ばは，床板に小穴入れとする。

木材幅木の場合，木造では柱・間柱に，鉄筋コンクリート造等では 300～600 mm 間隔に埋込んだ**木れんが**に，くぎ止めとする。このとき裏面に**ころび (転び) 止め**を施す場合もある。

B. 石幅木

石材・人造石材等を突付け継ぎとして小ば立てにし，その上面に穴をあけだぼを埋め，これを銅線・引金物等で壁体に取り付けて，セメントモルタル・せっこうモルタル等で固定する。壁体面と幅

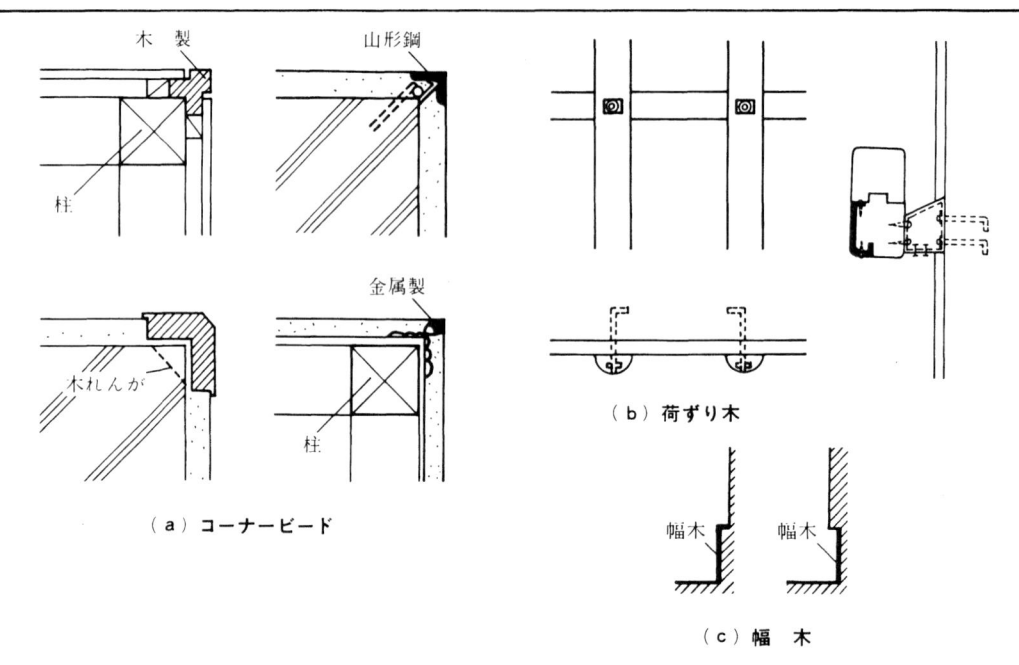

図 14.1　壁面の保護

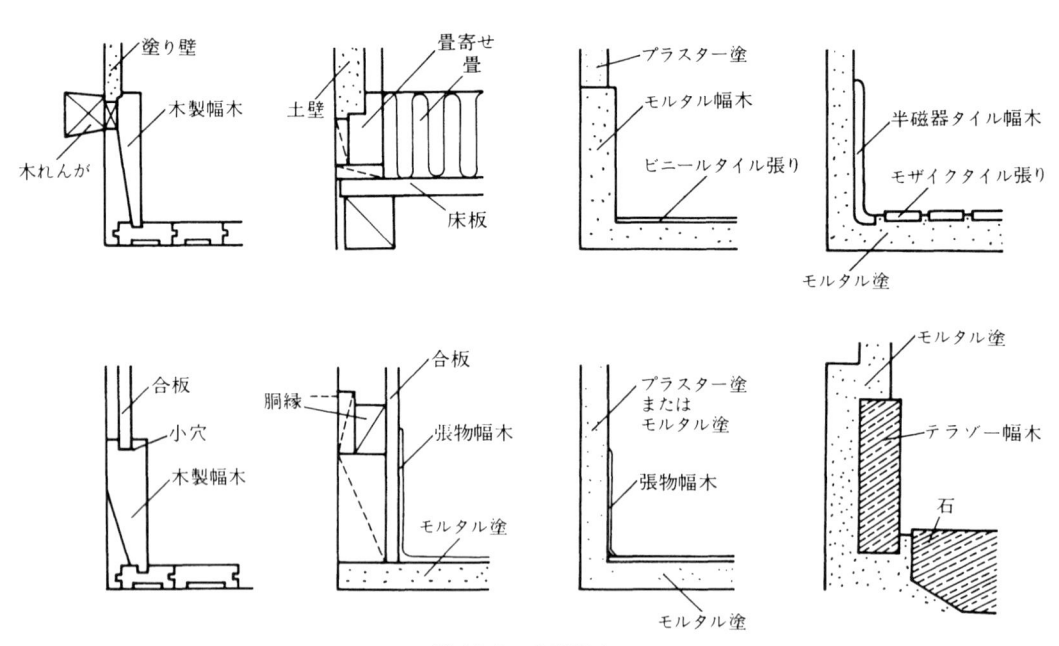

図 14.2　各種幅木

木との間には，セメントモルタル・せっこうモルタル等を流し込む。

C. タイル幅木

各種タイルを，セメントモルタルで張付ける。

14.3 乾式構造仕上

木造系・石綿セメント系・金属系・ガラス系・プラスチック系・紙や布系等の板類，および**建築板**[14.2)]・**複合板**・**ALC板**等をくぎ・ボルト・取付け金物・接着剤等で取り付けて壁面を仕上げるものを**乾式構造仕上**という。乾式構造仕上は，工期が短い。

木造系の乾式構造仕上は次のように分類できる。

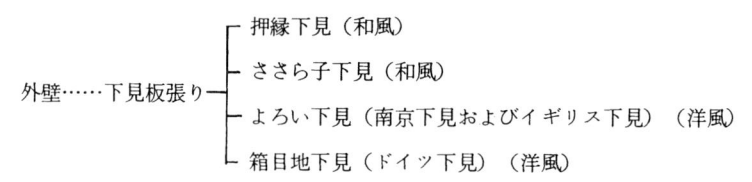

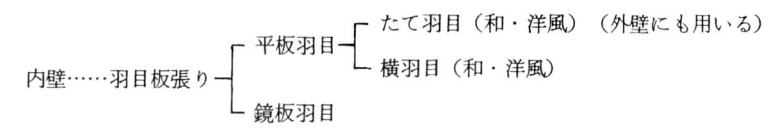

```
外壁……下見板張り ┬ 押縁下見（和風）
                  ├ ささら子下見（和風）
                  ├ よろい下見（南京下見およびイギリス下見）（洋風）
                  └ 箱目地下見（ドイツ下見）（洋風）

内壁……羽目板張り ┬ 平板羽目 ┬ たて羽目（和・洋風）（外壁にも用いる）
                  │          └ 横羽目（和・洋風）
                  └ 鏡板羽目
```

A. 張 り 下 地

図 14.3 のように，木材または金属の**胴縁**を柱および間柱に 300〜600 mm 間隔で水平に取り付ける。鉄筋コンクリート造壁体では，胴縁をコンクリートに埋込んだ木れんが・ボルト等に取り付ける。複合板には壁下地がないため，主体構造の柱と横架材間に複合板をはめ込み，カーテンウォールは，前後左右上下の三方向に移動させることのできる特殊な取付け金物（**ファスナー**：fastener）で取り付ける。

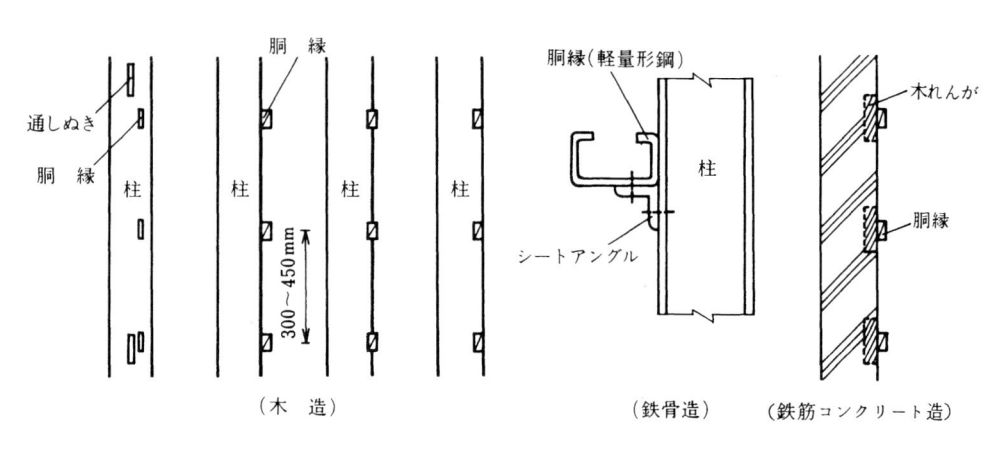

図 14.3 張り下地（胴縁）

B. 下 見 板 張 り

(1) 押縁下見　　**押縁下見**は，図 14.4 (a) のように，雨押えを土台または**付け土台**の上に 2/10〜3/10 の勾配で取り付ける。（雨押えの表面を金属板で包むこともある。）雨押えから上方へ向って下見板を 20〜30 mm 重ね，柱および間柱にくぎ打ちして張付ける。この時，下見板を重ねた部分（**羽重ね部分**）の裏をそぎ削っておく。24 mm×36 mm ぐらいの**押縁**を柱および間柱の位置で下見板の

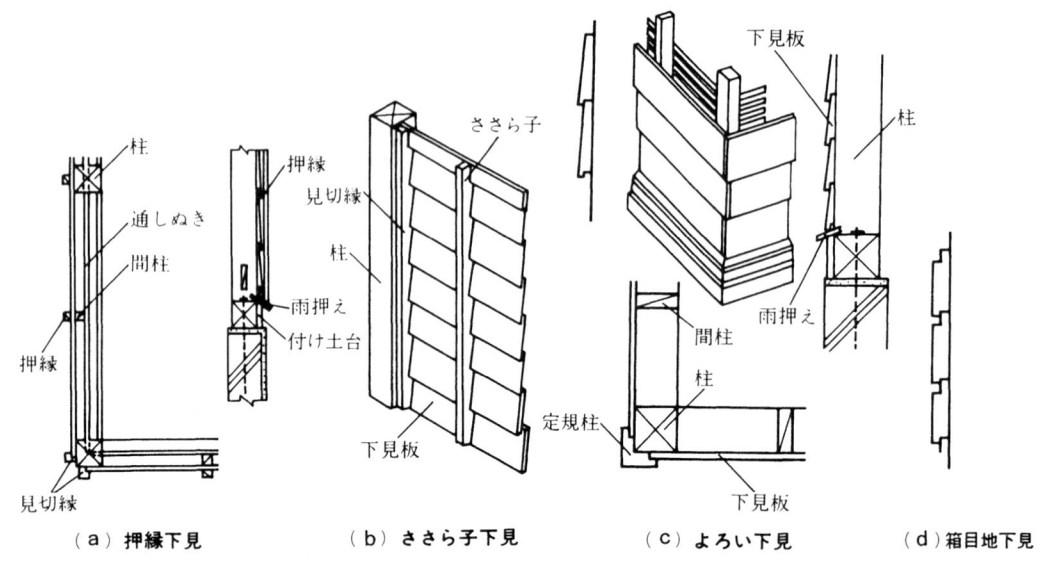

(a) 押縁下見　(b) ささら子下見　(c) よろい下見　(d) 箱目地下見

図 14.4　下見張り

写真 1　押縁下見張り（筆者の実験）

表面にあててくぎ打ちする。下見板の上部では水平に，また出すみでは柱幅の 1/4 ぐらい柱を見せて鉛直に，それぞれ下見板の端部に**見切り縁**を板厚だけしゃくり取って，取り付ける。押縁下見は，雨仕舞の良い下見板張り構造である。

(2) ささら子下見　ささら子(**簓子**)下見は，図 14.4 (b) および写真 1 のように，36 mm×36 mm ぐらいの**ささら子**(押縁に下見板の段形の刃刻みを付けたもの)に，下見板を羽重ねして打付ける。下見板の周囲に見切り縁を回してわく組みし，これを柱・土台・胴差し・けたの各間にはめ込んで，それらにくぎ打ちする。ささら子下見は雨仕舞が悪く，また胴差しのところの外観も悪い。さらに間柱・筋かいを取り付けにくいため，壁としての強度も低い。

(3) よろい下見　よろい下見は図 14.4 (c) のように，幅 150〜200 mm で台形断面(**なげしびき(長押挽き)**という)の下見板を 25〜30 mm 羽重ねして，柱・間柱にくぎ打ちする。下部に付け土台および雨押えを用いるものと用いないものとがある。出すみ部は下見板を交互に重ねたり，**付け柱(定規柱**ともいう)を取り付けたりする。よろい下見は，雨仕舞の良い下見板張り構造である。

(4) 箱目地下見　箱目地下見は図 14.4 (d) のように，よろい下見に準じた構造であるが，下見板はなげしびきとせずに，長方形断面を相じゃくりして張付ける。箱目地下見は，外観が石積みの

14.3 乾式構造仕上

目地のように見える。

C. 羽目板張り

主に室内の壁の保護と装飾を目的として，壁体面に木製板材を板面が平面になる(**さすり**という)ように張るのを**羽目板張り**という。その高さが1m内外のものを**腰羽目**，それ以上のものを**高羽目**という。また板の張り方によって，板を下地に張付けるものを平板張り，わくを組んでその中にパネル(鏡板という)を組込むものを**鏡板張り**という。さらに，平板羽目で板を鉛直に張るものを**たて羽目**，水平に張るものを**横羽目**という。

(1) たて羽目　**たて羽目**は，洋風・和風のいずれにも，また外壁・内壁ともに用いられるが，雨仕舞は下見板に劣る。

内壁では，羽目板を幅木の上に小穴で入れたり，幅木の表面に打付けたりしてその上部は，かさ木に小穴で入れる。外壁では，下見板張りに準じ，付け土台・雨押えの上部に羽目板を張り，その上部に**なげし・かさ(笠)木**を取り付ける。

図14.3および図14.5のように，胴縁を300〜450mm間隔で柱・間柱面に，または柱・間柱を彫込んで打付け，これに羽目板を鉛直方向にくぎ打ちする。真壁の柱間に張る場合は同図のように，胴縁または通しぬきに打付ける。

羽目板の構造には，意匠上からもさまざまなものがある。たとえば，**目板張り・敷目板張り・すべり刃張り・相じゃくり張り・さねはぎ張り・雇いざねはぎ張り・縁甲板張り・大和張り**等がある。これらを図14.6に示す。

木製羽目板以外の材を張るものには，胴縁で羽目板張りと同様に下地を作ったあとあじろを張るもの，杉皮を張ってその上に女竹・すす(煤)竹・黒竹・栗のなぐり等で押えるもの，また丸太(または竹)をたてまたは横方向に並べるもの，および建築板を張るもの等があり，これらを選んで図14.7に示す。

(2) 横羽目　図14.8のように，下部は幅木に小穴で入れて上方へ張上げ，柱・間柱面に直接水平に張付け，胴縁は使用しない。上部はかさ木に小穴で入れて取り付ける。板は**さすり**に張り，はぎ(矧)目を相じゃくり・本ざねとし，出すみは大留め，入すみは小穴入れとする。

D. 鏡板張り

図14.9のように，幅木の上に**下がまち(框)**を小穴で重ね，その上に**たてがまち(またはたてざん)**を小根はぞ差し割くさびで載せる。さらにその上に**上がまちおよびかさ**

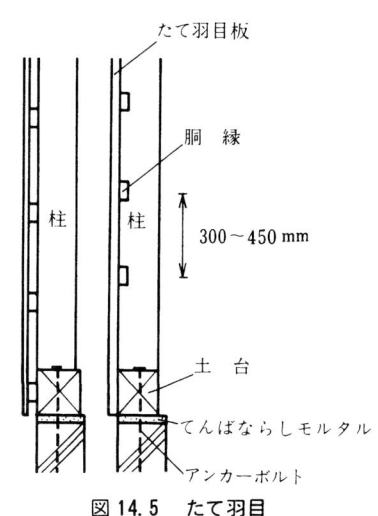

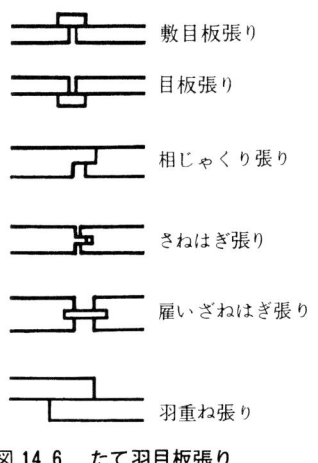

図14.5　たて羽目

図14.6　たて羽目板張り

図 14.7 羽目板張り

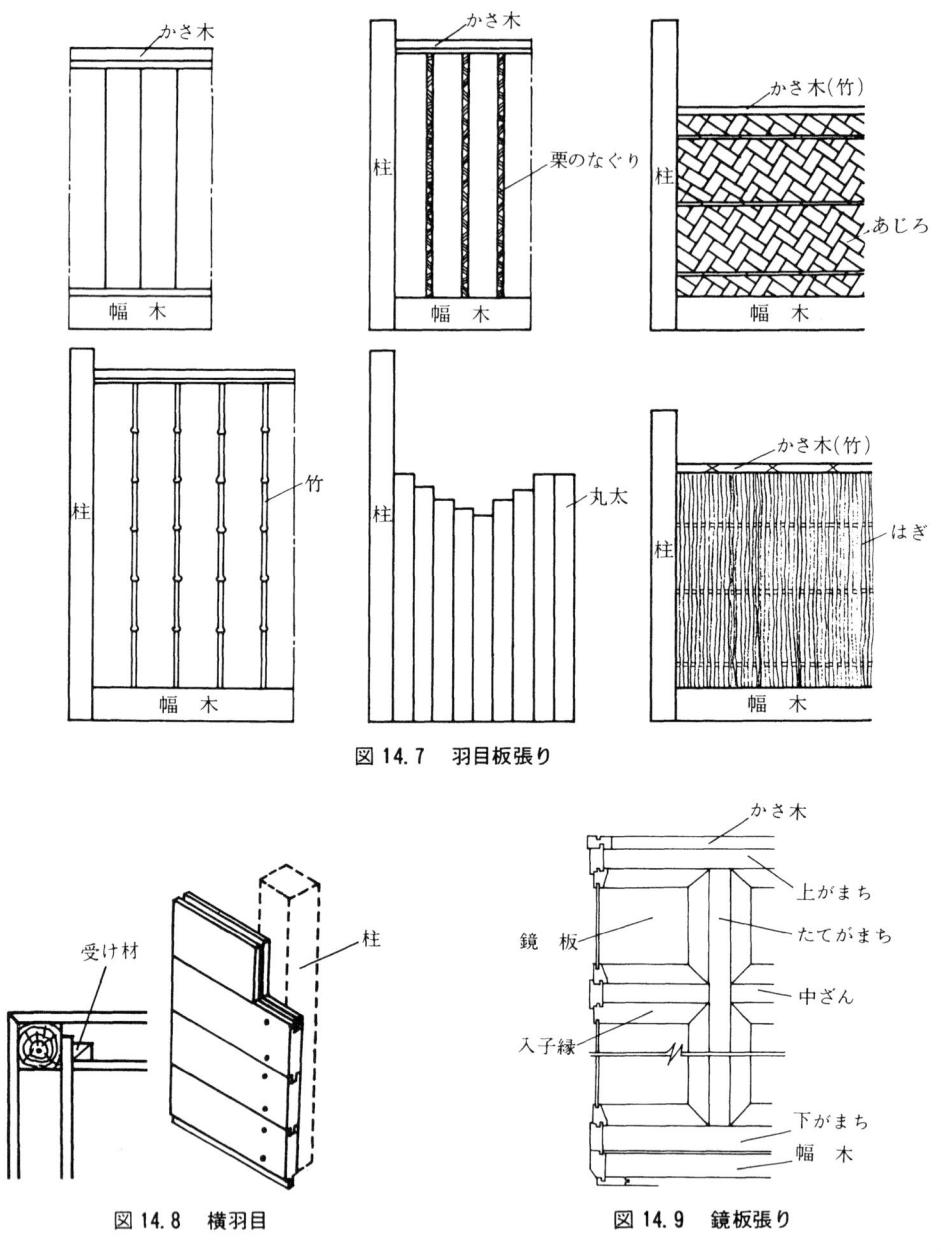

図 14.8 横羽目

図 14.9 鏡板張り

木を載せる。下がまち・上がまち・たてがまちからなるわく組内に鏡板を四方小穴で入れる。また**玉縁・入子縁**を用いる場合もある。

　鏡板には，乾燥した樹種を和風・洋風に応じて選び，それらの樹種の一枚板または合板，その他の建築板を使用する。

E. 建築板張り

(1) **材　料**　　合板[14.3]・繊維板[14.4]・木片セメント板[14.5]・木毛セメント板[14.6]・せっこうボード[14.7]等は，一枚の面積が大きい建築材料である。

14.3 乾式構造仕上

(2) 下地および張り方

a. 合板張り 合板張りでは，図 14.10 のように胴縁 (17.5 mm×50 mm ぐらい) を 300～450 mm 間隔に取り付けて下地とする。このとき胴縁を柱面より出すときは，受け木を柱・間柱面に取り付ける。合板を柱・間柱・受け木に真ちゅうの平頭くぎ・丸頭くぎ・鉄にクロームやカドミウムでメッキした化粧くぎ，または頭をつぶしたくぎ等で打付ける。接着剤で張るときは，合板が接する木部をかんな仕上する。

b. 繊維板張り 合板張りに準じ，繊維板を柱・胴縁にくぎ打ちするか，または接着剤で張るが，板張りの上に張付ける場合もある。

目地は，目透しまたは**ジョイナー**(アルミニウム製・プラスチック製等) を用いる。

c. 木毛セメント板張り 胴縁 (30 mm×50 mm ぐらい) を 300 mm 間隔に取り付けて下地とし，これに木毛セメントを，木毛用亜鉛メッキ平頭鉄くぎ等で打付ける。鉄骨の胴縁のときは，フックボルト・稲妻金物・ボルト等で約 150 mm 間隔で木毛セメント板を張付ける。

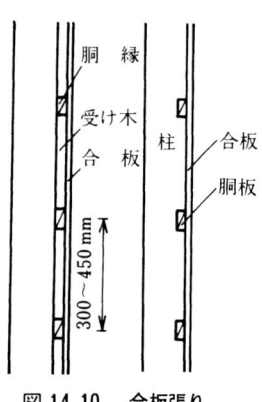

図 14.10 合板張り

d. せっこうボード張り 胴縁 (15 mm×45 mm ぐらい) を 300～450 mm 間隔に取り付けた下地に，せっこうボードを合板張りに準じて張付ける。

目地は，透し・Vカットしてパテ詰め，または突付けとして押縁・ジョイナー (金属製・プラスチック製) を使用する。

F. 石綿スレート張り

(1) **波形石綿スレート張り** 木造の場合は図 14.11 (a) のように，板長の約 1/2 の間隔に木材の胴縁を取り付け，その表面に防水紙を張って，くぎまたは木ねじで波形石綿スレートを取り付ける。鉄骨の場合は**同図 (b)** のように，鉄骨の胴縁にフックボルト・チャンネルボルト等で波形石綿スレートを取り付ける。くぎ頭・ボルトナットの下には鉛座・鉄の丸座・ゴム座・フェルト座等を用いて雨水の浸入を防ぐ。波形石綿スレートは**同図 (a)** のように，すみを上下左右の 4 枚が重ならないようにすみ切りする。出すみ・入すみおよび窓回りは**同図 (b)**のように，役物を使用することもある。

(2) **石綿スレート大平板張り** 図 14.12 のように，胴縁を取り付け，柱・間柱・胴縁面に防水紙 (アスファルトフェルト) を張り，その表面から大平板を亜鉛メッキくぎで打付ける。鉄骨の場合は，鉄骨の胴差しに敷パテをしたうえで大平板をボルトで張付ける。出すみ・接合部には，出すみジョイナーおよび I 形ジョイナーを用いる。

(3) **石綿スレート下見板張り** 石綿スレート下見板張りでは，図 14.13 のように，羽重ねして下見板張りのように張るため，雨仕舞が良い。

G. 金属板張り

金属板張りは，主として外壁に使用されるが，金属板は熱伝導が大きいため，室内側には断熱材

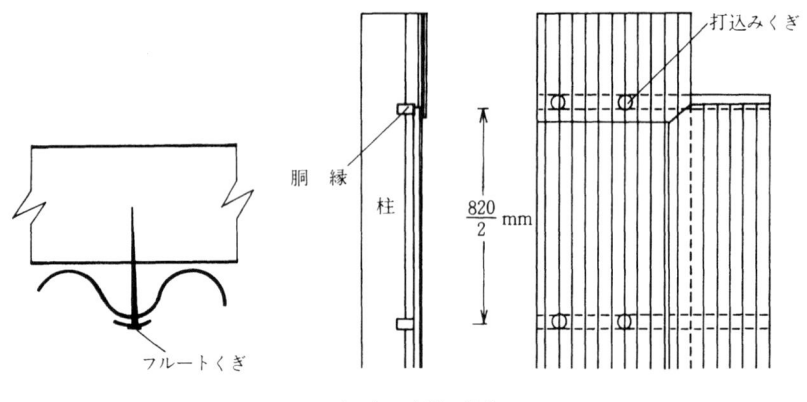

(a) 木造の場合

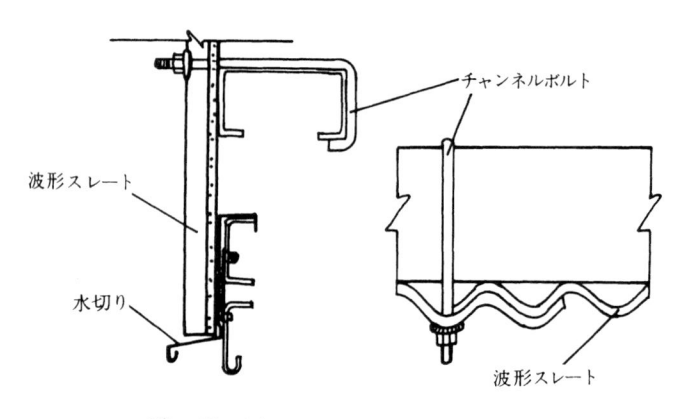

(窓回り)

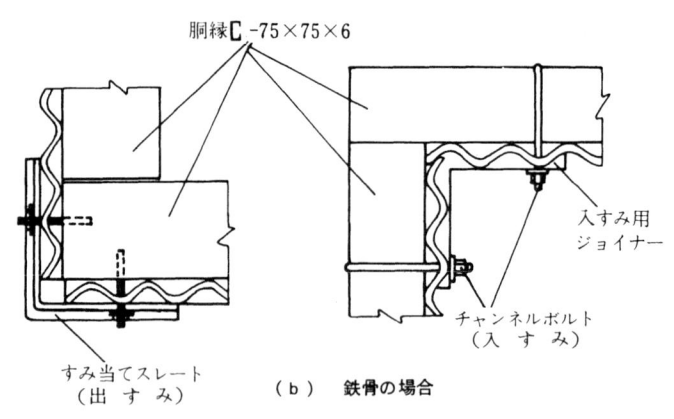

(b) 鉄骨の場合

図14.11 波形石綿スレート張り

を使用する。壁体仕上の金属板は主に成形板であり，押出し・曲げプレス・鋳物等によって，平板・波形板・角波形板（写真2）等に加工される。主な材料は亜鉛鉄板・ステンレス鋼板・特殊加工鋼板（ビニール鋼板・ほうろう鉄板・カラー鉄板）・アルミニウム板・銅板等がある。

外壁の最上部・材の継手・パラペット回り・開口部回り等において，雨水が浸入しやすいので，

14.3 乾式構造仕上

かさ木・水切り・シール材を適切に使用して浸入を防ぐとともに，金属板の断面の形も水密なジョイントとする。また，出すみや端部は変形・衝撃に耐えられるような補強をする。さらに，熱膨張・収縮および大気による腐食(塩分・亜硫酸ガス)・電食に対しても十分考慮しなければならない。

(1) **波形亜鉛鉄板張り** 木造の場合は**図14.14** (a)のように，木造胴縁を300～450mm(板長さの約1/3)間隔で取り付け，これに波形板の波の谷部から亜鉛メッキくぎで張付ける。ただし，厚波形板では，波の山部で張付けてもよい。波形板の波方向の重ねは100mm以上とする。

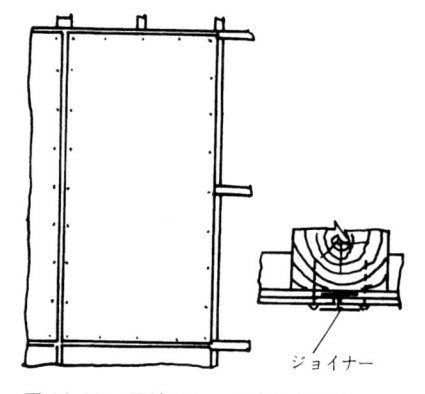

図14.12 石綿スレート大平板張り

鉄骨の場合は**同図(b)**のように，鉄骨の胴縁を柱・間柱あたりに取り付け，これに波形板の波の山部からフックボルト・稲妻金物等で胴縁に取り付ける。このとき，かまぼこ形の木のかい物を用いて締付け部を補強し，ナットの下に鉛座を敷込んで雨水の浸入を防ぐ。

(2) **金属板平板張り等** 木造下地の場合は**図14.15** (a)のように，木造胴縁または下地板を柱・間柱あたりに取り付けた下地の表面に防水紙を張付け，その表面に金属板を屋根の張り方に準じ，こはぜかけ・釣子を用いて張付ける。

鉄骨下地では，木造下地に準じて胴縁を取り付け，また鉄筋コンクリート下地では**同図(b)**のように，コンクリート壁体から出してあるアンカーボルトで地骨組および胴縁を取り付けて下地とし，これに金属板をビス止めする。

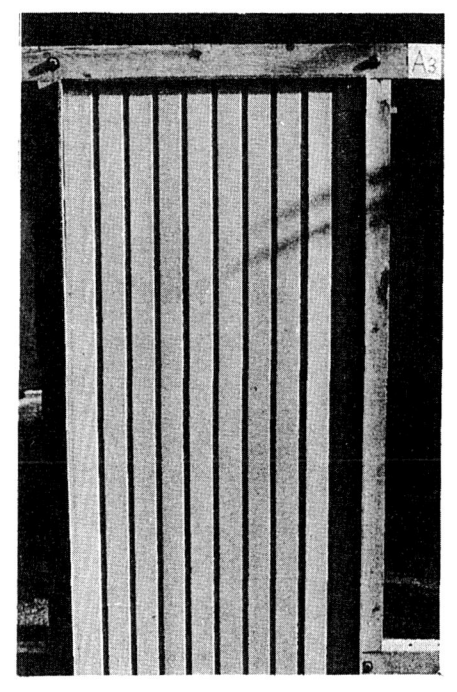

写真2 角波板張り(筆者の実験)

H. 複合板(sandwich panel)張り

ペーパーハニカム・スチロポール等の両面に**図14.16**のように石綿セメント板等を張付けたサンドイッチパネル等を使用した壁体は，遮音性・断熱性・防水性の優れた壁体となる。

木造の場合は**図14.17** (a)のように，複合板を柱また間柱間にはめ込み押縁で押さえ付ける。このときくさび・パテ・ガスケット等を施すこともある。鉄骨の場合は**同図(b)**のように，木造と同じ方法であるが，コーキングを十分にする。

複合板を並べて一体の壁面にするときは，**図14.18**のように，継ぎ目板を用いて接着剤でつなぎ，上・下端を木製または鉄製の水平がまちで固定する。

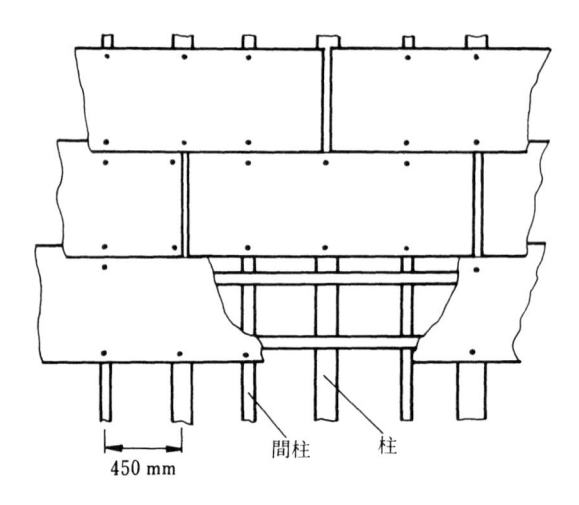

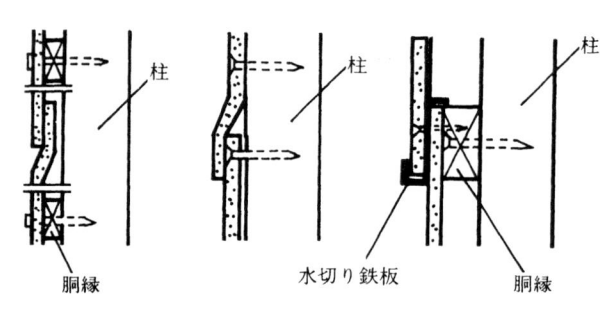

図 14.13 石綿スレート下見板張り

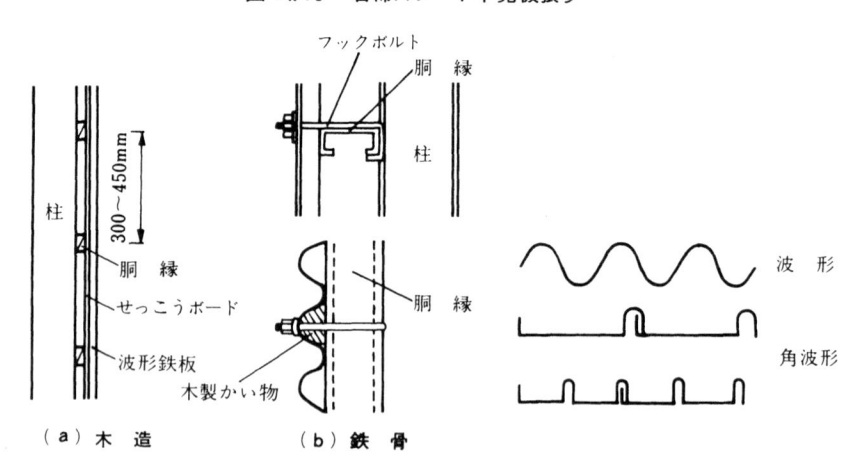

図 14.14 波形亜鉛鉄板張り

1. ALC 板張り

図 14.19のように，ALC板[14.8]を横にして積み重ねる構法の水平張りと，縦に並べて床板または胴縁に止める構法のたて張りとがある。いずれも雨仕舞に注意しなければならない。

14.3 乾式構造仕上

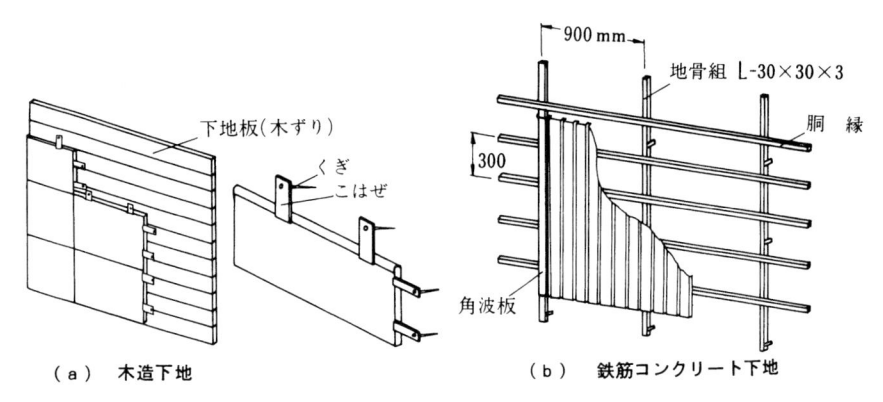

図 14.15 金属板平板張り等
(a) 木造下地
(b) 鉄筋コンクリート下地

J. 採光壁

採光の目的で，外壁および内壁またはその一部を，**ガラスブロック壁**にしたり，**波形ガラス・波形プラスチック板張り**[14.9] **溝形ガラス（プロフィリットガラス）張り**[14.10] 等で構成したりする。

ガラスブロック壁は**図14.20**のように，白セメントモルタルを用いてガラスブロックをいも目地に積み，4～5枚目ごとに目地部を鉄筋で補強する。目地幅は10 mm ぐらいとし防水を完全にする。この壁は遮音性・防湿性・断熱性とも比較的よく，光を拡散する性能および乙種防火戸と同等の防火性能がある。

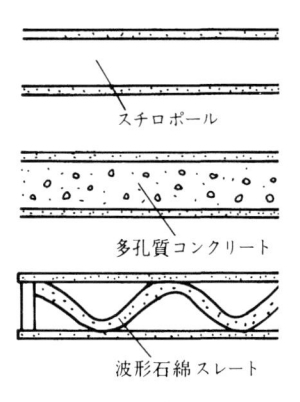

図 14.16 石綿スレートサンドイッチ板

K. 紙・布張り

(1) 下地　モルタル下地・漆くいプラスター下地・合板張り下地・せっこうボード張り下地の上に張る場合と，胴縁の上に直接張る場合とがある。

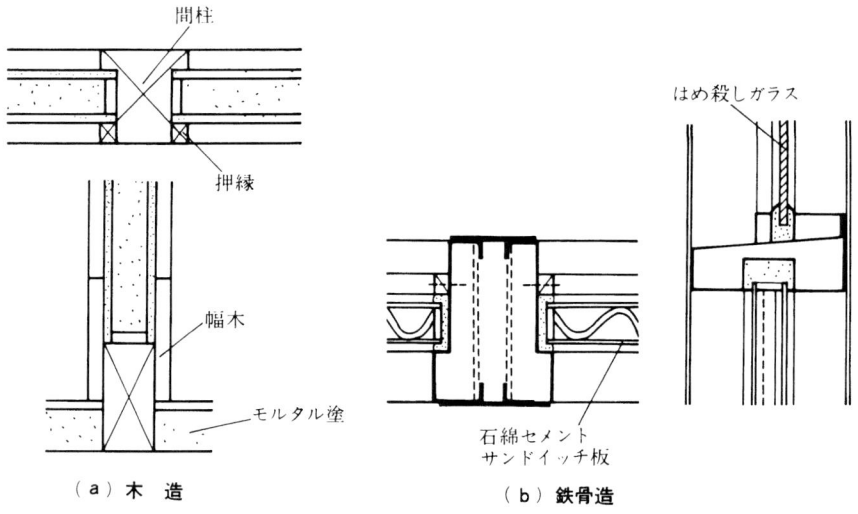

(a) 木造
(b) 鉄骨造
図 14.17 複合板張り

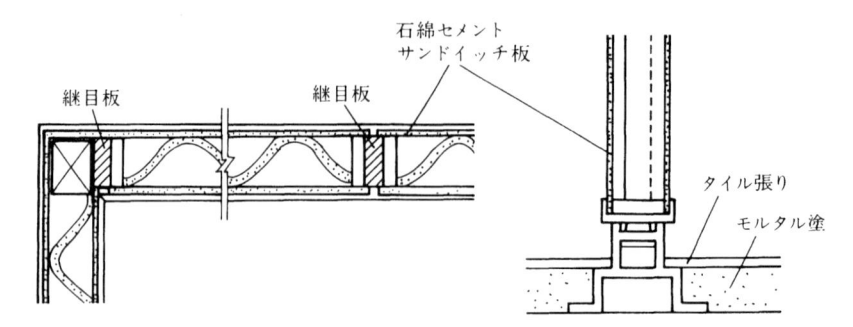

図 14.18　一体の壁面を構成の複合板張り

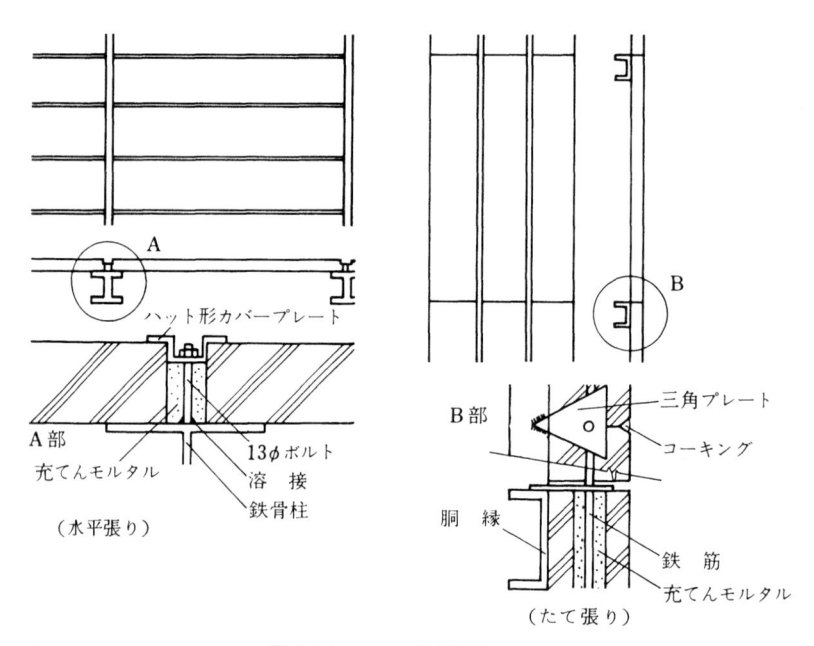

図 14.19　ALC 板張り

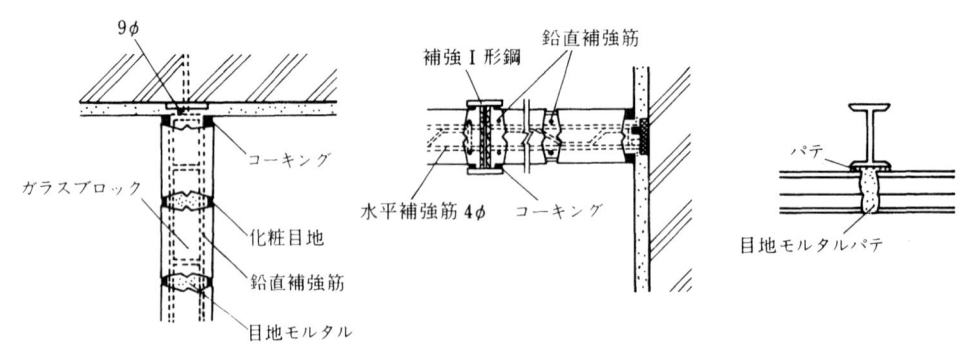

図 14.20　ガラスブロック壁

(2) 紙張り　半紙または美濃紙でべた張りを数回重ねて下張りを作り，その上に，上美濃紙をしょうぶのり(生麩糊)で袋張り2回の中張りをして，最後に上張りをして仕上げる。

14.5 湿式構造仕上

　(3)　布張り　　下地・下張り・中張りとも紙張りに準じ，上張りはしょうぶのりでべた張りして周囲を平びょうで止める。

　(4)　ビニールクロス張り　　下地の上に直接，接着剤で張付ける。これは通気性・防火性に欠け，燃えると毒性のガスを発生する。

14.4　コンクリート打放し

　コンクリートの表面の仕上を施さずにコンクリート面をそのままで仕上げたものであり，これには型わくをはずしたままのもの，コンクリート面をはつり仕上としたもの，表面に凹凸をつけた型わくを使用したもの等がある。また，これらの表面に目立たない防水剤を吹付ける場合もある。精度の高い型わくを組み，コンクリート打ちも入念に行わなければならない。

14.5　湿式構造仕上

　湿式構造仕上には，塗り壁(左官仕上)・タイル張り・石張り等がある。

A. 塗　り　壁

　広い面や複雑な部分を継ぎ目なしに仕上げられ，しかも材料と施工の組合せによって，耐火・防水・遮音・断熱等の性能が得られる。しかしその反面，左官の技能や気象状態により仕上がりや品質が左右され，しかも何層かに分けて塗り重ねるので乾燥や養生に時間がかかる等の短所もある。

　塗り壁の場合，天井下地に準じて壁下地を作り，下地整え→下塗→中塗→上塗の順に塗り仕上げる。

　塗り下地には次のものがある。

　(1)　木ずり下地　　13.2, B. (1)に準じて図14.21のように，柱および間柱面に木ずりをくぎ打ちする。

　(2)　ラスボード下地　　ラスボードには，石綿ラスボードとせっこうラスボードとがある。せっこうラスボードは耐水性に欠けるので，モルタル塗り下地には用いない。大壁構造では図14.22(a)のように，間柱・柱・胴縁・受け木等で格子に組んだ骨組に取り付ける。真壁構造の場合は同図(b)および写真3,4のように取り付ける。

　(3)　メタルラス下地　　木造下地では，13.2, B.(3)に準じて図14.23(a)のように張る。鉄骨下地の場合も天井に準じて張る。すなわち，同図(b)のように，胴縁に径9mmの丸鋼を直角に配した骨組に，直接ラスを張付ける。リブラス張りでは同図(c)のように，鉄骨胴縁に直接クリップ止め・銅線止め・フックボルト止め等とする。

　(4)　木毛セメント板下地　　セメントモルタルまたはプラスター塗の下地として図14.24のように，木造下地および鉄骨下地の上に張付ける。

　(5)　コンクリート下地　　天井の塗り下地に準ずる。

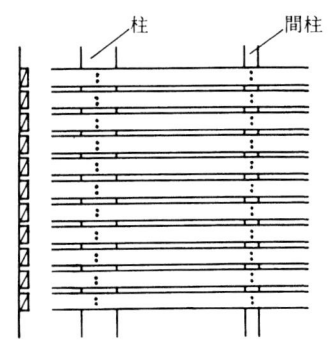

図14.21　木ずり下地

(6) こまい下地　木造土塗り壁下地として，わが国では古くから用いられた真壁の塗り下地で，写真5のように通しぬきに平行および直角に**間渡し竹**を取り付け，端部は柱の穴に入れて固定する。これにこまい(小舞)**竹**をなわで組んだ構法である。

B. タイル張り

モルタル塗の塗り下地に準じて塗り下地を作り，これにタイルの張付けモルタル代約 20 mm を見込んで，モルタル塗の中塗まで施して下地を作る。この下地に図**14.25**のように，張付けモルタルを用いてタイルを張る。

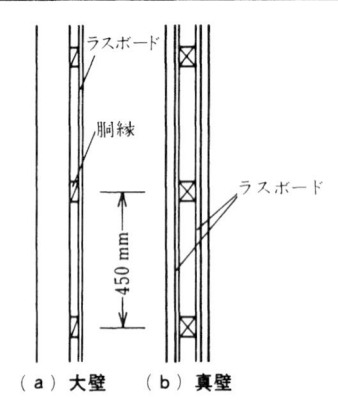

図 14.22　ラスボード下地
(a) 大壁　(b) 真壁

写真 3　胴縁の取付け（筆者の実験）

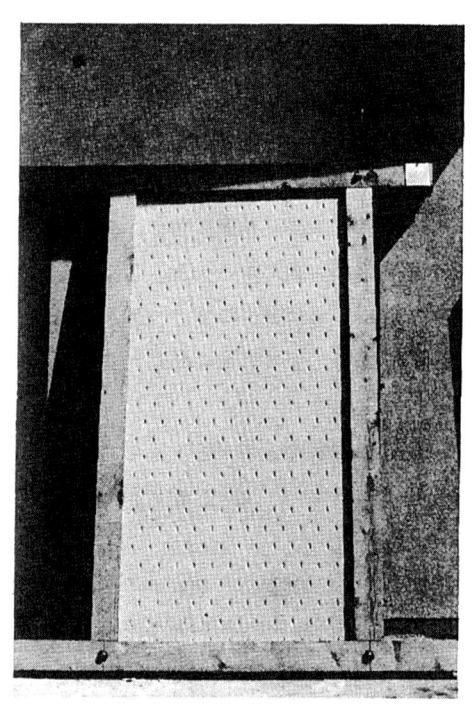

写真 4　ラスボード下地（真壁構造）（筆者の実験）

C. 石　張　り

石張りは，一般に吸水性が少ないうえに表面が硬く，天然材としての美しさがある。花こう岩・凝灰岩・大理石等がよく用いられ，人造石板・テラゾー板も同様に張付けられる。

張り石の厚さは，地面から1m以内を除いて，50 mm 以下とする。薄い板の場合はタイル張りに準じ，厚さが厚くなると重量も大きくなるため，引金物・だぼ・かすがい等を用いて図**14.26**のように，壁体に緊結して落下を防ぐ。

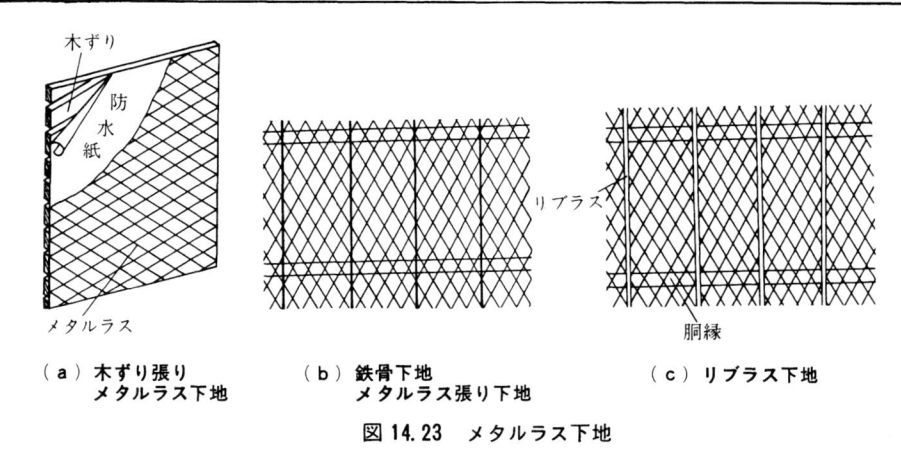

14.6 張り壁

図 14.23 メタルラス下地
(a) 木ずり張りメタルラス下地
(b) 鉄骨下地メタルラス張り下地
(c) リブラス下地

14.6 張り壁

A. 非耐力壁

ALC板張り壁・ガラスブロック壁および可動間仕切り等のように壁体に水平力が入らず，単に区画を目的として設ける壁体を**非耐力壁**という。非耐力壁は，建物の主体構造から切り離して，地震時には上階の床との水平変位量の差(層間変位)を吸収し壁体に亀裂が生じないように，かつ主体構造の剛性を強めないように材料を選び，かつ取付け構法を考慮する。

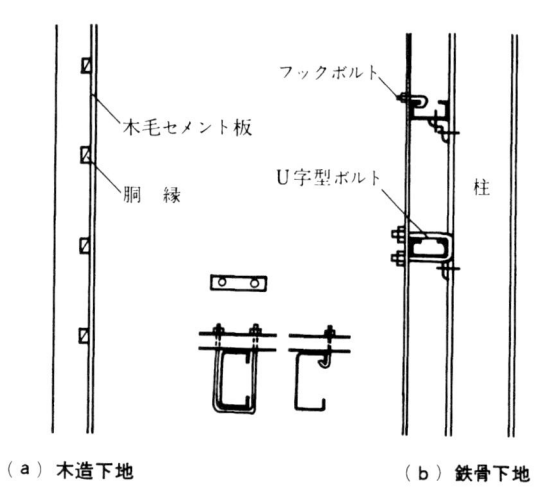

図 14.24 木毛セメント板下地
(a) 木造下地
(b) 鉄骨下地

B. カーテンウォール (curtain wall)

超高層建築では，建物の剛性を小さくすると固有周期が長くなり地震入力が小さくなるので，建物全体の柔軟性を高めた柔構造として，振動論的に耐震性をもたせる。また超高層建築では，軽量化およびプレファブリケーションにより，構造躯体に加わる力の軽減および高所における作業の安全・工期の短縮をはかる。

図 14.27 (a)のように，柔軟性の高い超高層建築では，層間変位は δ/h が1/150ぐらいとして約20 mmぐらいの水平相対変位(層間変位) δ を考える。金属カーテンウォールはその変形も考慮に入れることができるが，プレキャストコンクリートカーテンウォールは，その変形を考慮に入れることができない。そこで図14.27 (b)のように，上下・水平・前後の三軸方向に移動できる取付け金物が必要であり，これを**ファスナー** (fastener) という。ファスナーは，カーテンウォールの自重・風圧・地震力・火災に耐え，層間変位を吸収できるものでなければならない。

(1) カーテンウォールの分類　カーテンウォールをその主材料によって分類すると，金属系・プレキャストコンクリート系・複合板系となり，外観から分類すると，方立て (mullion) 系・スパンドレル (spandrel) 系・格子 (grid) 系・いんぺい (sheath) 系に分けられる。また，カーテンウォー

(a) こまいかき(表)

(b) こまいかき(裏)

(c) 荒壁塗

(d) 仕上げ塗

写真 5 こまい下地（筆者の実験）

ルと躯体との取付け位置との関係（図14.28）およびカーテンウォール構成[14.11]からも分類できる。以上の分類を図14.29～14.31に示す。

14.6 張り壁

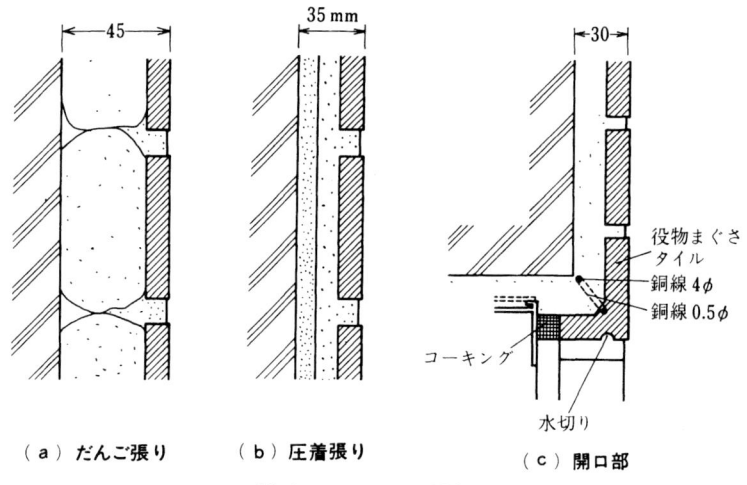

図 14.25 タイル張り
(a) だんご張り
(b) 圧着張り
(c) 開口部

(2) **金属カーテンウォール** 金属カーテンウォールの材料は、スチール・ステンレス・耐候性鋼・ブロンズ・アルミニウム等がよく用いられる。金属は熱による膨張・収縮が大きいので、伸縮の影響が生じない工夫が接合部に施されている。また熱伝導率も大きいので、壁面、とくにカーテンウォール内部の結露を防ぐために断熱層を入れたり通気をはかる工夫が必要である。

(3) **プレキャストコンクリートカーテンウォール** プレキャストコンクリートカーテンウォールは、遮音性・耐火性が大きいが、軽量化は金属カーテンウォールに劣る。プレキャストコンクリートパネルは面内剛性が高いため、主体構造の層間変位に追随できる接合部が必要で

図 14.26 石張り

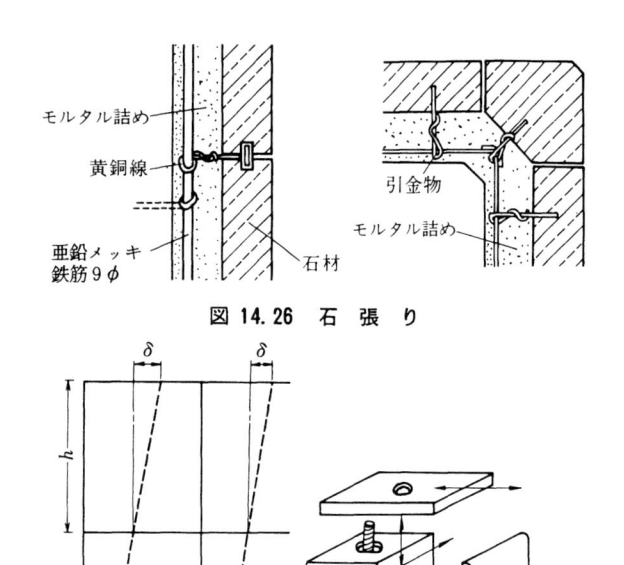

図 14.27 層間変位とファスナー
(a) 面内変形
(b) ファスナー

ある。主なものとしては、上・下端のどちらかを躯体に固定し、他端をローラー接合する方法と、上・下端両方をピン接合してパネルをロッキングさせるもの等がある。

ファスナーの機構には、ルーズホールをボルト接合する構法のものと、接合金物の弾性を利用する構法のもの等がある。

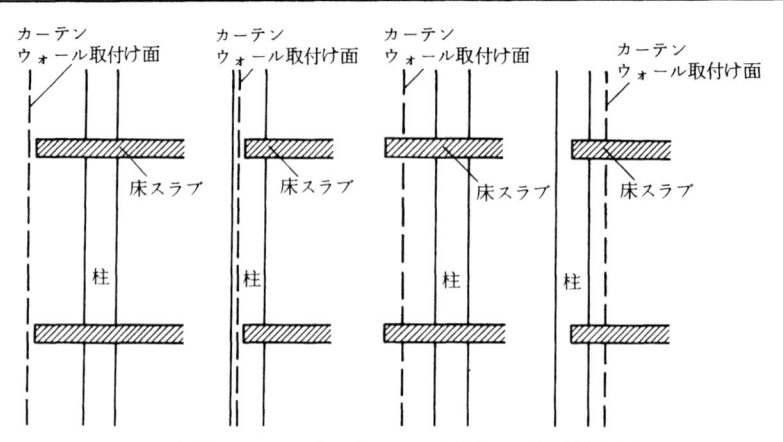

図 14.28　カーテンウォールの躯体への取付け位置

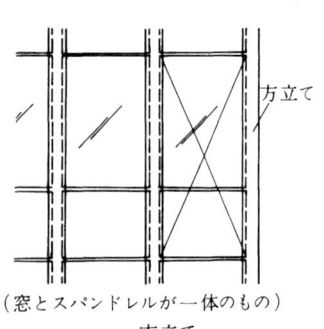

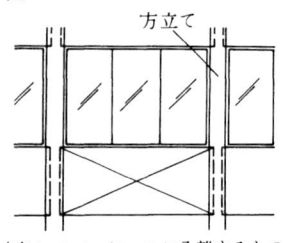

図 14.29　方立てと窓が分離するもの (方立て形式)

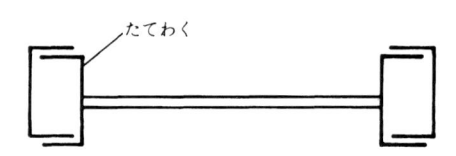

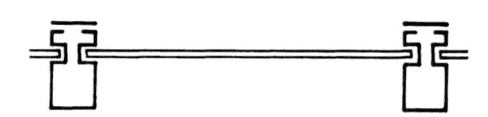

図 14.30　方立てとたてわくが一体のもの (方立て形式)

（a）窓とスパンドレル一体　　　（b）窓とスパンドレル分離

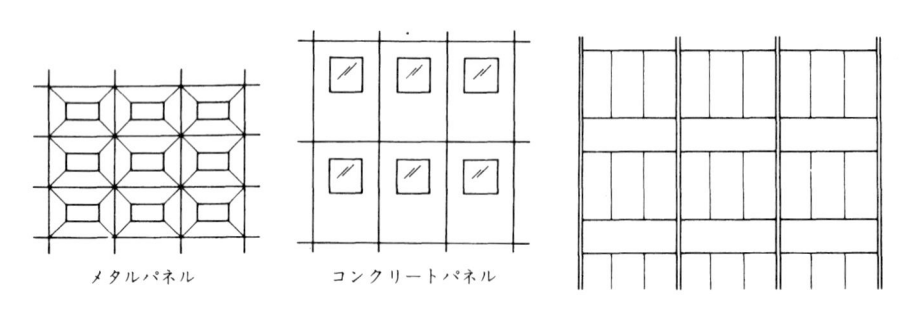

図 14.31　パネル形式

14.7 木造断熱壁

　木造建築は高温多湿の我が国の気候風土に最も適応した建築として発展してきた。すなわち住宅は木と紙と土からできていて，特に寒冷多雪地方では，冬季にふすまの紙・障子の紙が緩んで弛みガラス窓のガラス面に結露による水滴が付着するが土塗壁にはそれが現れない風景をよく見受けられた。また空気が乾燥すると，それとは逆に紙類はばんばんに緊張してたたけば太鼓のような音がした。このことは，木造建築では，木材・紙・土塗壁などは空気中の湿度を吸収放出して室内空気を調節していた訳である。

　第2次大戦後，我が国の木造建築は，建築材料の技術進展と手間賃の上昇などのため土塗壁が使用されなくなり，造作（雑作）仕上げ材においても木材に代って金属・合成樹脂・石油化学製品などが使われるようになった。一方居住性の向上のため室内の冷暖房がゆきとどいてきたため，冬季において，窓ガラス・壁面に結露が起り，壁仕上げ表面に写真6のごとくしみ・はんてんが生ずるなど見苦しい現象が現れてきた。これを防ぎかつ壁体の断熱効果を高め遮音性を高める目的で，木造軸組内に断熱材を使用するようになり，これはいずれ住宅金融公庫融資住宅に断熱壁を取り入れられるものとなろう。

　そこで，現在筆者が設計している木造断熱壁を次に示す。図14.32は大壁構造の外壁であり，図14.33は真壁構造の外壁である。また図14.34は真壁構造の内壁の断面を示す。いずれの場合も外壁では断熱材（グラスウール）を押入れてあって土塗壁は使用せずその代りにラスボードを間柱に張付けて塗壁仕上げとするか，石膏ボードを張付けてビニルクロス張りとする。

　（図14.32, 14.33, 14.34は次頁に示す）

14.7 木造断熱壁

写真6 結露により生じたしみ・はんてん

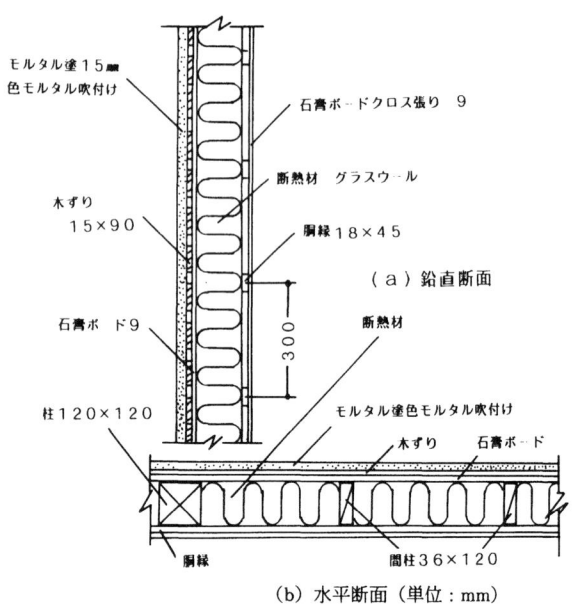

図14.32 外壁（大壁構造）

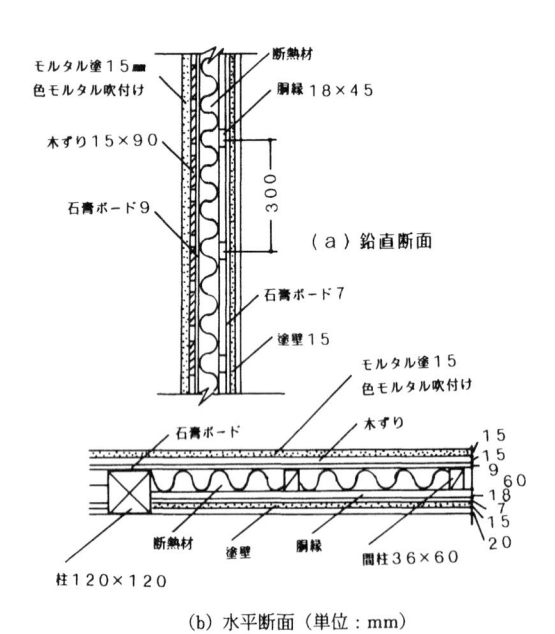

図14.33 外壁（真壁構造）

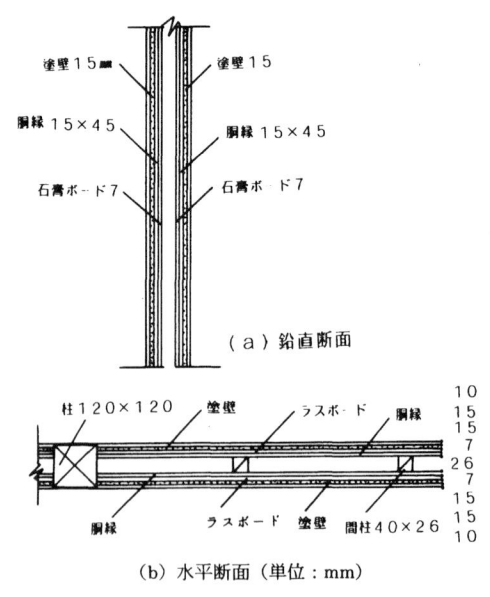

図14.34 真壁構造

第15章

床仕上

15.1 床とは

床は，建物内部空間の水平な底部であって，その上で人間が生活したり，その上に必要な家具および設備機器等の物品を置いたりする。床は，床組を形成して人や物等の積載荷重を支えて，これを柱・壁体に伝える。また壁体を連結して建物の水平剛性を保って，建物が風圧力や地震力等の水平荷重に耐えるための役割をする等，床は床組として建物の構造耐力を分担する。

床は，床組と床仕上とで構成され，両者が一体となって建物の剛性・強度を分担する他に遮断性（防水・防湿・防音・防火・防煙・耐Ｘ線）・耐久性・防滑性・耐摩耗性・保守性および快適さの諸性能が必要なので，要求に応じて床の材料・構法を選択しなければならない。

以上のような床としての一般的機能の他に，特殊な機能をはたす床構法がある。たとえば，手術室のように静電気の帯電を防止して，麻酔薬による爆発を防ぐための電導床とか，電子計算機室の床のように，床下の配線の自由度を高めた二重床（フリーアクセスフロアー）等がある。

15.2 和たたき・木口敷

数寄屋風の床・茶席・寺院・農家のポーチ・玄関・廊下等に使用される床仕上に，**和たたき・木口敷**(こぐちじき)等がある。

A. 和たたき

赤粘土に苦汁(にがり)を加えた材料を60〜90mmの厚さに敷き，木づちでたたき仕上げる。硬度が小さく摩耗しやすい。

B. 木口敷

図15.1のように，木材の丸太または角材を75〜150mmの長さに切ったものを，木口を上にして厚さ50mmぐらいの砂を敷いた上，または厚さ25〜30mmのモルタル塗の上に10mmぐらいの目地をとって据える。

15.3 木製床張り

A. 縁甲板張り

厚さ15〜20mm，幅60〜180mm，長さ1800〜3600mmの小幅板のそばをさねはぎ・雇いざねはぎ・相(合)欠き等とし，木口は加工しないものを**縁甲板**という。縁甲板を木造床に張る**縁甲板張り**の場合は，図15.2(a)のように，360〜450mm間隔に配した根太に，またコンクリート床に張る場合は同図(b)のように，同様に配したころばし床の埋込み根太に，それぞれ直接張付ける。

図 15.1 木 口 敷

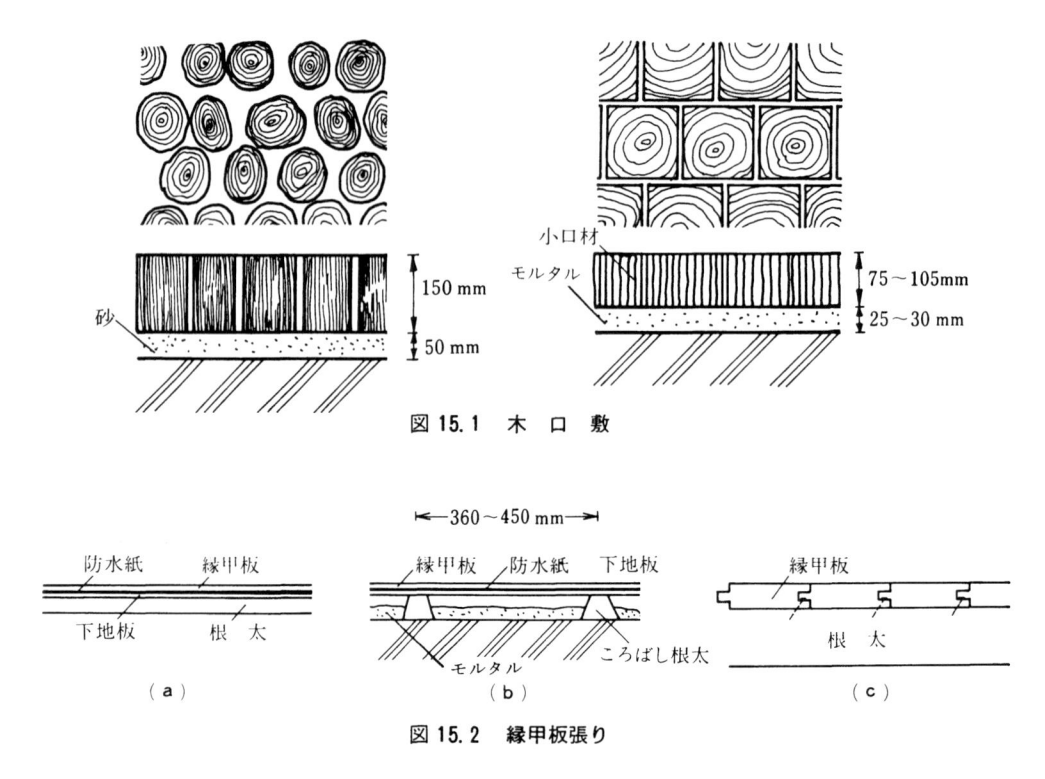

図 15.2 縁甲板張り

二重張りにする場合は，杉板または合板の**下地板(捨板)**を下張りした上に防水紙をはさんで張付ける。二重張りの床は，床の剛性を高めすきまの防止および防湿に効果的である。

B. 寄せ木張り

伸縮が少なく，色相が多様な厚さ $6\sim12\,\text{mm}$ の長方形の板(**寄せ木**)を，幾何学的に組合せて張る装飾的な床張りであり，室内一面に張る場合と，室内の周囲 $500\sim900\,\text{mm}$ を**寄せ木張り**とし，中央は敷物の下地としての縁甲板張りとする場合がある。木造床の場合は，$360\sim450\,\text{mm}$ 間隔の根太に，また，コンクリート床の場合は同様に埋込み根太に，それぞれ厚さ $18\,\text{mm}$ ぐらいの杉板の捨板を張った上に厚さ $6\sim8\,\text{mm}$ の合板を張り(省略の場合は下地板をかんな仕上)，その合板に図柄を下図書きして，寄せ木を接着剤，または接着剤とくぎで図 15.3 のように張付ける。

C. フローリングボード張り

図 15.4 のように，側面と木口をさねはぎ加工した幅 $60\sim90\,\text{mm}$，厚さ $15\sim20\,\text{mm}$，長さ $500\,\text{mm}$ 以上で長さが一様でない(乱尺の)板(**フローリングボード**：flooring board)を縁甲板張りと同様に張る。しかし，長さが一様でないため根太から根太へ渡らず，途中で継手ができて弱い。そのため厚さ $12\sim18\,\text{mm}$ の杉板または合板の捨板を下張りし，その上に張る場合もある。

D. フローリングブロック張り

フローリングブロック (flooring block) とは，長さが等しく厚さ $15\sim20\,\text{mm}$ の小幅板を 3 枚以上はぎ合せた $300\,\text{mm}$ 角のブロックであり，木造床用とコンクリート床用とがある。コンクリート床用のものはモルタルとの接着をよくするために，図 15.5 のように足金物が側面に取り付けてあ

る。コンクリート床の上に張付けモルタルを敷き，ブロックを並べて木づちでたたきながら張付ける。

E．コルク張り

コルクは吸音・防音・防熱・保温は優れているが，耐摩耗性が劣る。製氷室・冷凍室等の床によく使用され，敷物の下地としても使用される。厚さが9～12mm，大きさが300mm×300mm・600mm×600mm・600mm×900mm・900mm×900mmのブロックを，木造床の場合は下地板張りの上に，またコンクリート床の場合はモルタル塗の上にそれぞれ接着剤で張付ける。このとき100mm角に1本の割で

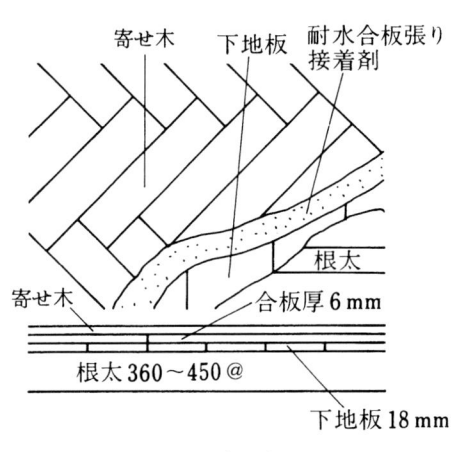

図15.3 寄せ木張り

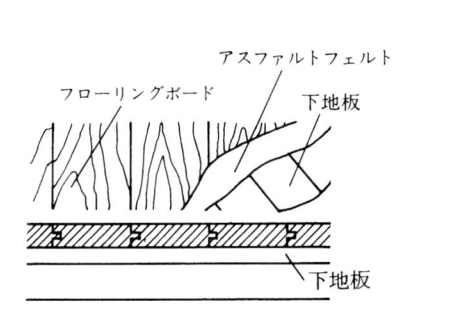

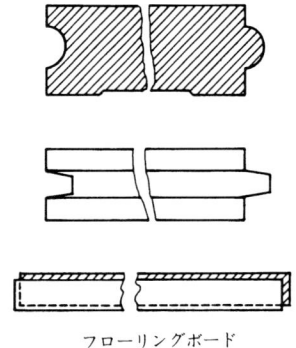

図15.4 フローリングボード張り

頭なしのくぎを併用するが，コンクリート床では木れんがを埋込んでおきこれにくぎ打ちする。

F．その他

合板張り[15.1]・木質繊維板張り[15.2]・パーケット張り[15.3]等は，いずれも縁甲板張りまたは寄せ木張りに準じて張付ける。

15.4　ゴム・合成樹脂系のタイル張り・シート張り

ゴムタイル[15.4]・ビニールタイル[15.5]・アスファルトタイル[15.6]・リノリウムタイル[15.7]等は，いずれも約300mm角のタイル状になっている。コンクリートモルタル塗，または合板・パーティクルボード等の木質，および鉄板等の金属の下地の上に張付ける。

木質の場合は，図15.6のように360～450mmに配した根太に，厚さ18mmぐらいの捨板を張

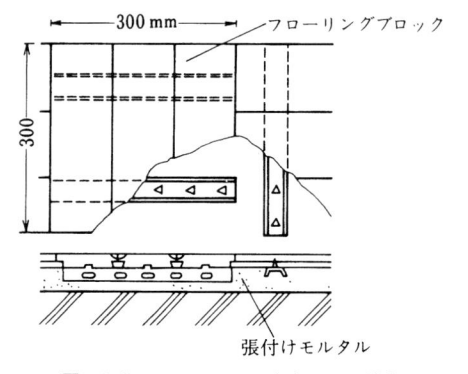

図15.5 フローリングブロック張り

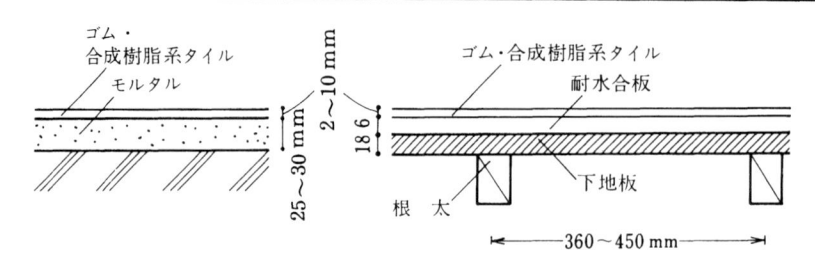

図 15.6　ゴム・合成樹脂系タイル張り

って (捨板上に耐水合板を張る場合もある), その上に接着剤で張付ける。コンクリートの場合は, セメントモルタルを塗った上に接着剤で張付ける。

シート張りといえば, かつてはリノリウム張りが代表的であったが, 最近では, ビニールシートの使用が多くなった。リノリウムシートを 3～4 週間仮敷きし, 床面に慣らしてからリノリウムのりで張付ける。

15.5　塗り仕上

A. セメントモルタル塗仕上

木造下地の場合は図 15.7 のように, 約 360 mm 間隔に配した根太に, 二重に捨板を張り, その上にアスファルトフェルトを敷く。さらにメタルラスを張った上にモルタル塗を行う。コンクリート下地の場合はコンクリート打ちの後, 早めにその上にモルタル塗を行う。モルタル塗は下塗, (中塗), 上塗の順に塗厚 16～30 mm で仕上げる。

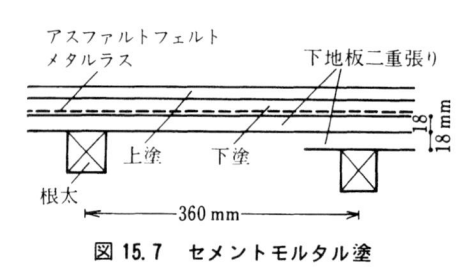

図 15.7　セメントモルタル塗

また床の亀裂を目立たないようにするために, 床面に 1800 mm 角ぐらいごとに目地切りを行う。床は使用に応じて床勾配・排水をとって水洗いができるようにする場合もある。

B. 人造石塗仕上

下地はモルタル塗に準じ, 図 15.8 (a) のように厚さ約 18 mm のモルタル下塗の上に, セメントまたは白セメントに顔料・たね石を調合した人造石 (粉石) モルタルを厚さ約 8 mm ぐらい塗る。仕上の表面を洗出す場合を**人造石洗出し**[15.8] といい, とぎ出す場合を**人造石とぎ出し**[15.9] という。

目地を設ける場合[15.10] と金属目地棒を使用する場合とがある (図 15.8 (b))。

15.6　石張り・タイル張り仕上

A. 石張り仕上

石材は, 耐水性・耐摩耗性・耐久性・不燃性に優れ, 衝撃に強く自然の美しさがある。花こう岩・大理石・安山岩・蛇紋岩・鉄平岩等が一般によく使用される。

目地幅は硬石で 3～6 mm, その他は 9 mm ぐらいとし, 大理石の場合は**眠り目地**とすることが

15.6 石張り・タイル張り仕上

ある。鉄平石は石肌と目地との美しさを強調するために，**方形（ほうぎょう）張り**や**乱形張り**（図15.9）とし，また図15.10に示すような，**こば立て張り**とすることもある。コンクリート下地の上にモルタルを50mmぐらい塗って，石を張付ける。コンクリートブロック・れんが等を張って仕上げる場合も同様であり，それらの例を図15.11に示す。

B．**陶性タイル張り仕上**

タイルは耐水性・耐摩耗性・耐薬品性に優れ，かつ色調が比較的自由に得られる。また，清掃・保守が容易なため衛生的でもある。したがって，水を使用する部屋・手術室・階段・屋上・公共通路等に広く使用される。

タイルの厚さは**モザイクタイル**の5mmから**クリンカータイル**の25mmにおよぶため，仕上げ寸法に注意して下地を作らなければならない。木造床の場合は，**図15.12 (a)** のようにモルタル塗仕上に準じて，下地の床板に防水紙，メタルラスの順に張ってラスずりをして下地を作る。コンクリート

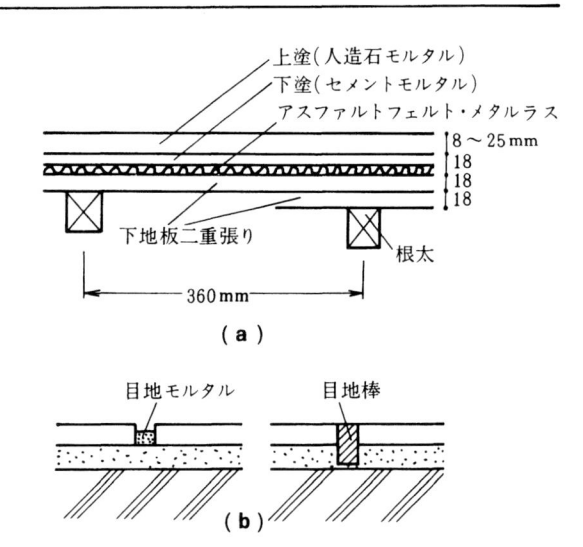

図15.8 人造石塗仕上

図15.9 方形張りと乱形張り

図15.10 こば立て張り

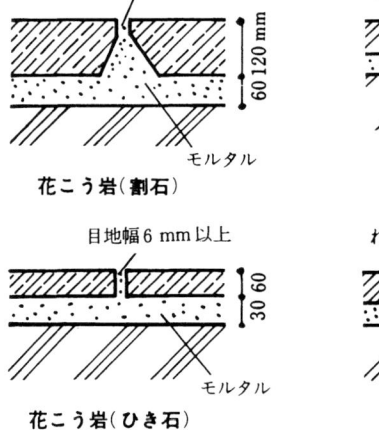

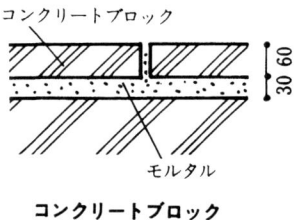

図15.11 石張り

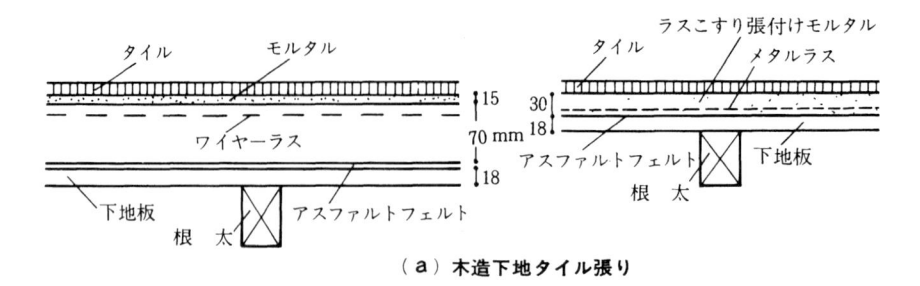

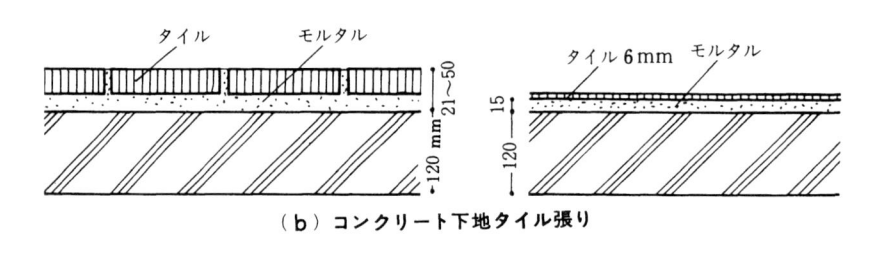

図 15.12　陶性タイル張り

床の場合は，同図(b)のようにモルタルを塗ってコンクリート面をならし，その上に約 15 mm ぐらいの張付けモルタルを塗ってタイルを張る。

15.7 特　殊　床

A. 耐 X 線 床

レントゲン室は床・壁・天井・出入口・窓等のすべてをX線から防護しなければならない。床の場合は，コンクリートスラブの上にならしモルタル塗をして鉛板を張り，ブロック等でその上を押え，そのブロックの表面に仕上をする。仕上には，電気絶縁性のあるリノリウム・アスファルトタイル等がよく使用される。

B. 電 導 床

手術室では，摩酔にエーテル・サイクロ・プロペイン・エチレン等爆発性のものを使用するため，人・衣類・器具に蓄電していた静電圧によるスパーク，または電気メス等電源からの電気ショック等によって，爆発事故が発生する危険がある。ゆえに電導床には，電導性のタイルを張るもの，抵抗値の小さい混和剤を入れて表面を仕上げるもの，表面仕上げ剤の下に電導層を設けて仕上げ材と導体で接続するものの3種類が使用される。その例を図 15.13 に示す。

15.7 特殊床

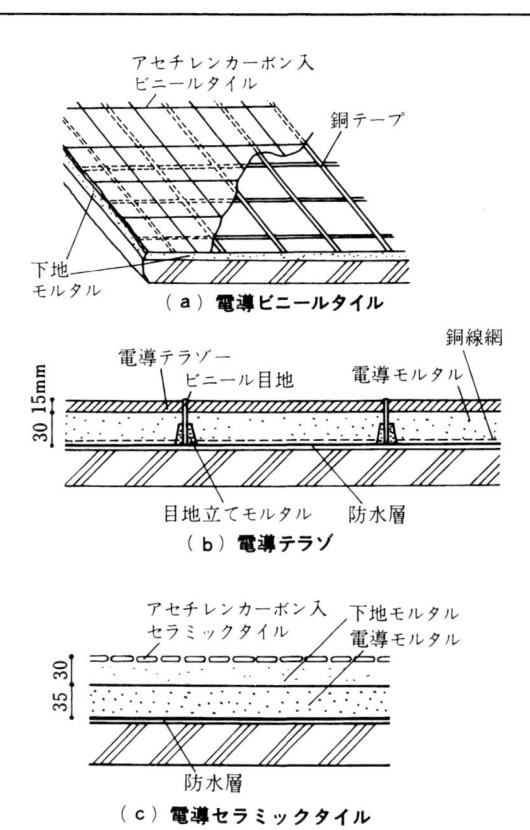

(a) 電導ビニールタイル
アセチレンカーボン入ビニールタイル
銅テープ
下地モルタル

(b) 電導テラゾ
電導テラゾ
ビニール目地
電導モルタル
銅線網
目地立てモルタル
防水層
30 15mm

(c) 電導セラミックタイル
アセチレンカーボン入セラミックタイル
下地モルタル
電導モルタル
防水層
35 30

図 15.13 電導床

第16章

開口部・建具

16.1 建具とは

建物内部空間を，外壁および屋根によって外界と遮断し，さらに，内部空間を内壁によって区画しているため，これを人間の生活空間とするには，外壁に開口部を設けて外部との接触をはかり，内壁に開口部を設けて室相互間の連絡をはからねばならない。そこで開口部には，人間および物の通行のための**出入口**，および日照・彩光・換気・透視のための**窓**を設ける。この出入口や窓に建付ける戸(扉)・障子類を**建具**という。一般に，開口部に建具わくを取り付け，これに建具を取り付けるが，木造真壁構造では建具わくがなく，柱・敷居・かもいで建具わくを構成する。また，鉄筋コンクリートの壁体に直接ガラスをはめ込んで，はめ殺し窓とする場合もある(図 16.1)。

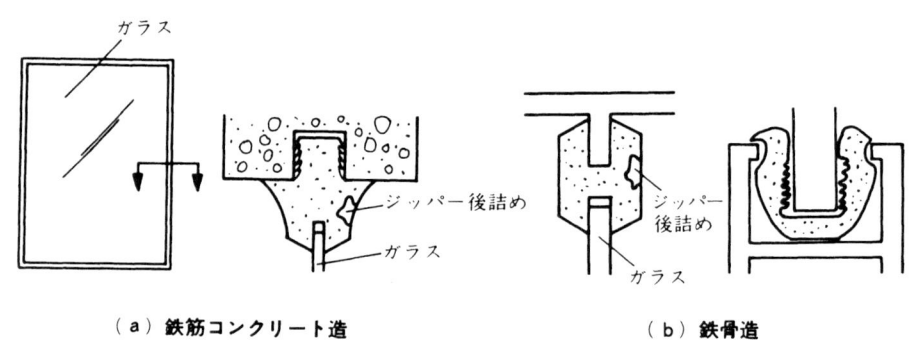

(a) 鉄筋コンクリート造　　(b) 鉄骨造

図 16.1　はめ殺し窓

建具は，その壁体と同程度の遮断性(音・熱)・耐風雨性・防火性および防盗的性能が必要であるとともに，装飾的でなければならない。建具は動くものなので，衝撃に対して堅牢であり，しかも，軽快に操作できねばならない。

A. 出入口の大きさ

たてわく間の内法(うちのり)寸法を**内法幅**といい，下わくと上わく間の内法寸法を**内法高さ**という。出入口の大きさは図 16.2 のように内法幅と内法高さで表わす。内法幅は住宅では 750 mm 以上，事務所では 900 mm 以上とし，工場・倉庫等は必要に応じて大きさを定める。内法高さは一般に 1800 mm 以上必要である。

B. 窓・出入口の採光および換気

居室の採光・換気のために，窓その他の開口部が必要である。建築基準法第 28 条では，彩光・換気に有効な部分の面積の大きさを規定している。すなわち，彩光に有効な部分の面積は，住宅にあっては居室床面積の 1/7 以上，その他の建物では 1/5～1/10 以上と，建物の用途に応じて規定してい

16.1 建具とは

る。また，換気に有効な部分の面積は，居室の床面積に対して1/20以上と規定している。

なお，採光について，施行令第20条では，天窓はその有効面積の3倍の面積があるものとみなされている。

C. 建具の開閉方式

建具の開閉は，平行移動および回転の基本方式と，これらを組合せた方式があり，名称および使用個所等は，表16.1のものがある。これを図16.3に示す。

(1) 引き　開口部を大きくとることができ，とくに一本引き・引込みは内法面積全部を開放できる。もっとも簡単で，開閉のと

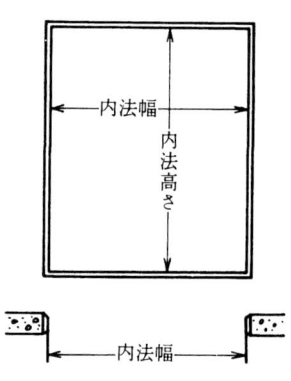

図 16.2　出入口の大きさ

表 16.1

開閉方式		建具名称	使用個所
平行移動	引き	一本引戸・引違い戸・引込み戸・引分け戸・バイパス戸	出入口・窓
	ハンガー	ハンガー戸	出入口
	上げ下げ	上げ下げ戸	窓
回転	開き	片開き(内開き・外開き)戸・両開き戸・自由開き戸	出入口・窓
	回転	縦回転・横回転・回転ドア	窓・出入口
	突出し	突出し戸	窓
	ホッパー	ホッパー戸・内倒し戸	窓
回転と平行移動	すべり出し	すべり出し戸	窓
	伸縮	折たたみ戸・アコーディオンドア・伸縮戸	出入口

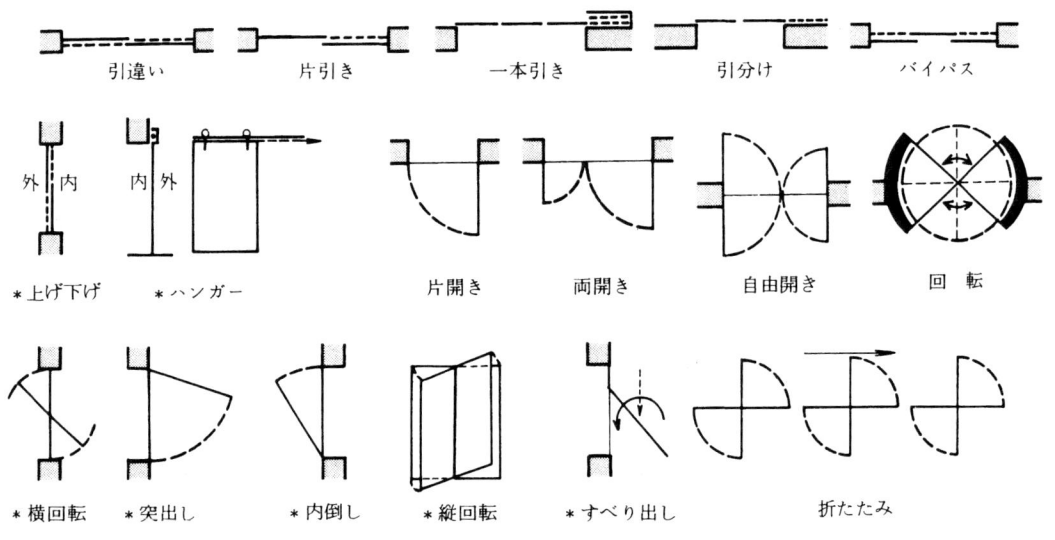

図 16.3　建具の開閉方式（＊印は縦断面を示す）

き空間を占用しないため,室内を有効に利用できる。雨仕舞はやや良いが,とくに木製では気密性が悪く風で音を発し,また,戸締りは開きに劣る。

(2) 上げ下げ　雨仕舞はもっともよく,また通気量の調節が合理的であるが,内法面積全部を開放することができない。

(3) 開　き　静かに開閉ができ,閉じた時には気密になり,内法面積全部を開放することができる。しかし空間を占用するため,室内を有効に使用できない。また,外壁では建具が風にあおられて破損しやすい。

(4) 伸　縮　開口部を大きく取ることができ,また部屋を区画して使用する場合の間仕切に使用される。

16.2　建具わく・額縁

A. 木製わく

建具わくは図16.4のように,下わく(出入口ではくつずり(沓摺)という)・上わく・たてわくで構成される。建具わくを,木造では柱・窓台・まぐさとの間にくさびを入れて水平鉛真を直して,かすがいで両面からこれらに取り付ける。鉄筋コンクリート壁体の場合は,開口部の内周辺に木れんがを施しておき,建具わくをかすがいで木れんがに取り付ける。

(1) くつずり・下わく　くつずりはすり減らないように堅木(けやき・松等)を使用する。床より高くし,扉下部の**戸当り・すべり勾配**を付ける。扉の下ばを床と同じレベルにする場合はくつずりを省略する。窓の下わくでは,図16.5のように**水返し・水勾配**をつけ雨の浸入を防ぐ。

(2) たてわく　たてわくには,上下わくと同じく戸当りじゃくり・**額縁**の小穴を設ける。

(3) 額　縁　わくと壁仕上げ材とのおさまりおよび装飾のために,額縁を設ける。額縁には壁のちりじゃくりまたは壁仕上げ材を入れる小穴を設ける。たてわくに丁番を取り付けるため,その

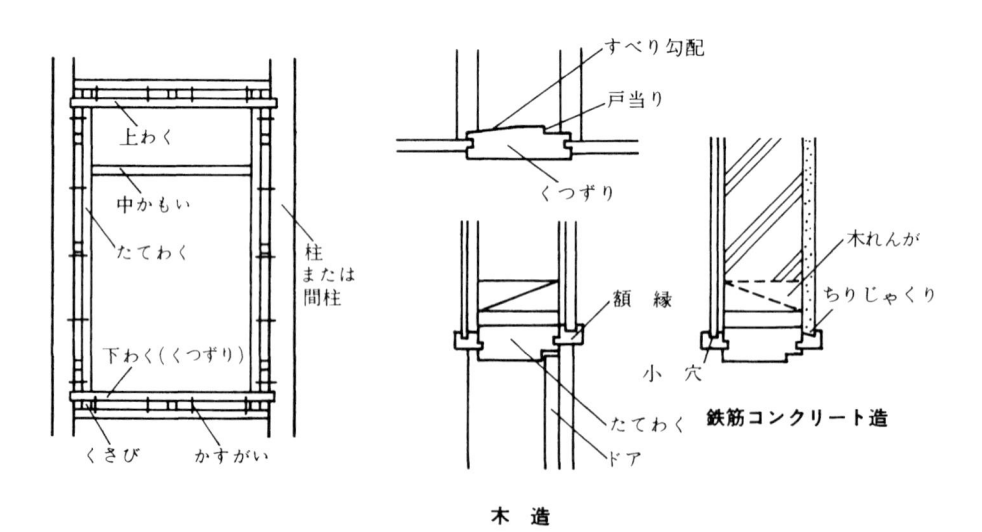

図16.4　建具わく・額縁

16.3 建具の構造

大きさに応じて額縁の内面をたてわくの内面より引込める。

B. 金属わく

(1) **材 料** 金属性材料のわくには，鋼製わく・ステンレススチールわく・アルミニウムわく等がある。鋼製わくには中空材[16.1]・引抜き材[16.2]・板金材[16.3]等があり，ステンレス製わくは，中空材が，またアルミ製わくにはアルミニウム合金塊を押出したものおよび板金材がよく使用される。その例を図16.6に示す。

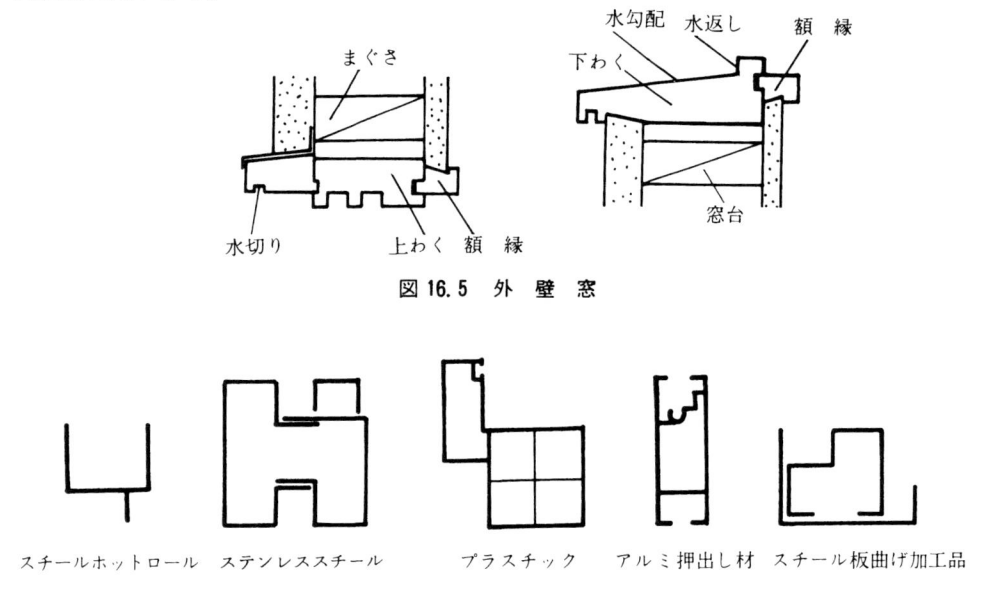

図 16.5 外 壁 窓

図 16.6 サッシ断面

(2) **取付け** 開口部が木造の場合，大壁軸組では図16.7のように，柱・窓台・まぐさの間にはめ込み，真壁軸組では，図16.8のように，柱・ぬきの間に取り付ける。鉄骨軸組では，図16.9のように，形鋼胴縁に支持金物で溶接またはボルトで取り付ける。鉄筋コンクリート壁体では図16.10のように，わくに取り付けたアンカー金物を鉄筋に溶接する後付け方法がよく使用される。

16.3 建具の構造

建具は，骨組に鏡板(かがみいた)をはめ込んだり，被覆材を張付ける構造であるが，金属・ガラス・プラスチックの単材をそのまま建具とするもの，またはシャッターのように鉄鋼や鉄板の組合せからなるもの等もある。

鏡板・被覆材には，木材・金属板・ガラス板・紙・布等広く用いられる。

A. 木 製 建 具

心去り材で十分乾燥した木材を使用して，建具の変形を防ぐとともに美観を保つ。骨組で主なものを**かまち**(框)といい，それ以外のものを**さん**または**組子**という。

(1) **板 戸** さん戸・から戸[16.4]・腰から戸[16.5]・張付け戸 (flush door[16.6])・雨戸[16.7]・鏡戸・まいら(舞良)戸[16.8]等があり，これらを図16.11に示す。

図 16.7　木造大壁　　図 16.8　木造真壁　　図 16.9　鉄骨造　　図 16.10　鉄筋コンクリート造

図 16.11　板　戸

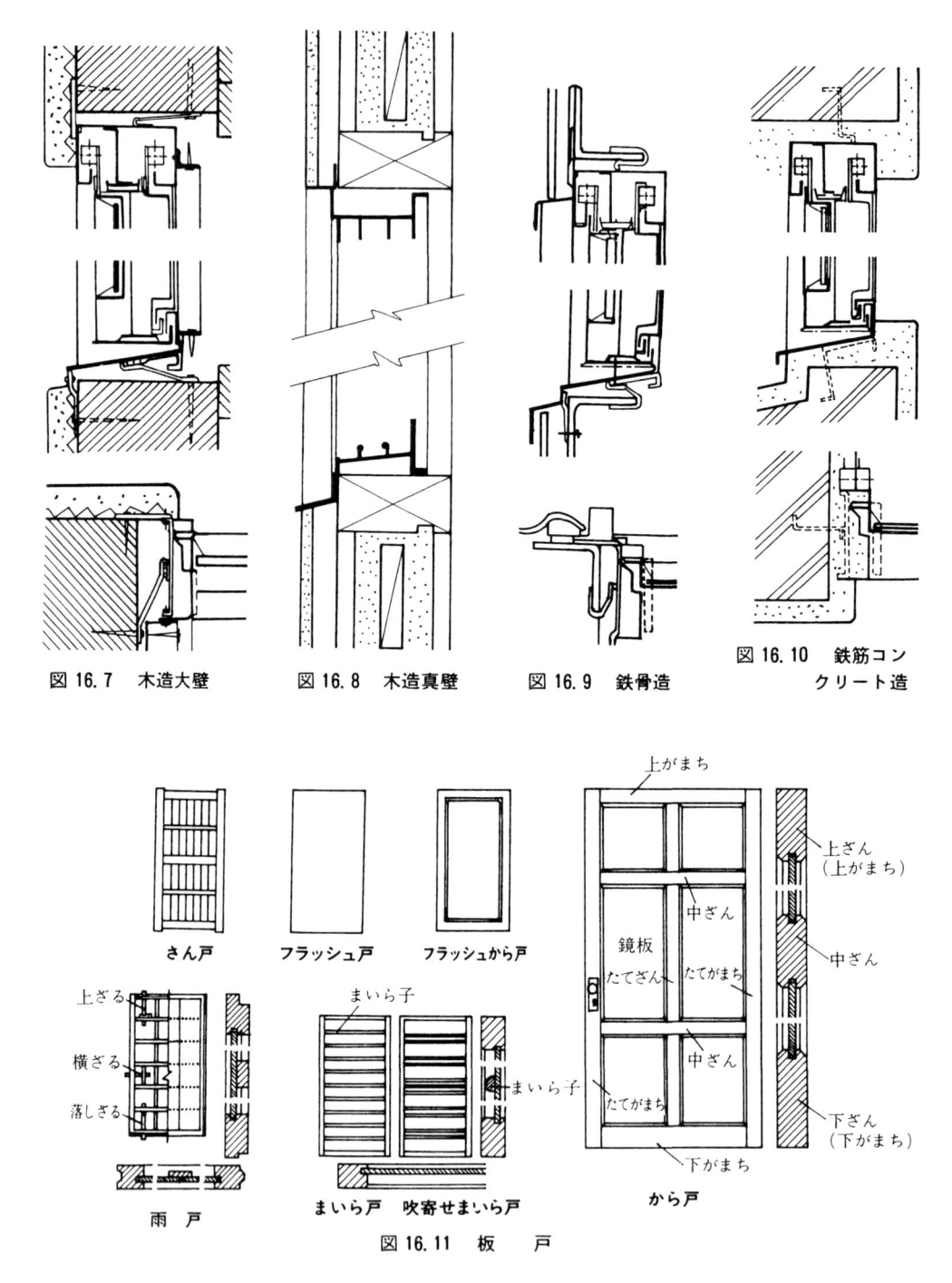

(2) 格子戸　　たて格子(格子子)をぬきで打抜いてかまちにはめ込んだ戸で，玄関・窓・間仕切等に用いられる。人の出入を防ぎ，光を通し，外を見ることができる(図16.12)。格子子を窓の敷居とかもいに打付けたものを**打付け格子**といい，ぬきをたてに打付けたものを**連子**(れんじ)という。

(3) 紙張り障子　　紙張り障子は窓・部屋境・縁の内側に用いる建具であり，遮音性に欠けるが

16.3 建具の構造

和風建築では柔い光線を入れ独特の味わいがある。**図 16.13** のように，かまち・さんの間に組子を組んでこれに紙を張る。たてがまちに**紙じゃくり**をするか，またはかまち回りに**付子**を添え，これに紙を張る。**腰障子**[16.9]・**ねこま障子**[16.10] (雪見障子)・**大間障子**[16.11]・**水腰障子**[16.12]等がある。

(4) ふすま　図 16.14 のように，**力骨**を十字またはキ字に入れ，四隅に**力板**を入れてふすま骨を組み，これにふすま紙を張り，周囲にふすま縁を取り付けたものおよび，**源氏ふすま**[16.13]・**坊主ふすま**[16.14]等がある。

B. 金属製建具

鉄筋コンクリート造・鉄骨造・その他の構造の開口部に使われ，開口部の防火性・堅牢性が得られる。主な材料として

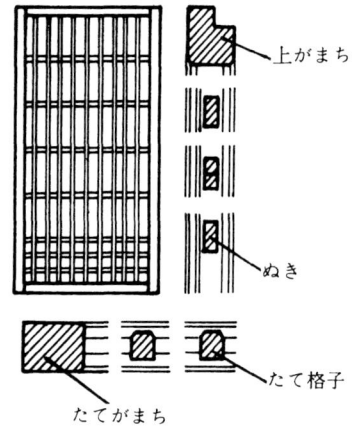

図 16.12　格子戸

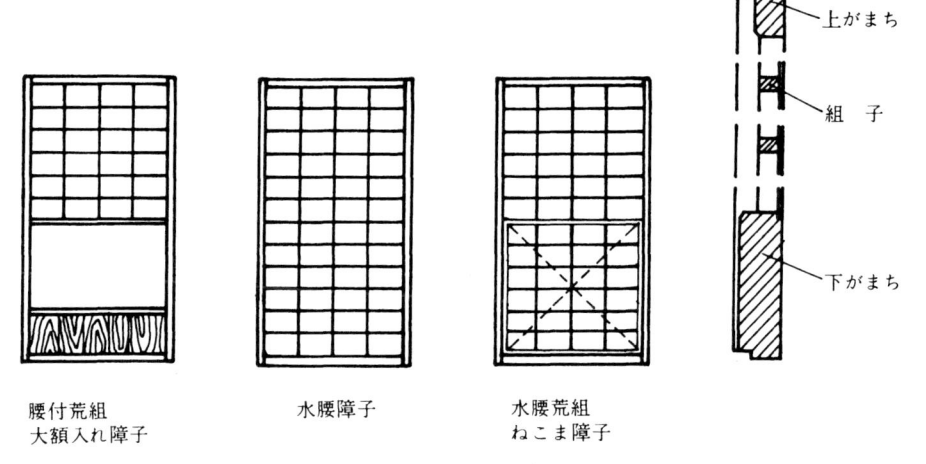

図 16.13　紙張り障子
　腰付荒組　　　　水腰障子　　　水腰荒組
　大額入れ障子　　　　　　　　　ねこま障子

は，建具わくと同じく鋼製・ステンレススチール製・アルミニウム製等がよく使われる。**アングルドア・片面フラッシュドア・フラッシュドア**等があり，図 16.15 に示す。

C. ガラス・プラスチック製建具

厚さ 12 mm ぐらいの1枚の強化ガラスに金具を取り付けたガラスドアや，また，アクリル樹脂やポリエステル樹脂製の1枚板に金具を取り付けたプラスチックドアが使用される。プラスチックドアは，加工がガラスより容易であるが，傷がつきやすい。

D. 特殊建具

(1) 伸縮戸　**折たたみ戸 (スライディングドア**[16.15])・**アコーディオンドア**[16.16]・**伸縮戸**[16.17]等があり，これらを図 16.16 に示す。

(2) 回転ドア　図 16.17 のように，前後は開放し，左右天井を密閉した円管形の入口の中央に

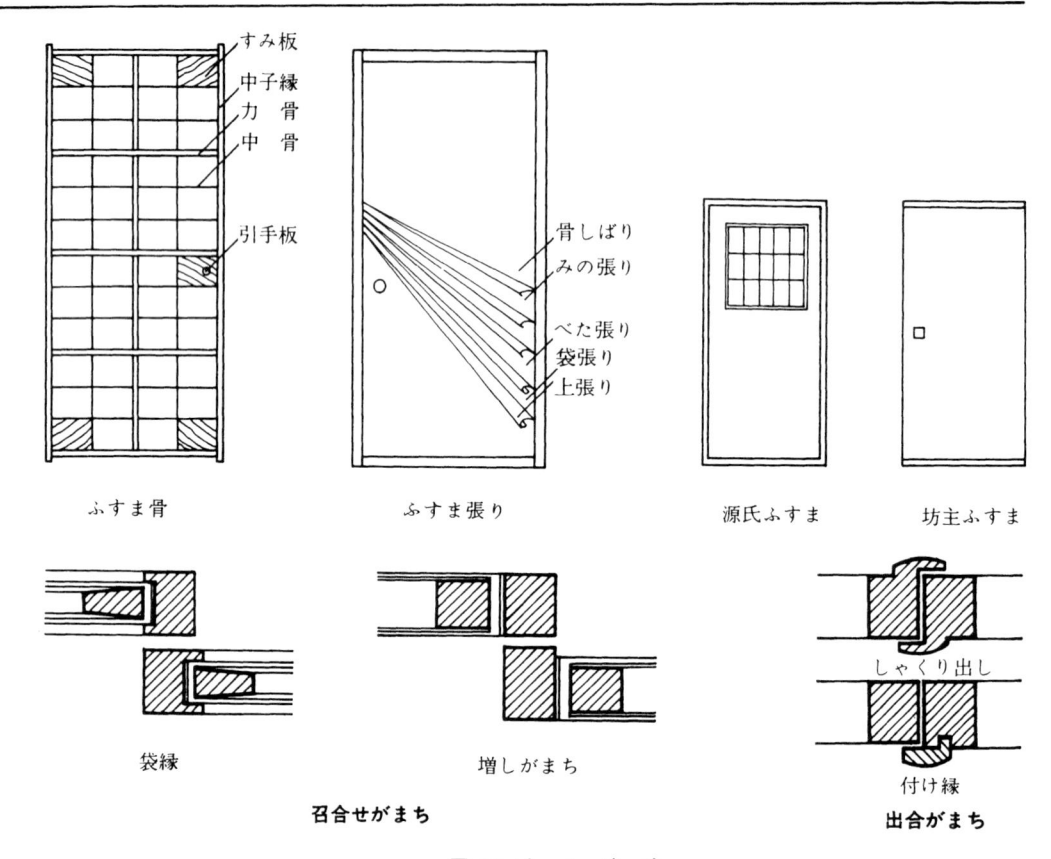

図 16.14 ふすま

軸を取り付け，これに4枚の羽を取り付けたもので，軸の回転により扉を回転させる。

(3) シャッター　**防火シャッター・簡易シャッター・ホローシャッター・リングシャッター・ネットシャッター**等がある。防火シャッターは，図16.18のように厚さ0.6～1.6 mmの鋼板を加工成形したスラットをつなぎ合せ，ガイドレールに沿って巻上げ，開口部上部のケースの中の軸に巻付けるものである。巻上げには，手動・電動式・ファイアーカーテン式等がよく使われる。

(4) 金庫扉　火災・爆弾その他のいかなる機械力に対しても安全なもので，安全性は板の厚みと鋼の性質によって異なる。特殊錠前装置等には，きわめて複雑なものを使用する (図16.19)。

(5) 土蔵扉　木造の骨組になわ巻きをし，壁体仕上の程度に準じて数回土を塗付け，漆くいで上塗をしたものであり，めし合せは，煙返しをかみ合ように作り出す。

(6) 自動ドア　ドア前のマットを踏むことにより自動的に通電し開閉するもの，またはドアの前後に投受光器を設けて光電管式で開閉するものとがあり，これには引戸形式とドア形式がある。

E. 窓建具

窓は日照・採光・通気・眺望の目的で建具を開閉するが，それと同時に風雨や外気を防ぐための強度および気密性が必要である。開閉方式からは，**引違い窓・上げ下げ窓・開き窓・回転窓・すべり出し窓・突出し窓**および**はめ殺し窓**等があり，それぞれ木製・金属製材料で作られる。これら

16.4 建具金物

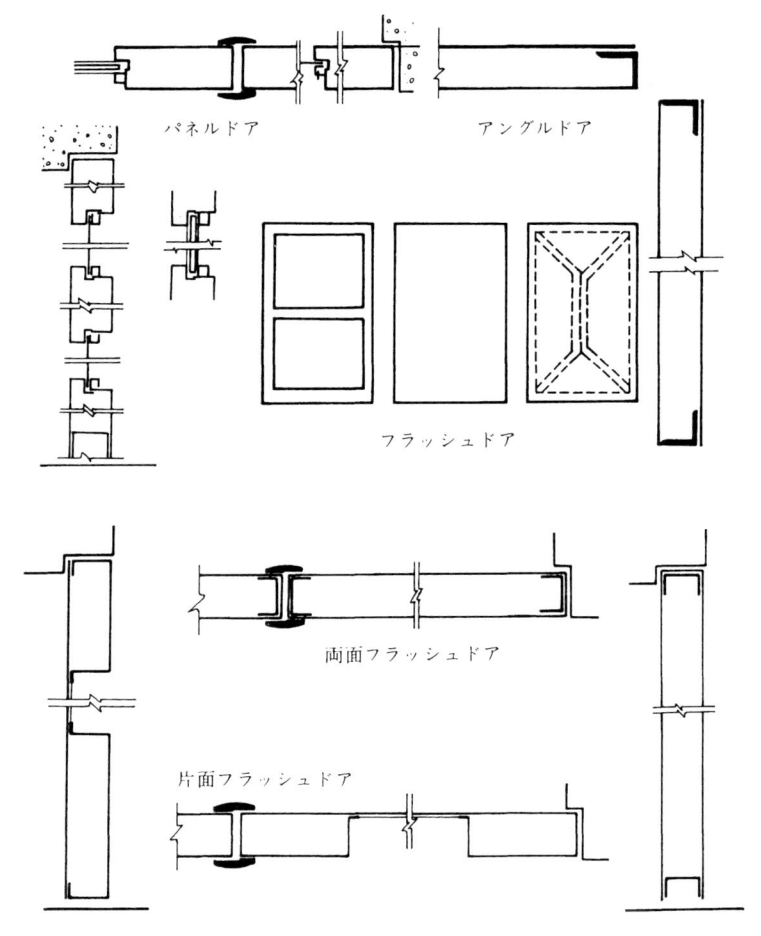

図 16.15 金属製ドア

を表 16.1 および図 16.3 に示した。また主なものの構造を図 16.20 に示す。

16.4 建具金物

建具金物は，建具の支持・開閉(開閉調整・取手類)・戸締りの3つの装置に分類できる。材質は，鉄・黄銅(真ちゅう)・青銅(ブロンズ・砲金)・ステンレススチール・アルミニウム等であり，打ち物と鋳物とがある。

A. 開き戸支持金物

建具の開閉軸となり，建具を支える役目をするものを開き戸支持金物という。

(1) 丁番

　a．角丁番　図 16.21 のように，丁番の寸法は高さ×丁番を広げた幅で表わす。管の部分をナックル(knuckle)，貫通す軸をピンという。羽の脚は一方が3個，他方が2個のものを**5管丁番**という。他に，**3管丁番・2管丁番**等もある。**普通丁番・ローズピンヒンジ**(loose pin hinge)・**ボールベアリングヒンジ**(ball bearing hinge)・**フリクションヒンジ**(friction hinge)・**フランス**

第16章 開口部・建具

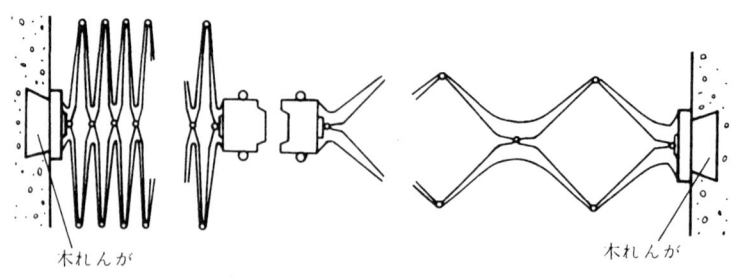

木れんが　木れんが

（a）アコーディオンドア

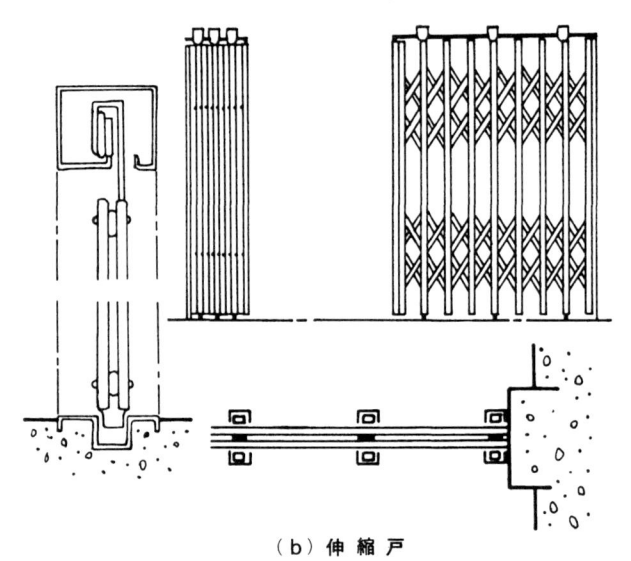

（b）伸縮戸

図 16.16　伸 縮 戸

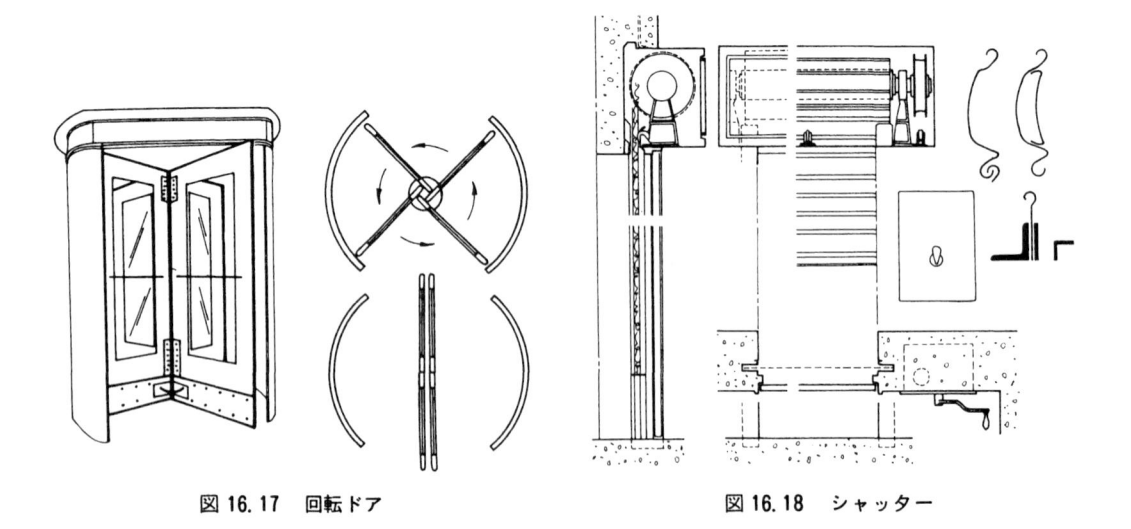

図 16.17　回転ドア　　　　　　　図 16.18　シャッター

16.4 建具金物

丁番・旗丁番・病院丁番・昇降丁番等がある。

b. 自由丁番・ばね丁番　図16.22のように，**片自由開き丁番**と**両自由開き丁番**とがある。ナックルの中にスプリングを入れ，扉が開くとスプリングが巻かれ，この戻る力で扉が自動的に閉じる仕組になっている。スプリングが外から見えるものを**ばね丁番**という。

(2) 軸つり丁番

　a. ピボットヒンジ (pivot hinge)　図16.23のように，扉の上下で軸(ピボットヒンジ)によって支える機構のものであり，建具の面から軸が持出される持出し型と，中心つり型とがある。

　b. フロアヒンジ (floor hinge)　図16.23

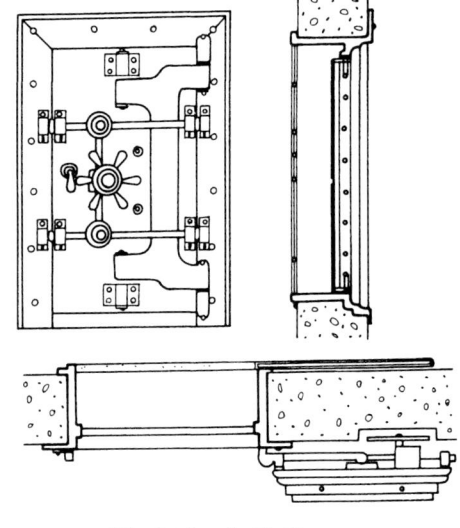

図 16.19　金庫扉

のように，扉の下すみの床に機体の主体を埋込み，これと上部に取り付けたピボットヒンジとでドアを軸つりする。フロアヒンジの内部にあるスプリングの復元力によって，ドアを閉じる。

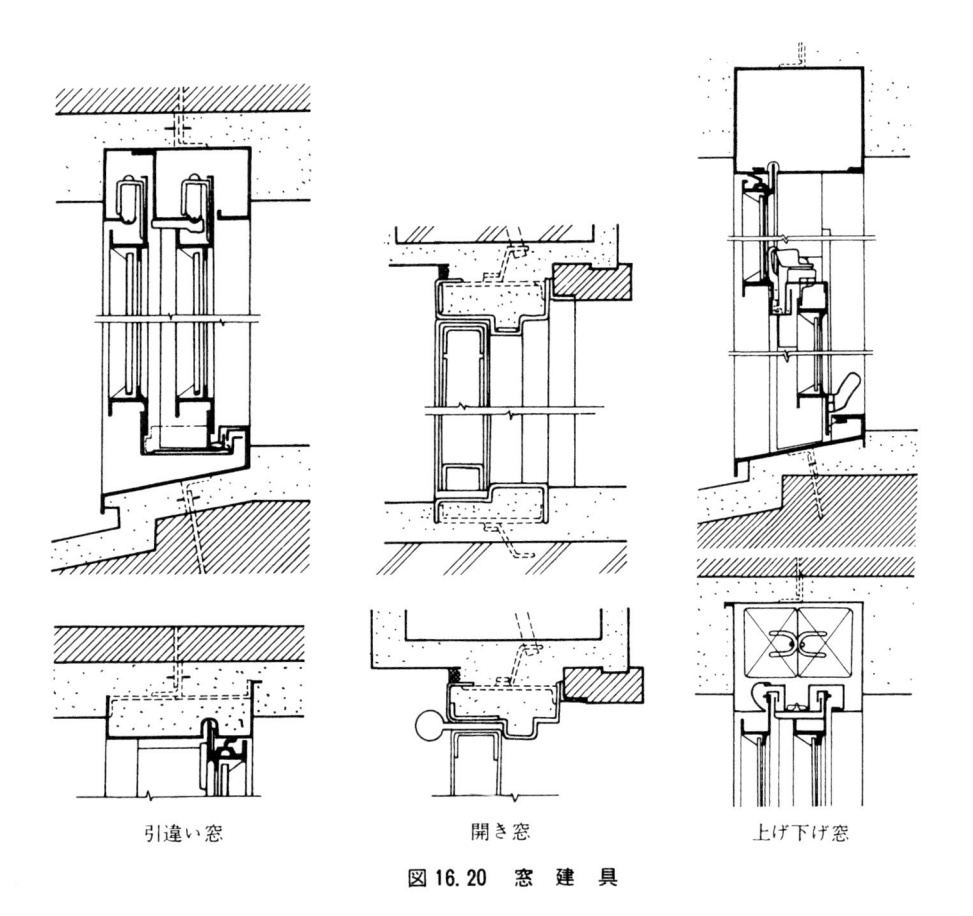

引違い窓　　　　開き窓　　　　上げ下げ窓

図 16.20　窓建具

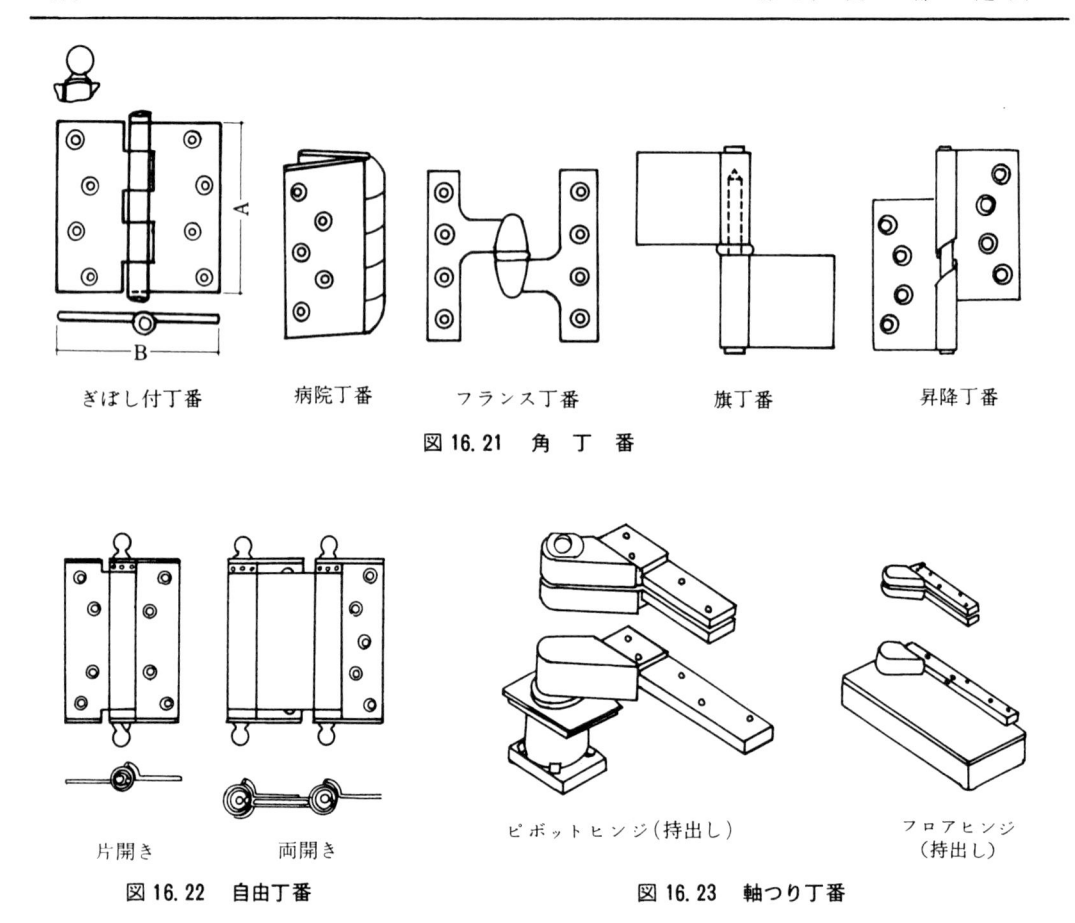

ぎぼし付丁番　　病院丁番　　フランス丁番　　旗丁番　　昇降丁番

図 16.21　角 丁 番

片開き　　両開き

図 16.22　自由丁番

ピボットヒンジ（持出し）　　フロアヒンジ（持出し）

図 16.23　軸つり丁番

B. 引戸・つり建具支持金物

(1) レール　　引戸に用いるレールには，**甲丸レール・角レール・平レール・そろばんレール**等があり，これらを図 16.24 に示す。

(2) 戸　車　　引戸に用いる戸車には，**みぞ付き車**(レール用)・**平車**(平レール用)・**ずり車**およびそろばんレール等がある。底車には，ゴム・堅木・ベークライト等，ずり車には陶器・ガラス・堅木等を使用する。

(3) つり車(ドア・ハンガー)　　折たたみ戸・つり戸等をつるために設ける滑車付きハンガーであり，滑車の通るレールを**トラックレール**という。

(4) オペレーター　　工場等で多数の建具を同時に開閉するために，オペレーターを使用する。オペレーターの機構には**トーションオペレーター**(torsion operator)と**テンションオペレーター**(tension operator)がある。

C. 開閉調整金物

(1) ドアチェック　　扉の上部に本体機構を取り付け，図 16.25 のように，扉を開けるとスプリングが圧縮またはねじられて力を貯え，この力により自動的に扉が閉められる。

(2) 戸当り　　床に取り付けるものと壁に取り付けるものとがあり，掛金式や自動式のあおり止

めを併用するものが多い。これらを図 16.25 に示す。

(3) あおり止め　開いた窓障子を適当な位置に留めて，風にあおられないようにするものであり，図 16.25 に示す。

D. 取手金物

開き戸・開き窓に用いられるものには，**握り玉・レバーハンドル・取手・つまみ (撮み)・なつめ・押え板**等がある。引違い戸・引違い窓には**引手・手掛け**が用いられ，引手には掘込み型と手掛け型とがある。これらを図 16.26 に示す。

E. 戸締り金物

(1) 錠前　錠前とは，戸締りが目的の錠を鍵により戸締りする機構をひとまとめにしたものをいう。

(2) 錠　開閉装置から分類すると，**箱錠**[16.18]・**モノロック**[16.19]・**文字合せ錠・時計錠・電気利用錠**等がある。その他**ナイトラッチ**[16.20] (night latch)・**バニロック**[16.21]・**上げ落し**[16.22]・**クレセント・キャッチ**[16.23]・**開き窓ハンドル・かま錠・差込み錠**等がある。これらを図 16.27 に示す。

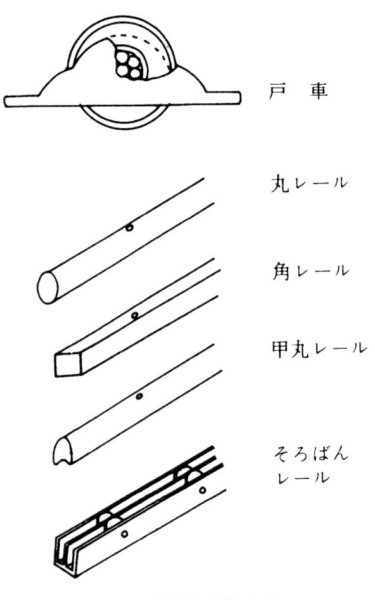

図 16.24　引戸支持金物

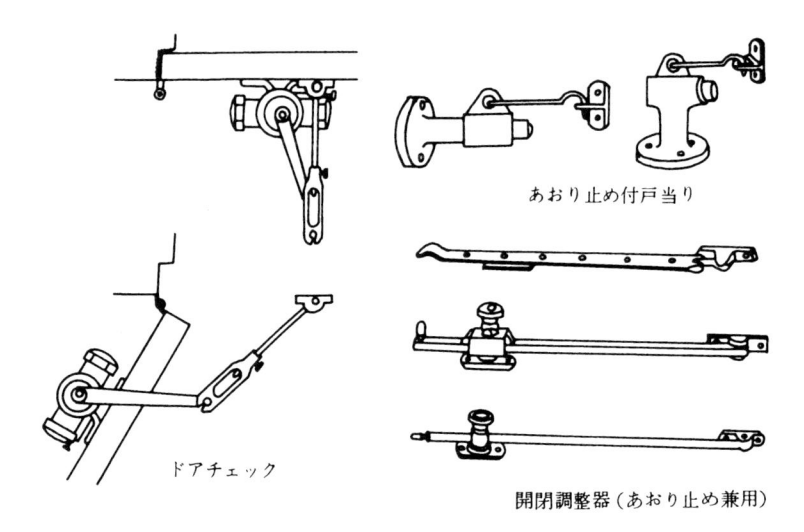

図 16.25　開閉調整金物

16.5　ガラスのはめ込み

A. 建築用ガラス

中世紀頃からガラス工業が盛んになり，建築にもガラスを使用するようになった。わが国では，明治以後洋風建築が盛んになった頃から建築に用いられるようになった。

ガラスの比重は 2.2～6.3（普通板ガラスは 2.5 ぐらい）で，線膨張係数は，普通板ガラスでは $20°$～$400°C$ で $8～11×10^{-6}$ である。強度は圧縮強度が 500～1,200 N/mm²，引張り強度は 30～80

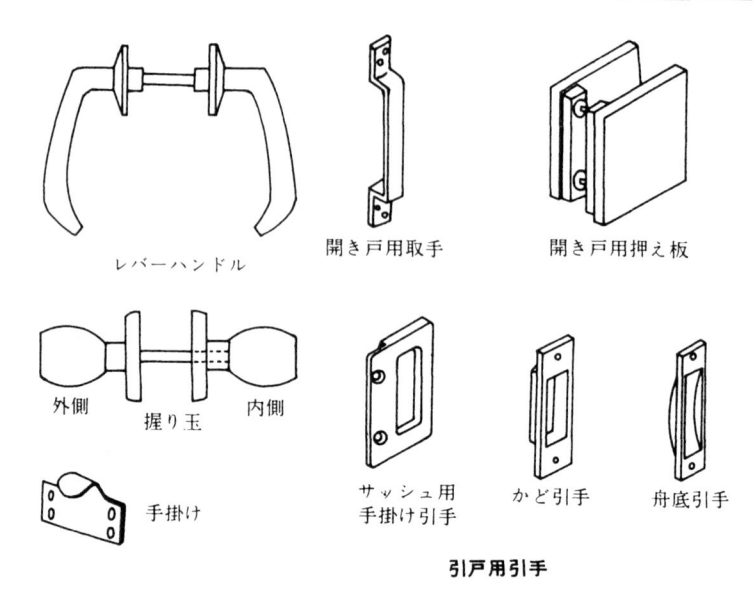

レバーハンドル　開き戸用取手　開き戸用押え板

外側　握り玉　内側

手掛け　サッシュ用手掛け引手　かど引手　舟底引手

引戸用引手

図 16.26　取手金物

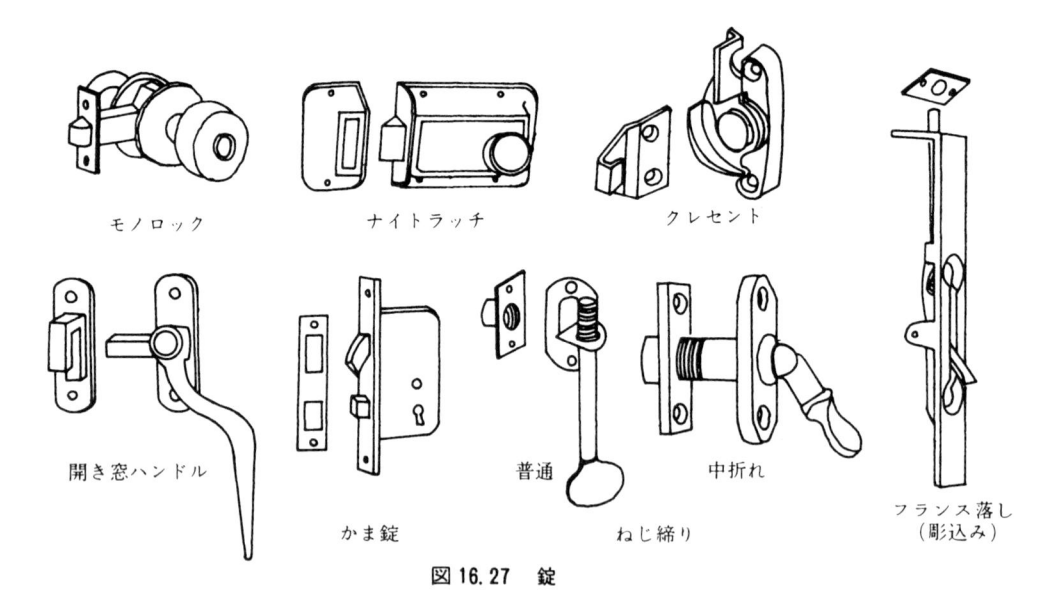

モノロック　ナイトラッチ　クレセント

開き窓ハンドル　かま錠　普通　中折れ　ねじ締り　フランス落し（彫込み）

図 16.27　錠

N/mm²（普通板ガラスは50 N/mm²），曲げ強度は25～100 N/mm²（普通板ガラスは40～70 N/mm²）である。ヤング係数は$(5～8) \times 10^4$ N/mm²（普通板ガラスは7×10^4 N/mm²）で，ポアソン比は0.18～0.28である。

建築に使用される**ガラス**[16.24)]には，普通板ガラス・磨き板ガラス・フロートガラス・型板ガラス・網入ガラス・安全ガラス(合せ板ガラス・強化ガラス)・複層ガラス・熱線吸収ガラス・熱線反射ガラス・紫外線透化ガラス・鉛ガラス・耐熱ガラス・プリズムガラス・ステンドガラス・ガラスブロ

16.5 ガラスのはめ込み

ック等がある。

B. ガラスのはめ込み

ガラスは堅牢で，風雨の浸入を完全に防げるようにはめ込まなければならない。一般には**パテ止め・押縁止め・ガスケット止め**等がある。また大型ガラスをサッシュにはめ込むと，ガラスの自重によりたわんだり，破損したり光学的性能が低下したりするため，これを防ぐ目的でガラスをつり下げる方法も採用される。

(1) **パテ止め**　木製建具では，**組子のガラスじゃくりに敷パテ**をしてガラスを押付け，三角形の止鋲をガラス周辺の木部に打ってガラスを止め，その上に**押パテ**をする。

サッシュでは木製建具と同様であるが，止鋲のかわりにスプリングワイヤーをはめ込んで，ガラスを押えて**図 16.28**のように押パテをする。

(2) **押縁止め**　木製建具では，組子の**ガラスじゃくり**にガラスをはめ込み，**押縁**をあてて組子に木ねじ止めとする。金属サッシでは，**図 16.28** のように押縁をビス止めしてガラスを押さえる。また，アルミニウム押出し成形材の板の弾力を利用して，ガラスを押える方法もある。シール材にはガラスパテ・コーティング材を使用する。

(3) **ガスケット止め**　ひも状に成形された塩化ビニール樹脂・合成ゴム（クロロプレイン・ブチルゴム）等を使用して，**図 16.28**のようにガラスをはめ込む。

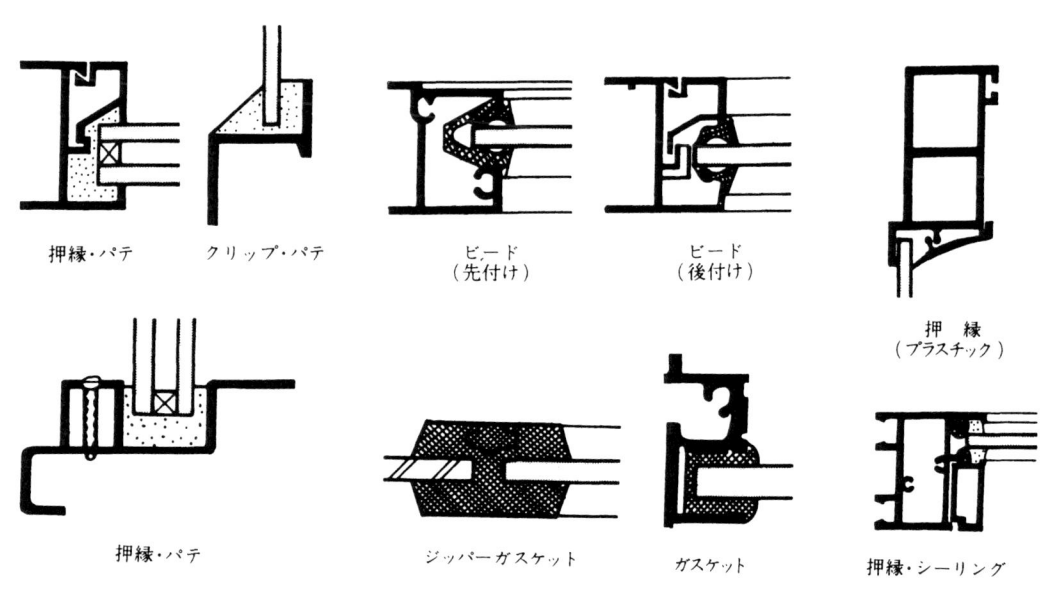

図 16.28　ガラスのはめ方

建築用語の説明

[1 章]

1.1)	くい載荷試験	試験打ちしたくいに，まず，予想最大試験荷重の1/10ぐらいの荷重をかけて試験装置を点検する。次に，予想荷重の1/10ずつ段階的に加え，各段階ごとに沈下量を測定し，荷重沈下曲線を作り，それにより，許容耐力を判定する。
1.2)	くい打ち試験	地中にくいを打込み，その貫入量を測定して，くいに加える打撃エネルギーと貫入量との関係からくいの耐力を求める公式を作り，公式によって短期支持耐力を推定する。
1.3)	オーガーボーリング	ドリル状のオーガーをねじりながら地中に差込み，それを引抜いて下層の土質資料をとり，地表面に近い所の地盤調査をする。
1.4)	ウォッシュボーリング	先端にチョッピングビット（刃先金物）のついたロッドを，先に打込んだ外管内に差込み，先端から水を吹込んで土をゆるめながら掘り進む。土の切りくずは水で地上へ押上げられて，地上の沈殿槽にたまる。これを土質資料とする。
1.5)	パーカッションボーリング	地中に打込んだ外管内にロッドを入れ，クランクの回転（35～65回/分）によりこれを上下させて，先端のチャーニングビットで地盤に衝撃を加えて掘り進む。
1.6)	スプリットスプンサンプラー	ロッドの先端に取り付けてボーリング孔底の土質資料を採取するためのもので，外径約51 mmで厚肉のもの。
1.7)	たてやりかた（図10.12）	コンクリートブロック積み工事等，たて（高さ）方向の寸法の基準を定めるためのやりかた。
1.8)	突固め	表土を突固め用の機械などで打固める方法で，突固めの上に直接基礎を設けることがある。
1.9)	砂地業	地盤が軟弱な場合に行う地業で，根切り底に砂を入れて水締めし，密実な層を作る。砂が逃げるのを防がなければ，耐力が期待できない。
1.10)	砂利地業	締まった地盤の場合，砂利を敷き，突固める地業で，簡易なころばし床の土台等の基礎にも利用される。
1.11)	ローソク地業	地盤が盛り土の場合等のとき，下部の堅い地盤と地業，および基礎との間に石（ローソク石）を立てて連ねる。ローソク石の周囲に割ぐりを入れて，降雨・地震の際に狂うのを防ぐ。
1.12)	いかだ地業	深い泥土層の場合に用いる工法で，木材または鋼材を縦横に面状に組み，これに基礎を設けて，建築物の底面積を広げることにより建物を支持する工法。
1.13)	砂ぐい工法	適当な間隔にくい穴をあけ，その穴に砂を入れて振動を与えて周囲の砂を

1.14)	バイブロフローテーション工法	軟弱な砂地盤を締固める地業であり，砂地盤中に水を吹出し振動を加え，振動によって振動機との間に生じた空げきに，砂・砂利等の充てん材を入れて締固める工法。
1.15)	セメント注入法	軟弱な砂層の場合に，そこへセメントペーストを注入して堅固なモルタル層を作り，かつ砂の流出を防ぎながら地盤を強化する。
1.16)	特殊地業	硬質地盤が非常に深い場合，建物の基礎をその地盤まで下げて設けるための工法である。その地盤まで井戸側を設けてその内部を掘り下げて，その内部に柱下コンクリートを打つ井筒工法，その他オープンケーソン・潜かん工法（図1.15）・ニューマティックケーソン工法（図1.14）などがある。

[3章]

3.1)	そぎ継ぎ	斜めに切った2材を重ねて継ぐもので，根太・たる木の継手に用いる。継手の長さは，せいの1.5～2.0倍。
3.2)	金輪継ぎ（図3.6）	おっかけ大せん継ぎの側面の胴突きに目違いがあるもの。柱の根継ぎ・土台・けた等の継手に用いられる。継手の長さは，せいの3.0～3.5倍。
3.3)	しりばさみ継ぎ	金輪継ぎにある両側面の目違いを内に入れたもので，外観がさらに美しい。
3.4)	いすか継ぎ（図3.6）	さお縁天井のさお縁の継手のように連続性のある美しい化粧材の継手で，見え掛りの継ぎ目には，斜めまたは平行の線が入る。曲げ・ねじりにも抵抗する。継手の長さは，せいの2.0～2.5倍。
3.5)	さお継ぎ（図3.6）	かま継ぎのように，男木を他の女木材に差込んで2枚のしゃちせんで締固める。丸げた・胴差し等の継手に用いられる。
3.6)	付表3.1参照	

付表3.1 木材の仕口

母材の組み方による名称	仕口の形状による名称		簡単な説明および使用個所例
組立仕口	ほぞ	平ほぞ ｛長ほぞ／短ほぞ｝	幅に比べて厚さの薄い平たい形のほぞ。柱の上下部。
		小根ほぞ	ほぞを2段にしたもの。土台のすみ部，すみ柱の上部。
		重ねほぞ	大小2個のほぞが重なったもの。柱の上部。
		扇ほぞ	断面が台形のほぞ。すみ柱の下部。
		輪なぎほぞ	平行な3個の突起からなるほぞ。真づかとむな木の仕口。
		しゃくしほぞ	斜めに取り付いたほぞ。けた鼻と破風板の仕口。
		ありほぞ	先端が鳩尾形のほぞ。
		二枚ほぞ	平ほぞが2枚平行しているもの。胴差しと柱の仕口。
		目違いほぞ	目違い継ぎの突出部で，単に目違いともいう。
		雇ほぞ	敷居の仕口で柱面に雇いほぞを取り付け，敷居にほぞ穴を設ける。
		さおほぞ	さお継ぎの突出部。
		地獄ほぞ	ほぞに割くさびを仕込んでほぞ穴に打込むと，ほぞが開いて抜けなくなる。

建 築 用 語 の 説 明

	胴 突 き		木口を他材の横面に突付けること。またほぞの根本回りの平面部。
	大入れ	大 入 れ	1つの母材の端部のすべてを，他の母材の横面に差込む仕口。
		傾ぎ大入れ	1つの母材の端部の一面のみを，他の母材の横面に差込む仕口。
	目 違 い 入 れ		1つの母材の突出部分（目違い）を他の母材の横面に入れる仕口。
	あ り 掛 け		1つの母材の端を鳩尾形にして，他の母材の上からはめ込む仕口。
渡 し 掛 仕 口	渡 り あ ご		両方の母材を欠き込むが，1つの母材のみ他の母材の幅より小さく欠き込む仕口。大引きと根太，合掌ともや，敷げたと小屋ばりとの仕口。
	相 欠 き		両方の母材を，互いの母材の幅ずつ欠き込む仕口。
	置 渡 し		2つの母材を単に重ねるだけの仕口。
	留 め		2つの母材を角で組むとき，継ぎ目が出すみ部にあらわれる仕口。
長 継 仕 口	いすか継ぎ，そぎ継ぎ，十字目継ぎ，目違い継ぎ		単に差込む継手の接合部を，長継仕口ともいう。

3.7) ボルト　　　　　黒皮ボルトを使用し，コールタール焼付け。
3.8) かすがい　　　　仕口で両部材の開くのを止めるもので，円形断面と矩形断面がある。
3.9) 付表3.2参照

付表 3.2　軸組部材の継手・仕口

名　称	樹　種	継　手	仕　口
土 台	けやき・ひのき・くり・べいつが・ひば	柱直下をさけて設け，腰掛あり継ぎ・おっかけ大せん継ぎ・金輪継ぎ等	柱とは短ほぞ差し・長ほぞ差し込せん打ち・扇ほぞ差し（すみ柱との仕口）。土台ばりはえり輪小根ほぞ差し割りさび打ち・3枚組・あり掛け・すみ留めほぞ差し割りさび打ち等。
柱	杉・ひのき・べいつが	根継ぎは金輪継ぎ	上下とも，長ほぞ差し込せん打ち・短ほぞ差し金物締め。すみ柱下部は扇ほぞとし，上部は小根ほぞ・重ねほぞとしてすみ木まで抜き通す。
胴差し	松・べいまつ・べいつが	柱心より150 mm持出しておっかけ大せん継ぎ，径13 mmボルト2本で締付ける	通し柱とは傾ぎ大入れ短ほぞ差し，両面短ざく鉄物にて補強。すみ柱とは，箱金物または羽子板ボルト締め。
けた	松・べいまつ・べいつが	腰掛あり継ぎ・腰掛かま継ぎ・おっかけ大せん継ぎ等	和風構造では，切妻の場合はけたを伸ばし妻ばりを腰掛ありで掛ける。寄せむね・入もやの場合は，柱のほぞを重ねほぞとしすみ木まで抜き通す。

3.10) 付表3.3参照

付表 3.3　和風小屋組および屋根下地材の継手・仕口

部材名	材　料	継　手	仕　口
小屋ばり	松　丸　太　松丸太たいこ落し	敷ばりまたは柱の上で台持継ぎ，径13 mmボルト2本締め	京呂組みでは軒げたに腰掛あり・かぶとあり・折置組みでは柱の平ほぞ差し。
小屋づか	杉100〜120 mm角		もや・むな木とは長ほぞ差しかすがい打ち。小屋ばりとは寄せありまたはほぞ差しかすがい打ち。
も　や	杉100〜120 mm角	小屋づか心より約150 mm持出し，腰掛あり・腰掛かま継ぎ等，継手乱	
たる木	杉40〜50 mm角	もやの上で継手乱にそぎ継ぎ	むな木にたる木彫り・拝み突付け大くぎ打ち。軒げた・もやには乗せ掛け，すみ木・谷木には，たる木彫りに差込むかまたは添え木に載せる。

裏　　板	杉，厚7〜9 mm，耐水合板	化粧のとき1m（見え隠れのとき2m）ぐらいごとに乱で，たる木心で突付け継ぎ，そばは相じゃくり・すべり刃継ぎ（そぎ継ぎ）	

3.11) たる木型　　　　　　　もやおよびけたの端部を一部隠すために設ける。たる木の幅と同じでせいを大きくした部材であり，樹種はたる木と同材で破風板に準ずるもの。

3.12) み の 甲　　　　　　　そば軒の出の部分を傾斜させて，破風板やたる木で納めるもの。

3.13) すぐ破風（図3.24）　　たる木の幅を広くしたようなもの。まっすぐで，拝みと木じりが同じ幅。

3.14) 照り破風（図3.24）　　上に凹にそった形のもので，曲線の美しさと重量感がある。神社・宮殿・
　　　（そり破風）　　　　　住宅玄関等に用いられる。

3.15) むくり破風（図3.24）　上に凸にそった形のもので，柔軟な美しさがある。

3.16) 流れ破風（図3.24）　　照り破風のうち一方が他方より長いもの。神社等に用いられる。

3.17) 付表3.4参照

付表3.4　床ばりの継手・仕口

名　称	継　手	仕　　　　　口
大 ば り	受材心で台持継ぎ，径13mmボルト2本締め	通し柱とは，傾き大入れ短ほぞ差し箱金物当てボルト締め。2枚ほぞ・4枚ほぞ鉄物補強。合せばりの場合は胴差しへすべりあご，柱約16mm欠き込み，径16mmボルト2本締め。管柱部では，胴差しに大入れあり落し，上部管柱を大ばりにあり落し。
小 ば り		大ばりとは，12〜20mm大入れあり落しまたは渡りあご。
火打ばり		はりと上ばぞろいにして，傾ぎ大入れボルト締め。そぎ付け傾ほぞ差しボルト締め。

3.18) ツーバイフォー材　　代表的な寸法は204（2インチ×4インチ），あるいは206（2インチ×6インチ）。JASでは未乾燥材は40mm×90mm，乾燥材は38mm×89mm。

[4章]

4.1) 鋼の高温時の性質は鋼材種別によって多少異なるが，その降伏強度は300℃で約2/3，500℃で約1/2，600℃で約1/3となる。

4.2) 鉄筋コンクリート工事1階分の工程を示す。

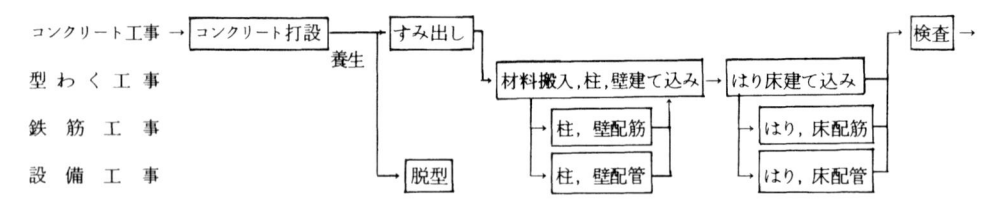

```
コンクリート工事 → コンクリート打設 ─┬─ すみ出し ─┬─ 材料搬入，柱，壁建て込み ─┬─ はり床建て込み ─┬─ 検査 →
型 わ く 工 事         養生          │            ├─ 柱，壁配筋              ├─ はり，床配筋
鉄 筋 工 事                          │            │                          │
設 備 工 事                         脱型          └─ 柱，壁配管              └─ はり，床配管
```

4.3) 調　　合　　　　　　コンクリート1m³あたりの使用材料の量を，絶対容積で示す絶対容積調合と重量で示す重量調合があり，通常，重量調合で示される。骨材の重量は，表乾状態での重量で示す。

4.4) 施 工 軟 度　　　　　コンクリート打設に必要な柔かさと，材料の分離に抵抗する程度とで示される性質。

4.5) スランプ試験　　　　コンクリートを，スランプコーンとよばれる円すい台の型につめ，上面を

建築用語の説明

ならしたあとスランプコーンを取り去り，上面の下がりを計測することにより行う．JIS A 1101 に規定されている．

4.6) $\underline{S}\ \underline{R}\ \underline{235}$

- 降伏強度が 235 N/mm² すなわち，24 kgf/mm² 以上であることを示す．
- R：丸鋼，D：異形棒鋼であることを示す．
- 熱間圧延棒鋼であることを示す．

4.7) T形ばり　　T形ばり，長方形ばりが床スラブと一体となって作用する場合，付図4.1のように軸方向応力度（σ_x）が分布している．この分布を破線で示す矩形分布に置き換えると，スラブの一部をはりの一部と考えることができ，斜線で示したようなはりと考える．これがT形ばりであり，協力幅は，スパンの長さや，支持の条件を考慮して計算する．

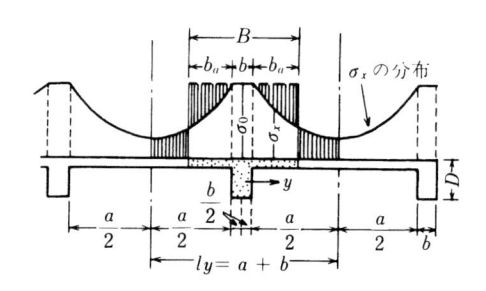

B：T形ばりの有効幅
b_a：T形ばりの協力幅

付図 4.1　T形ばり

4.8) 座　　屈　　第7章，7.6，C項を参照．

4.9) 柱はり接合部　　柱とはりの交差部のことで，付図4.2 に示すように部位によって4種類に分けられる．

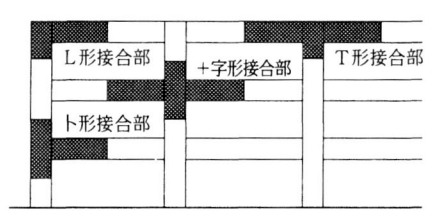

付図 4.2　柱はり接合部の分類

4.10) 圧　　接　　鉄筋を加熱し，半溶融状態として両側から軸方向に加圧し接合する方法で，加熱に酸素アセチレン混合ガスを用いるガス圧接が多く用いられている．

4.11) アーク溶接　　第7章，7.3，E項を参照．

4.12) ねじ継手　　鉄筋先端にねじを突き合せ溶接等で接合して，カップラーで継ぐ方法と，異形鉄筋のふしの形状そのものがねじ状になっている方法とがある．

4.13)	圧着継手	鉄筋を突き合せた部分に鋼管をかぶせ，油圧ジャッキなどでこの鋼管をつぶし，異形鉄筋のふしとかみ合せることによって力を伝達させる方法である。
4.14)	スリーブ継手	異形鉄筋を突き合せた部分に鋼管をかぶせ，すき間に，モルタル樹脂，またはテルミット反応による溶融金属を流しこみ硬化させ，力を伝達させる方法である。

[6 章]

6.1)	リラクセーション値	規格引張荷重の最小値の 70 % に相当する荷重で PC 鋼材を引っ張り，そのときの変形を保持したまま 1000 時間経過後の荷重減少率をいう。

[7 章]

7.1)	山形ラーメン	はりが∧形に曲がっている異形ラーメンのこと。
7.2)	SS 400	引張強さが $400\,N/mm^2$ すなわち，$41\,kgf/mm^2$ 以上であることを示す。表 7.1 参照。
7.3)	縁端距離	リベット，ボルトまたは高力ボルトの穴の中心から母材の端部までの最小距離のことである。
7.4)	スチフナー	ウェブやフランジの拘束のために設けられたウェブと直角なプレートで，付図 7.1 に示すように，ウェブのせん断座屈を防止するための材軸と直交方向に設けられた中間スチフナーと，材軸方向の圧縮力による座屈を防止する効果のある材軸方向に設けられた水平スチフナーがある。

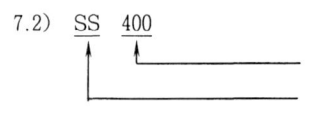

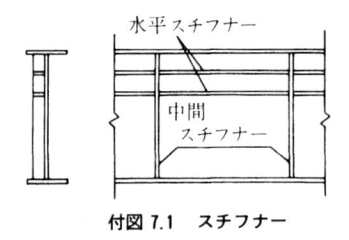

付図 7.1　スチフナー

7.5)	カバープレート	付図 7.2 にあるように，はりの断面係数を大きくするためにフランジ外側に添えられたプレートのことであり，曲げモーメントの大きさに応じてカバープレートの枚数を調節することにより，はりの縁応力度を等しくすることができる。

建 築 用 語 の 説 明

付図 7.2 カバープレート

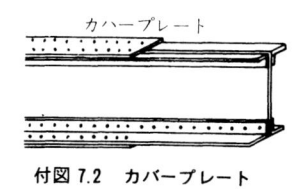

[10章]

10.1) 付表 10.1, 10.2 参照。

付表 10.1 空洞部の大きさ

断面形状による区分	厚さ(mm)	縦筋を挿入する空洞部		横筋を挿入する空洞部		
		断面積 cm²	最小幅 cm	最小径 cm	最小深さ cm	曲率半径 cm
空洞ブロック	100	30 以上	5 以上	5 以上	4 以上	—
	110	35 以上				
	120	42 以上	6 以上	6 以上	5 以上	
	130	45 以上				
	140	54 以上	7 以上	8.5 以上 (7 以上)	7 以上	4.2 以上 (3.5 以上)
	150	60 以上				
	190					
型枠状ブロック		—	7 以上	—	—	—

付表 10.2 最小肉厚さ

断面形状による区分	厚さ mm	最小肉厚 mm		ブロック長さに対するウェブ厚率 (%)	容積空洞率 (%)
		フェイスシェル	ウェブ		
空洞ブロック	100	20 以上	20 以上	20 以上	35〜45
	110				
	120				
	130				
	140	25 以上			40〜50
	150				
	190				
型枠状ブロック	140	20 以上	20 以上	15 以上	55〜65
	150				
	180	25 以上	30 以上		60〜70
	190				
	200				
	250		32 以上		65〜75
	300				

[11 章]

11.1)	招き屋根	片流れ屋根の上部軒出の部分を折り曲げた形の屋根で,切妻屋根の変形。
11.2)	マンサード屋根 （腰折れ屋根）	腰折れ屋根は切妻屋根の流れの途中で勾配を変えた屋根（マンサード屋根は寄せむねの場合），すなわち上部の勾配をゆるく,下部の勾配を急にした形の屋根である（図11.2）。これは屋根裏に部屋を設けるのに便利である。
11.3)	片流れ屋根 （図11.2）	一方向に傾斜する屋根面で構成されたもっとも単純なもので,主にはり間の小さい建物に用いられる。しかし,正面に屋根の傾斜面を作らない建物では,相当大きいはり間にも用いられる。
11.4)	のこぎり屋根 （図11.2）	片流れ屋根の妻部をのこぎり状に連結したもので,工場のように床面積の広い建物においては,中央部の採光・換気を屋根の途中から得られる利点がある。雪国では積雪時に採光できなくなる欠点がある。
11.5)	越屋根 （図11.2）	屋根のむねに近い位置に壁を設けてふたたび屋根を設けるものであり,屋根の途中から採光・換気をするのに適する。
11.6)	耐 水 性	吸水性が少なく透水性のないもの。
11.7)	耐 久 性	建物の耐用年数の間は性能を保つもの。
11.8)	施 工 性	接合部構法が簡単で,ふきやすいもの。
11.9)	保　　全	雨漏り個所が発見しやすく,かつ修繕も容易であるもの。
11.10)	こけら板	ひのき・杉・さわら材を厚さ1.2 mm以上,長さ240 mm,幅100 mmぐらいの大きさに機械はぎ,または手はぎで加工したもの。
11.11)	ひ わ だ	ひのきの生木から皮をはぎ,外側の鬼皮と内側の甘皮との間の強じんな部分（ひわだという）を厚さ3 mmぐらい,長さ700 mm,幅120 mmぐらいの大きさにはぎ,加工したもの。
11.12)	かわらむね	ひわだで品軒をつくり,これにかわらざんを打って,から草がわら・のしがわら・がんぶりがわらを載せる。
11.13)	いぶしがわら	焼成の最後の段階で松葉をいぶし,かわらの表面が炭化して鉛黒色になったもので,一般に使用されるかわらである。
11.14)	ゆう薬がわら	素焼後にゆう薬を付けて再び焼成したかわら。
11.15)	塩焼がわら	焼成中にかまの中に食塩を投げ入れて,かわらの表面にガラス質の皮膜をつくったかわら。
11.16)	平がわら（図11.6）	断面が水平または円弧状のかわらであり,次のかわらがある。
	・並平がわら	方形でそりがあり,本がわらぶきによく使用される。めがわらともいう。
	・敷平がわら	並平がわらの約1／2の長さのもので,軒がわらの下に敷く。
	・深くぼがわら	平がわらのそりの大きいもの。
	・のしがわら	細長い平がわらであり,むね積みに用いられる。一端にひもが付いているものをひも付きのしがわらという。
	・けらば平がわら	妻部に用いられる平がわら。
	・うつぼがわら	谷の部分,または本がわらぶきに用いられる。
	・目板がわら	一辺の重ね目に目板の形のものが付いたものであり,塀・門等の屋根に用いられる。

11.17)	さんがわら (図11.6)	断面が波形のかわらであり，さんがわらぶきに使用されるもので，次のものがある。
	・並さんがわら	下部の一角に切込みがあり，や̇っ̇こ̇さ̇ん̇ともいう。
	・切込みさんがわら	下部と上部の一角にそれぞれ切込みがあるもの。
	・面取りさんがわら	下部の角部に面を付けたもので，上等品である。
	・引掛けさんがわら	上部の裏側につめ型の突出部があり，これをかわらざんに引掛けてふき，ふき土を使用しない。
	・けらばさんがわら	妻部に使用するかわら。
	・雪止めがわら	円弧状のひもを表面につくりだしたもの。
	・谷そでがわら	前垂れの付いた谷用のかわら。
11.18)	から草がわら (図11.6)	軒先に用いる前垂れ付きのかわらで軒がわらともいい，次のものがある。
	・平から草がわら	本がわらぶきの軒先に用いるかわらであり，前垂れの付いたもの。
	・さんから草がわら	さんがわらぶきの軒先に用いるかわらで，前垂れの付いたもの。
	・一文字から草がわら	前垂れ下ばが一直線のもの。
	・すみから草がわら	方形屋根の軒先すみ用のもの。
	・けらばから草がわら	切妻の軒先すみ部に用いるもので重箱がわらともいう。
11.19)	丸がわら（図11.6）	断面が半円形のかわらでお̇がわらともいって，次のものがある。
	・並丸がわら	本がわらぶき用のかわらであるが，むねにも使用される。
	・利根丸がわら	片方の足が長い丸がわらで妻用のもの。
	・がんぶりがわら	並丸がわらの一端につばのついたかわらであり，むねの端部に使用される。
	・ともえがわら	丸がわらの先端に円盤の付いたもので，軒先に用いられる。
	・菊丸がわら	ともえがわらの円盤に菊花模様が付いた小形の丸がわらで，むねの端部に使用される。
11.20)	鬼がわら	鬼板ともいい，むねの端部を飾るための特殊なかわら。
11.21)	面戸がわら	むね積み部で，さんがわら・平がわらとのしがわらとの間にできるすき間を埋めるために用いるかわらで，次のものがある。
	・かつお面戸（さんがわらぶき用のもの）	
	・かに面戸（本がわらぶき用のもの）	
	・谷　面　戸（谷部用のもの）	
11.22)	フランスがわらぶき (図11.14)	矩形平板で表面の中央が突出していて水垂れをよくし，周辺に凹凸があって隣接のかわらとかみ合い雨水の浸入を防ぐ。
11.23)	スペインがわらぶき (図11.14)	本がわらぶきに似た構法であり，半円形のかわらの上部は細くなっていて，上部のかわらの内側に下部のかわらが差込まれる。
11.24)	イタリアがわらぶき (図11.14)	U型のかわらを並べ，隣り合うかわらの立ち上がりの上に丸がわらを載せる。
11.25)	アメリカがわらぶき (図11.14)	スペインがわらの上下を合せてS型にふく。
11.26)	一文字ぶき	基本形のスレートの1/2のものを天然スレートぶきに準じて，1枚ごとに

	(図 11.16)	しりくぎ打ちとする。
11.27)	ひし形ぶき	400 mm 角のものは 70 mm（200 mm 角のものは 50 mm）以上重ねて，
	(図 11.16)	かさくぎで各スレートの下部と，その下のスレートの両側とを止める。
11.28)	薄 鋼 板	工場で防せい加工を施したものが多くなり，亜鉛鉄板・カラ焼付鉄板・合成樹脂焼付鉄板等がある。
11.29)	波形ガラスぶき	波の部分が波形石綿スレートと一致していて，波形石綿スレートぶきに準じる。雨仕舞は平板ガラスぶきに優る。
11.30)	波形プラスチック板ぶき	波の部分が波形鉄板に一致する波形鉄板用と，波形石綿スレートに一致する波形石綿用とがある。軽量で施工が簡単であるが，伸縮度が異なるため波形石綿スレートと混用すると割れやすい。
11.31)	コンクリート防水	コンクリートに防水剤を混合してコンクリート自体に防水性をもたせるものである。防水剤はコンクリートの強度を低下させず，かつ鉄筋を腐食させないものを使用する。スラブは厚さ 150 mm 以上とし，1/30 以上の勾配をとる。
11.32)	塗膜防水	合成ゴム・合成樹脂の溶剤を塗布して，表面に防水皮膜をつくったり，下地に浸透させる施工である。連続形成ができるが，塗厚の均一がむずかしく，ピンホールができやすく，さらに下地への追従性が乏しい。
11.33)	アスファルト	
	• アスファルトプライマー	ブロンアスファルトを揮発性溶剤で溶解した黒褐色液状のもので，下地によく染み込みアスファルトを接着する効果がある。
	• ストレートアスファルト	アスファルト基原油に水蒸気を吹込みつつ，36℃まで加熱蒸留するか，真空蒸留装置で蒸留してガソリン・軽油・潤滑油を取除いたあとに残る個体の残留物。こうちゃく力は優れているが，融点が低く耐久力も劣る。
	• ブロンアスファルト	ストレートアスファルトに空気を 250℃ で吹入れたもので，融解点が高く，感湿性・伸度が小さく，耐久性・弾性・衝撃抵抗が大きい。
11.34)	軒どいの径	降雨量を 0.05 mm/s（180 mm/h）として，雨受け水平屋根面積（A m²），たてどいの直径（d cm）と軒どいの直径（D cm）間の関係式の一例を示す。

$$A \leq 0.27 d^2 \sqrt{D}$$

[12 章]

12.1) 踏板の先端に手すり子兼用の長い柱を立てて，これと心柱とで踏板の両端を支える構造もある。

[13 章]

13.1)	メタルラス (図 13.7)	メタルラスは薄鋼板を常温引伸し切断によって製造したもので，平ラス・コブラス・波状ラス・リブラスがある。コブラス・波状ラスはモルタルがラスの裏側に良く付くようにしたものである。リブラスは，一定間隔に V 形のリブが付いている。
13.2)	ワイヤーラス (図 13.7)	普通鉄線および亜鉛メッキ鉄線を網状にしたもので，ひし形ラス・甲形ラス・丸形ラスがある。塗厚の大きい場所に用いる。

13.3)	二重回り縁 （図13.10）	二重回り縁のせいおよび面をさお縁と同じにしたものを，二重回り縁さるぼう回しという。
13.4)	吹　寄　せ	2本以上数本を小さな間隔で1組とし，その1組を大きな間隔で配置する方法。
13.5)	丸　　　太	杉みがき丸太・松皮付き丸太・こぶし等の丸太。
13.6)	竹	みがき竹・荒び竹・すす竹等。
13.7)	格　天　井	天井の形により，平格天井および折上げ格天井・二重〜三重折上げ格天井がある。折上げ格天井は，なげしの上部に表れる柱を壁で覆うため，格縁の位置と柱の位置との関係は考慮しなくてよくなる。
13.8)	あじろ天井 （図13.12）	杉のはぎ板・さわらのはぎ板・桐のはぎ板・杉皮の荒びみがき・ひわだ・竹皮等を模様に編んだものを天井板として張った天井。
13.9)	すだれ張り天井 （図13.12）	よしす・萩・細竹等を下地板に並べて張付けたものを張った天井。
13.10)	棒状形天井	きすか天井ともいい，杉みがき丸太・松皮付き丸太・みがき竹・萩・栗のなぐり等を下地板に並べて張付たものを天井板として張った天井。

[14章]

14.1)	壁主体構造	木造・鉄骨造・鉄筋コンクリート造・組積造・プレキャストコンクリート造等の主体構造がある。
14.2)	建　築　板	建築板を次のように分類する。

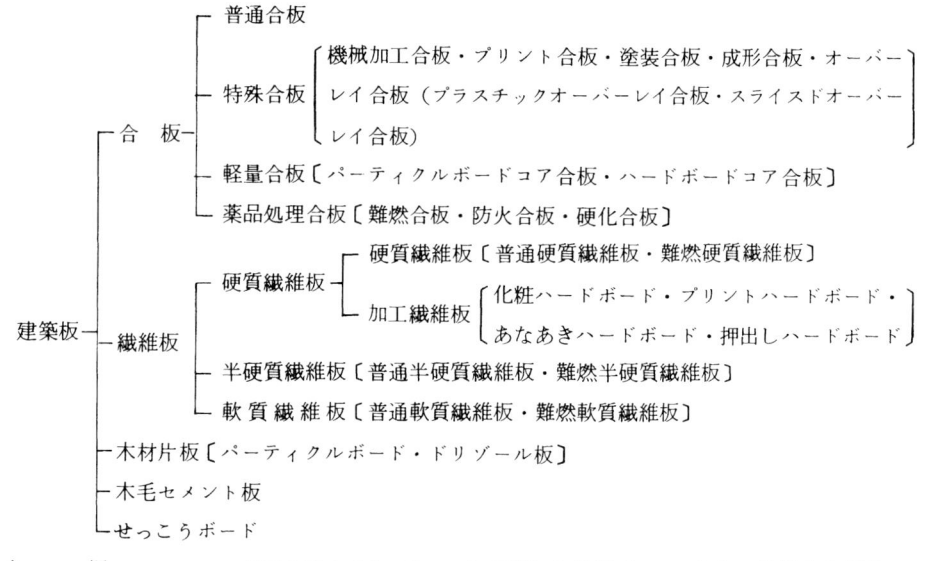

建築板
- 合板
  - 普通合板
  - 特殊合板〔機械加工合板・プリント合板・塗装合板・成形合板・オーバーレイ合板（プラスチックオーバーレイ合板・スライスドオーバーレイ合板）〕
  - 軽量合板〔パーティクルボードコア合板・ハードボードコア合板〕
  - 薬品処理合板〔難燃合板・防火合板・硬化合板〕
- 繊維板
  - 硬質繊維板
    - 硬質繊維板〔普通硬質繊維板・難燃硬質繊維板〕
    - 加工繊維板〔化粧ハードボード・プリントハードボード・あなあきハードボード・押出しハードボード〕
  - 半硬質繊維板〔普通半硬質繊維板・難燃半硬質繊維板〕
  - 軟質繊維板〔普通軟質繊維板・難燃軟質繊維板〕
- 木材片板〔パーティクルボード・ドリゾール板〕
- 木毛セメント板
- せっこうボード

14.3)	合　　　板	木材を薄く（1〜2 mm）切削した単板（veneer）を，繊維方向が互いに直交するように3枚以上の奇数枚を圧縮接着したもの。
14.4)	繊　維　板	木材を砕いて繊維化し，合成樹脂・カゼイン等の接着剤を加えて熱圧し，板状にしたものまたは接着剤を加えずに，天然木材のように結合させたもの。
14.5)	木片セメント板	パーティクルボードは，木材片（おがくず・木材削片・木材チップ）等に

		有機質の接着剤を用いて熱圧成形した繊維板。ドリゾール板は，松・もみ・ぶなを長さ60mm以下，幅20mm以下，厚さ2mm以下の削片にして薬品を加えて化学処理し，セメントを加えて圧縮成形したあと1200℃ぐらいの温度で養生したもの。
14.6)	木毛セメント板	松丸太を細く薄いひも状にした木毛とセメント，および防水剤・防火剤等を混入して圧縮して板状にしたもの。
14.7)	せっこうボード	せっこうにおがくずまたは動植物の繊維・パーライト等を混ぜて両面を厚紙ではさんだもの。
14.8)	ALC板	軽量気泡コンクリート板（autoclaved light weight concrete）といい，石灰質原料およびけい酸質原料を粉砕したものにアルミニウム粉を混ぜると，アルミニウムと石灰との反応で発生した水素ガスによって膨張し，かつ石灰は消化して凝固する。これをオートクレーブ（高圧蒸気がま）で約180℃・10気圧蒸気養生し，石灰質原料とけい酸質原料とを反応させて硬化させたものである。ALC板は軽量で，しかも保温性がある。
14.9)	波形ガラス・波形プラスチック板張り	ガラス・ガラス繊維強化ポリエステル波板・硬質塩化ビニール波板等を用いて，屋根の波形板張りに準じて張付ける。
14.10)	溝形ガラス張り	U字形断面の型板ガラスを方立てや組子を用いずに高く並べて採光壁を作るもので，二重にすれば断熱性・遮音性に優れ，またガラスに鉄線の入ったものは防火性があり，破損時の飛散防止に有効である。
14.11)	カーテンウォールの構成による分類	

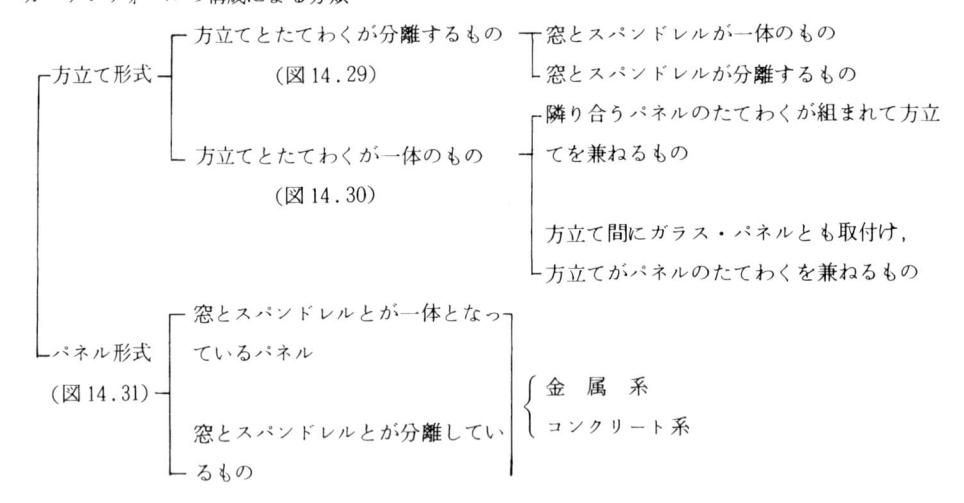

```
                ┌─方立てとたてわくが分離するもの ─┬─窓とスパンドレルが一体のもの
                │        （図14.29）              └─窓とスパンドレルが分離するもの
    ┌─方立て形式─┤
    │           │                                  ┌─隣り合うパネルのたてわくが組まれて方立
    │           │                                  │ てを兼ねるもの
    │           └─方立てとたてわくが一体のもの ──┤
    │                   （図14.30）                │ ┌─方立て間にガラス・パネルとも取付け，
    │                                              └─┤ 方立てがパネルのたてわくを兼ねるもの
    │
    │           ┌─窓とスパンドレルとが一体となっ
    │           │ ているパネル                         ┌ 金 属 系
    └─パネル形式─┤                                   ┤
        （図14.31）│                                    └ コンクリート系
                └─窓とスパンドレルとが分離してい
                    るもの
```

[15章]

15.1)	合板張り	普通合板をそのまま使用する場合と，特殊合板を使用する場合がある。寄せ木張りまたはフローリングボード張りに準じた張り方とする。
15.2)	木質繊維板張り	パーティクルボード・ハードボード・ハードボードタイル等を仕上げ材として用いるもので，膨張する欠点はあるが方向性が少ないので，比較的大きな材として使用することができる。

建築用語の説明

15.3)	パーケット張り	パーケット張りは，長さが幅の倍数となる小幅板を用いて，側面および小口がさねはぎ加工したフローリングで寄せ木張りとする。 パーケットブロックは，小幅板を正方形に接合したもので，小口に継手加工があるが，フローリングブロックのように，裏面に金具はない。コンクリート下地の場合は，モルタル塗り金ごて仕上の上に接着剤張りとする。 モザイクパーケットフローリングは，フローリングブロック同様に正方形または長方形に接合したブロックで，コンクリート下地の場合はパーケットブロック張りに準じ，接着剤張りとする。
15.4)	ゴムタイル	生ゴムまたは合成ゴムを主体とした表面層と，再生ゴムを主体とした下地層とを張り合せたもので，厚さ3～9mm，大きさ300mm角のものが標準である。弾力性・耐摩耗性に優れ，吸水性は少ないが，耐油性に劣り熱伸縮性が大きい。
15.5)	ビニールタイル	耐水性・耐薬品性・耐摩耗性・弾力性は優れているが，耐熱性に劣り伸縮性が大きい。厚さ2～3mm，大きさ300mm角を標準とする。
15.6)	アスファルトタイル	アスファルトと石綿を原料とした暗色のものと，クマロンインデン合成樹脂が主体の明色のものがある。難燃性・耐酸性・耐アルカリ性・耐摩耗性に優れているが，耐油性・弾力性に劣る。厚さ3mm，大きさ300mm角を標準とする。
15.7)	リノリウムタイル	あまに油に松やにを加えて溶融したリノリウムセメントに，コルク粉末・顔料・充てん剤を加え，麻布の上にロールで加熱圧着したシート状のものをリノリウムという。厚さは2～4mmで，それを300mm角に打抜いたものをリノタイルという。耐摩耗性に優れ，歩行感が良く足音による騒音も発生しない。耐熱・断熱・電気絶縁性をもち，耐酸・耐油性に優れるが，アルカリ・湿気に弱く長さ方向に伸び，幅方向に縮む性質がある。
15.8)	人造石洗出し	人造石モルタルの上塗を塗ごめ，水引き加減を見て噴霧器等でセメントペーストを洗落して仕上げる。
15.9)	人造石とぎ出し	人造石モルタルの上塗後24時間以上置いて硬化させ，削り包丁で表面を削り取り石頭を表し，その上を研磨する。
15.10)	目地を設ける場合	下塗のあとまたは前に目地割りして，木製目地棒をモルタルで取付ける。上塗を金ごてで仕上げ，目地棒が乾燥収縮したころに取り除き，色モルタルで化粧目地を施す。

[16章]

16.1)	中空材	厚さ1.6mmぐらいの鋼板を折曲げ加工して，木製建具・わくの形に中空で作ったもの。
16.2)	引抜き材	種々の断面の型材を引抜いて作ったものでありサッシュバーといわれ，JISに規定されている。
16.3)	板金材	厚さ1.6～2.3mmの鋼板を，強度・経済性および組みやすさを考慮して曲げ加工したものであり，木製をまねた中空材とは異なる。

16.4)	から戸	洋風から戸と和風から戸がある。上がまち・下がまち・たてがまち・中ざん・中たてざんでわくを組み，中に鏡板を入れたもの（図16.11）。中ざんがなく帯ざんのみのものを帯戸という。
16.5)	腰から戸	から戸の帯ざんの上部にガラスを入れたもの。
16.6)	張付け戸（図16.11）	外見がから戸のようなフラッシュから戸と，一枚板のようなフラッシュ戸とがある。
16.7)	雨戸（図16.11）	かまちと中ざんを骨組とし，片面に板類を張ったもの。上ざる・落しざる・横ざる等により戸締りをする。
16.8)	まいら戸（図16.11）	周囲のかまちの中に細いさん（まいら子）を水平に細かく並べ，これに板を張ったもの。まいら子を吹寄せとしたものを吹寄せまいら戸という。
16.9)	腰障子	障子の腰に板を張ったもの。
16.10)	ねこま障子（図16.13）	障子にガラスをはめ，そのガラス面に孫障子を入れたもの。
16.11)	大間障子	組子を方形に組んだ障子であり，和・洋両方に使われる。
16.12)	水腰障子	腰板のない障子。
16.13)	源氏ふすま（図16.14）	ふすまの一部に障子を入れたもの。
16.14)	坊主ふすま（図16.14）	縁を見せずに袋張りしたふすま。
16.15)	折たたみ戸	パネル状の数枚の戸を折たためるように，丁番で連結したもの。戸袋に納めることができるので，開口部を大きくとれる。部屋の間仕切に使われる。
16.16)	アコーディオンドア（図16.16）	スチール製の折たたみ金具の両面にビニールレザーを張ったもので視線をさえぎるが，遮音性はほとんどない。
16.17)	伸縮戸（図16.16）	金属製の格子状の折たたみ戸で，ガレージ・倉庫等に使われる。
16.18)	箱錠	錠の機構を箱にまとめたもので，錠にはワード錠（ward lock），棒鍵錠（lever tumbler lock），シリンダー錠（cilinder lock）がある。
16.19)	モノロック（図16.27）	シリンダー錠が外部の握り玉の中に装置された錠。
16.20)	ナイトラッチ（図16.27）	面付き錠であり，玄関・個室の室内面に取付ける。
16.21)	パニロック	外部からはシリンダー錠，内部からは押板を押せば扉が開くもので，病院・劇場などの非常口に使われる。
16.22)	上げ落し（図16.27）	両開きドアの錠前のない方を固定する止め金具で，ドア上下に取付ける。彫込み式（フランス落し）と面付き式（丸落し・南京落し）がある。
16.23)	クレセント・キャッチ（図16.27）	クレセントは引違い・上げ下げ窓に使用され，キャッチは回転窓・内倒し窓等に使用される。
16.24)	建築用ガラス	
	・普通板ガラス	透明ガラスとすりガラスとがある。表面に多少凸凹があるので，ガラスを通して見るとゆがんで見える。厚さは1.9mm・3mm・5mm・6mm等がある。
	・磨き板ガラス	普通板ガラスの表面の凸凹をなくすために両面をみがいたもの。厚さは3mm・4mm・5mm・6mm・8mm・10mm・12mm・15mm等がある。
	・フロートガラス	溶解したガラスを溶融金属（スズ等）の上に流すと，ガラスは自重と表面張力によって完全な平面となる。この性質を利用して作るガラスで，強度は磨き

板ガラスより大きい。

- 型板ガラス　　一面は平面で，他面に型模様のあるガラス。石目・ダイヤ・モール等の名称がある。視線を適当にさえぎりながら，光を採り入れる時に使用する。色のついたものもある。厚さは 2.2 mm・4 mm・5 mm 等がある。
- 網入りガラス　製造工程で溶解したガラスに鉄やステンレスのきっこう・しま型の金網や線を入れたガラスである。防火・防盗および天窓等に使用される。網入り型板ガラスと網入り磨き板ガラスがある。厚さは 6 mm・8 mm がよく使用される。
- 合せ板ガラス　2 枚以上の板ガラスの間にビニール系合成樹脂の膜をはさんだガラスで，車輪関係によく使用される。厚さは 4 mm 以上で，平面と曲面がある。
- 強化ガラス　　普通板ガラスを約 600℃ で加熱し加圧冷風を吹付け，急冷してゆがみをもたせたもので，強度は普通板ガラスの 3～5 倍と高い。割れると粒状となり，温度変化による抵抗性が大きい。
- 複層ガラス　　熱貫流をさえぎる目的で，2 枚以上のガラスを一定間隔にあけてその周囲をシールし，内部に清浄な乾燥空気を入れたもので，断熱・防音・結露防止等に使用される。
- 熱線吸収ガラス　微量の鉄・ニッケル等を含み，比較的長波の光をよく吸収するガラスで，太陽のふく射熱を吸収して室内に入る熱を少なくする。青色・灰色・ブロンズ色等がある。
- 熱線反射ガラス　表面に反射膜があるガラスで，太陽のふく射熱を反射させる。
- 紫外線透過ガラス　ソーダ質原料を少なくし不純物を取除いたガラスで，紫外線を透過する。
- 鉛ガラス　　　酸化鉛を含んだガラスで，放射線を防ぐために使用される。
- 耐熱ガラス　　けい酸を多く含みアルカリ分が少ないガラスで，膨張係数が小さい。
- プリズムガラス　天窓用・舗道用として，採光のために使用される。
- ステンドガラス　種々の着色があり表面が粗密なガラスで，これらを鉛製の工形ひもで図案状に接合する。窓や天窓の装飾に使用される。

参考文献

1) 十代田三郎：建築内装ハンドブック，朝倉書店（1969）
2) 棚橋　諒：建築材料ハンドブック，朝倉書店（1969）
3) 棚橋　諒：改訂新版建築施工ハンドブック，朝倉書店（1971）
4) 山下　暢雄：建築一般構造（朝倉建築工学講座5），朝倉書店（1971）
5) 谷資　信・杉山英男・古藤田喜久雄・黒正清治・石黒徳衛・金田五郎・鈴木孝明：一級建築士受験新講一般構造（改訂2版），オーム社（1979）
6) 藤本盛久：鉄骨の構造設計（全改訂2版），技報堂出版（1982）
7) 異形鉄筋コンクリート設計法研究会編：異形鉄筋コンクリート設計法，技報堂出版（1971）
8) 中村　伸・田治米辰雄：建築士試験講座・建築構造，技法堂出版（1967）
9) 大島久次：建築施工法（建築技術講座6），共立出版㈱（1969）
10) 大倉三郎：建築構造概論（共立全書106），共立出版㈱（1971）
11) 大崎順彦：基礎構造（建築構造講座11），コロナ社（1962）
12) 水野金市・中島　一・藤井　定：建築構造，コロナ社（1972）
13) 鶴田　明・辻井静二・飯塚五郎蔵・山田水城：建築各部構造（建築構造講座），コロナ社（1967）
14) 十代田三郎：建築材料一般，産業図書㈱（1964）
15) 十代田三郎・中善寺登喜次・田村　恭・松島重雄：建築構法一般，産業図書㈱（1967）
16) 森　徹・幸田太一・松井嘉孝・横山正彦・東　貞三：材料・一般構造（建築士技術全書3），彰国社（1967）
17) 久良知丑二郎・岩田秀行：施工・積算（建築士技術全書5），彰国社（1967）
18) 建築学大系編集委員会：木構造・特殊構造（建築学大系15），彰国社（1969）
19) 建築学大系編集委員会：建築材料学（建築学大系13），彰国社（1971）
20) 八木憲一・南　省吾・森　徹・角南　隆：高等建築学8巻・建築構造2（第16編），常盤書房（1936）
21) 日本建築学会編：建築基礎構造設計指針，日本建築学会（1998）
22) 日本建築学会編：壁式構造関係設計規準集・同解説，（壁式鉄筋コンクリート造編1997，メーソンリー編1997）日本建築学会
23) 日本建築学会編：木質構造設計規準・同解説，日本建築学会（1995）
24) 日本建築学会編：建築工事標準仕様書・同解説 JASS 7，日本建築学会（1988）
25) 日本建築学会編：建築工事標準仕様書・同解説 JASS 11，日本建築学会（1970）
26) 日本建築学会編：JASS 11 木工事図解，日本建築学会（1969）
27) 日本建築学会編：構造用教材，日本建築学会（1995）
28) 日本建築学会編：建築工事標準仕様書・同解説 JASS 6 日本建築学会（1996）
29) 日本建築学会編：鉄筋コンクリート構造計算規準・同解説 1999，日本建築学会（1999）
30) 日本建築学会編：鋼構造設計規準，日本建築学会（1980）
31) 日本建築学会編：プレストレストコンクリート設計施工規準・同解説，日本建築学会（1998）
32) 日本建築学会編：鉄骨鉄筋コンクリート構造計算規準・同解説，日本建築学会（1987）

33) 日本建築学会編：建築工事標準仕様書・同解説 JASS 5, 日本建築学会（1997）
34) 安藤幸雄・後藤一雄：木構造(A), 通信教育日本建築大学講座, 日本建築士連合会（1976）
35) 浜田　稔：建築材料科学, 丸善㈱（1964）
36) 岩本博行・吉木　寿：建築一般構造（森北建築学全書11）, 森北出版㈱（1971）
37) 佐治泰次・高松光彦：建築施工（森北建築学全書10）, 森北出版㈱（1971）
38) 福島正人・立川正夫：鉄筋コンクリート構造（森北建築学全書16）, 森北出版㈱（1973）
39) 谷資　信・筋野三郎：おさまり詳細図集3 配筋要領編, 理工学社（1980）
40) 小林秀彌・中川中夫・小崎嘉昭：建築一般構造, 理工学社（1972）
41) 平井信二・堀岡邦典：合板, 新版（訂正版）, 塙書店（1971）

索　引

■あ
相欠き　15, 181
合口　94
相じゃくり（決り）　133, 141
あおり（煽り）止め　175
アーク溶接　51, 72
上げ落とし　175, 191
上げ下げ窓　170
上げざる（猿）　192
上げ床　28
アコーディオンドア　169, 192
足固め　17
あじろ（網代）天井　134, 189
アスファルト　187
アスファルトタイル　159, 191
アスファルトプライマー　188
アスファルト防水層　117
あぜくら（校倉）造り　21
頭つな（継）ぎ　32
厚形スレート　112
圧縮強度　36
圧縮筋　42
圧縮座屈　81
圧接　183
圧接継手　51
圧着継手　51, 184
穴あき（明き）ラスボード　131
あばら筋　42
雨戸　167, 192
網入りガラス　193
アメリカがわらぶき（瓦葺）　187
歩み　107
荒石　93
あり掛け（蟻掛け）　181
ありほぞ（蟻枘）　180
合せ板ガラス　193
合せばり（梁）　30
アンカーボルト　85
アングルドア　169
アンダーカット　76
アンボンドポストテンション　61

■い
イギリス積み　92
異形鉄筋　37
異形れんが（煉瓦）　90
石張り　150, 160
石張り仕上　160
いかだ（筏）地業　179
いすか（鵤）継ぎ　12, 180
板戸　167
板張り天井　133
板目　10
イタリアがわらぶき（瓦葺）　187
一面せん（剪）断　68
いぶしがわら（燻し瓦）　186
一文字から草がわら（唐草瓦）
　　　　108, 187
一文字がわら（瓦）　110
一文字ぶき（葺）　110, 112, 114, 187
いなご（稲子）　133
いも（芋）目地　91
入子縁　142
入もや（入母屋）屋根　105

■う
ウイングプレート　85
ウェブせん（剪）断座屈　80
ウォッシュボーリング　179
雨水排除　118
打上げ天井　133
打込みコンクリート　99
打付け格子　168
内法（のり）高さ　164
内法ぬき（貫）　17, 21
内法幅　164
うっぽがわら（瓦）　186
埋込みボルト　14
埋めもどし（戻し）　4
裏あて金　73
裏あて金具　77
裏板（野地板）　23, 109, 182
うらごう（裏甲）　107
裏はつり　73, 77
うろこ形ぶき（鱗形葺）　112

上ば（上端）筋　42
上張り　148, 170
上目板　107

■え
ＡＬＣ板　146, 190
エキスパンションジョイント　33
ＳＲ235　37
ＳＲ295　37
ＳＤ295　37
ＳＤ345　37
ＳＤ390　37
Ｎ値　2
エレクトロスラグ溶接　73
縁甲板　157
縁甲板張り　141, 157
縁端距離　69, 185
エンドタブ　73, 77

■お
オイラーの座屈荷重　82
横架材　17
扇ほぞ（枘）　180
大入れ　181
大壁　16
大壁軸組　16
大ばり（梁）　182
大引掛け　17
大間障子　169, 192
大むね（棟）　104
大面　134
オーガーボーリング　179
おがわら（牡瓦）　187
置渡し　181
送り継ぎ　12
押え板　175
押角材　28
押パテ　116, 177
押縁　139, 177
押縁下見　139
押縁止め　177
おっかけ大せん（追掛大栓）継ぎ
　　　　12, 14

落しざる（猿）　191
踊り場　122
鬼がわら（瓦）　108, 187
オーバーラップ　76
帯筋　44, 46
オランダ積み　92
折上げ天井　129
折置組み　23
折曲げ筋　42
折板ぶき（葺）　115
折たたみ（畳み）戸　169, 192
折れ階段　122

■か
飼いくさび（楔）　14
開口　46
開先　73
階段　121
　　の勾配　122
　　の幅　122
回転ドア　169
回転窓　170
鏡板　134, 141
鏡板張り　141
鏡戸　167
角丁番　171
額縁　166
角レール　174
加工精度　50
風受けトラス　65
かさ（笠）木　141, 142
風切丸がわら（瓦）　111
かさ（傘）小屋組　25
重ね合せ継ぎ　12
重ね透かしばり（梁）　30
重ね継ぎ　12
重ね継手　53, 78
重ねばり（梁）　30
重ねほぞ（柄）　180
ガス圧接　73
かすがい（鎹）　14
ガスケット止め　177
ガス溶接　73
型板ガラス　193
傾ぎ大入れ　181
形鋼ばり　77
形鋼組立ばり　30
片自由開き丁番　173
片流れ小屋組　25
片流れ屋根　186
片面フラッシュドア　169
片持ちばり式階段　127

かつお面戸　187
合掌　25
割裂引張強度　37
カーテンウォール　151
　　の構成　190
かど継手　78
金物いなご（稲子）　134
金輪継ぎ　12, 180
かに（蟹）面　134
かに（蟹）面戸　187
カバープレート　84, 185
かぶり厚　33, 49
壁式構造　33, 35
壁式鉄筋コンクリート構造　55
壁ちりじゃくり（壁決り，散り決り）
　　　　　　　　　17, 137, 166
壁ぬき（貫）　21
壁柱　47
壁ばり（梁）　47, 57
壁量　57
かま（鎌）錠　175
かまち（框）　167
かみ（噛）合せジベル　15
かみ（噛）合せ継ぎ　12
かみ（噛）合せばり（梁）　30
上がまち（框）　141, 168
上降伏点　67
紙張り　136, 148, 168
紙張り障子　168
上わく（枠）　166
から草がわら（唐草瓦）　108, 187
ガラスのはめ（嵌め）込み　177
ガラスブロック壁　147
から（唐）戸　167, 192
から（唐）戸面（ぎんなん（銀杏）面）
　　　　　　　　　　　　134
空目地　90
がりょう（臥梁）　97, 99
側げた（桁）　124
側土台　17
かわら（瓦）座　109
かわらざん（瓦桟）　109
かわら（瓦）棒　114
かわら（瓦）棒ぶき（葺）　114
かわらむね（瓦棟）　186
簡易シャッター　170
乾式構造　137
乾式構造仕上　139
がんぶりがわら（雁振瓦）　110, 187

■き
木裏　10

木表　10
機械継手　81
気乾かさ（嵩）比重　95
菊丸がわら（瓦）　187
きすか（木賊）天井　189
木ずり（摺）下地　131, 149
基礎スラブ　49
基礎つなぎばり（繋ぎ梁）　8
基礎ばり（梁）　100
きちょう（几帳）面　134
きっこうぶき（亀甲葺）　112
キャッチ　175, 192
急折れ階段　122
強化ガラス　193
京呂組み　23
局部座屈　80
許容応力度　40, 78
許容軸力　44
許容地耐力　49
許容せん（剪）断力　45
許容曲げモーメント　43, 44
切石積み　93
切込みさんがわら（桟瓦）　187
切妻屋根　104
切りなわ（縄）　3
切張り　4
金属板天井　136
金属板ぶき（葺）　113
金庫扉　170

■く
くい（杭）打ち試験　179
くい（杭）打ち地業　5
くい（杭）載荷試験　179
空洞コンクリートブロック　95
くぎ（釘）　15
くぎ（釘）打ち充腹ばり（梁）　30
くさび（楔）　14
管柱（くだばしら）　17
くだりむね（降り棟）　104
くつずり（沓摺）　166
組子　167
組立圧縮材　82
組立仕口　14
組立ばり（梁）　30
組床　30
グラウト　61
クリアランス　71
栗のなぐり　142
クリープ　37
クリンカータイル　161
グループ　73

索　引

クレセント　192

■け
けあげ（蹴上げ）　121
傾斜天井　129
けこみ（蹴込み）板　124
化粧目地　91
けた（桁）　19, 181
けらばから草がわら（唐草瓦）　110, 187
けらば平がわら（瓦）　186
けらばさんがわら（桟瓦）　187
源氏ふすま（襖）　169, 192
間知石（けんちいし）積み　93
建築板　134, 139, 189
建築に使用されるガラス　176
建築工業標準仕様書　35

■こ
鋼構造　64
格子戸　168
剛心　98
構成ばり（梁）　77
鋼製矢板（シートパイル）　4
剛接骨組構造　33
構造計画　33
構造計算　33
格天井　133, 189
合板　142, 189
合板張り　143, 159, 190
降伏強度　38, 67
降伏点　66
格縁　133
甲丸レール　174
高力ボルト接合　72
小返り　23
こけら（柿）板　107, 186
小口　90
木口敷　157
小口積み　92
腰折れ小屋組　26
腰掛けあり（蟻）継ぎ　12
腰掛けかま（鎌）継ぎ　12, 14
腰から（唐）戸　167, 192
腰障子　169, 192
腰羽目　141
越屋根　186
固定荷重　1
小根ほぞ（柄）　180
こはぜ掛け　114
こば（小端）立て張り　161
小ばり（梁）　30, 182

こまい下地　150
込せん（栓）　14
ゴムタイル　159, 190
小屋裏　22, 129
小屋組　22
小屋組連結材　26
小屋筋かい（違)（雲筋かい（違））　26
小屋づか（束）　23, 181
小屋つなぎ（繋ぎ）(振れ止め）　26
小屋ばり（梁）　19, 23, 181
コルク張り　159
ころばし（転し）床　28
ころび（転び）止め　31
コンクリート　35
　――のポアソン比　37
　――のヤング係数　37
コンクリート打放し　149
コンクリート防水　188
混合セメント　35

■さ
採光壁　147
採光屋根　116
細骨材　35
材令　36
さお（竿・棹）継ぎ　12, 180
さお（棹・樟）縁　133
さお（棹・樟）縁天井　133
さおほぞ（棹・樟柄）　180
さか目くぎ（逆目釘）　15
座屈荷重　82
座屈長さ　82
下げお（芋）（とんぼ）　131
ささらげた（簓桁）　125
ささらげた（簓桁）階段　125
ささら（簓）子　140
ささら（簓）子下見　140
差込み錠　175
さねはぎ（実矧ぎ）　132, 141
サブフープ　44
さるばしご（猿梯子）　123
さん（桟）　167
さんから草がわら（桟唐草瓦）　108, 187
さん戸（桟戸）　167
さんがわら（桟瓦）　108, 187
さんがわらぶき（桟瓦葺）　109

■し
支圧破壊　68
シェル構造　33, 64
塩焼がわら（瓦）　186

紫外線透過ガラス　193
じか（直）塗り天井　130
じか（直）張り天井　130
敷パテ　116, 177
敷ばり（梁）　23
敷平がわら（瓦）　108, 186
敷目板張り　132, 141
地ぐい（杭）　3
軸組　16
仕口　11, 14, 78
軸つり（釣）丁番　173
地獄くさび（楔）　14
地獄ほぞ（柄）　180
支持ぐい（杭）　5
シース　61
地耐力　47
下地板（または捨板）　134, 158
下ば（下端）筋　42
湿式構造　137
湿式構造仕上　149
自動ドア　170
地胴板　107
シート防水　118
地ならし（均し）　2
地ぬき（貫）　21
地盤　1
地盤調査　1
ジベル　15
ジベルびょう（鋲）　15
支保工　4
下がまち（框）　141, 168
下降伏点　67
下わく（枠）　166
しゃくしほぞ（杓子柄）　180
ＪＡＳＳ　36
ＪＡＳＳ５　36
しゃちせん（車知栓）　14
しゃち（車知）継ぎ　12
シャッター　170
じゃばら（蛇腹）板　107
砂利地業　179
秋材　10
十字継手　78
自由丁番　173
充てん（填）コンクリート　99
重箱がわら（瓦）　187
充腹ばり（梁）　77
主筋　42, 44, 46
春材　10
ジョイナー　143
錠　175
定規柱　140

昇降丁番　173
錠　前　175
ショットブラスト　72
しりくぎ（尻釘）打ち　111
しりばさみ（尻挟み）継ぎ　12, 180
シール材　145, 177
真 壁　16
真壁軸組　16
人工軽量骨材　35
心材（赤太）　10
心去り材　17
心去り柱　17
伸縮戸　169, 192
伸縮目地　117
人造石洗出し　160, 191
人造石とぎ（研ぎ）出し　160, 191
人造石塗仕上　160
シンダーコンクリート　117
真づか（束）小屋組　25
心持ち材　17
心持ち柱　17

■す
吸付き桟　124
水平筋かい（違）　30
末　口　12
すぐ（直）破風　25, 182
筋かい（違）　20
すずめ（雀）口　110
スターラップ　42
すだれ（簾）張り天井　134, 189
スチフナー　184
ステンドガラス　193
ストレートアスファルト　188
砂ぐい（杭）工法　179
砂地業　179
スプリットスプンサンプラー　179
スペインがわらぶき（瓦葺）　187
すべり（滑り）勾配　166
すべり（滑り）出し窓　170
すべり（滑り）刃張り　141
スポット溶接　73
すみ（隅）合掌組　25
すみから草がわら（隅唐草瓦）
　　　　　　　　　108, 187
すみ（隅）切りぶき（葺）　112
すみ（隅）肉溶接　73
すみむね（隅棟）　104
すみやりかた（隅遺形）　3
スラグ　73
スラグ巻き込み　76
スラブ　46

スランプ試験　36, 182
スリーブ継手　51, 184
スロープ　121

■せ
井ろう（桜）組　21
積載荷重　1
石造階段（段積階段）　127
石綿スレート　112
石綿スレート大平板張り　143
石綿スレート下見板張り　143
石綿スレート平板ぶき（葺）　112
石綿ラスボード　149
施工軟度　182
設計基準強度　36
設計ボルト張力　72
設計用せん（剪）断力　45
接　合　67
せっこう（石膏）ボード
　　　　　　　135, 142, 190
せっこう（石膏）ボード張り　143
せっこう（石膏）ラスボード　149
接地圧　49
セメント　35
セメント注入法　180
セメントモルタル塗仕上　160
背割り　17
繊維板　134, 142, 189
繊維板張り　143
繊維飽和点　11
全折れ階段　122
潜かん（函）工法　6
せん（剪）断破壊　45
せん（剪）断付着破壊　88
せん（剪）断補強　42, 44, 45
せん（栓）ボルト　14

■そ
総掘り（またはべた掘り）　4
添え板継ぎ　12
添え板継手　78
添えげた（桁）　19
添え胴差し　18
そぎ（殺ぎ）継ぎ　12, 180
粗骨材　35
組積造　90
そば（傍）軒　25
そり（反り）破風　104, 182
そろばんレール　174

■た
耐X線床　162

耐火被覆　85
太鼓落し丸太　28
耐震壁　46
大せん（栓）　14
台直し　101
耐熱ガラス　193
台持継ぎ　12, 14
ダイヤフープ　44
耐力壁　55, 56, 97
タイル張り　150, 160
高羽目　141
たてがまち（縦・竪框）　141
建具金具　171
建具の開閉方式　165
建具わく（枠）　166
たて（縦・竪）格子　168
たてどい（縦・竪樋）　119
たて（縦・竪）羽目　141
縦目地　91
たてやりかた（縦・竪遺形）　3, 179
たてわく（縦・竪枠）　166
谷　104
谷そでがわら（袖瓦）　108, 187
谷面戸　187
だぼ（太柄）　14
玉石地業　5
玉　縁　142
たる（垂）木　19, 23, 32, 181
たる（垂）木型　182
たる（垂）木彫り　23
単一ばり（梁）　77
単筋ばり（梁）　43
短ざく（冊）金物　14
ターンバックル　80
短ほぞ（柄）　180
断面欠損　79

■ち
力板　169
力げた（桁）　124
力ぬき（貫）　19, 21
力根太　30
力　骨　169
柱間帯　46
中空材　167
中性化　34
柱列帯　46
超音波探傷試験　76
調　合　182
調合強度　36
丁　番　171
直階段　12

索引

ちり（塵）除き網　119

■つ
対づか（束）小屋組　26
つか（束）石　28
つか（束）立て床　29
突合せ継手　73
突合せ溶接　73
突固め　179
突出し窓　170
継手　11, 50, 77
付いなご（稲子）　133
付子　169
付け柱　140
突付け　133
突付け継ぎ　12
ツー・バイ・フォー構法　31
ツー・バイ・フォー材　31, 182
つぼ（壺）掘り　3
妻合掌組　25
妻部　25, 105
つまみ（撮み）　175
つめ形ジベル　15
つりあい鉄筋比　43
つり（釣）木　129, 130
つり（釣）木受け　130
つり（釣）車（ドア・ハンガー）　174
釣子　114
つりづか（釣束）　25
つり（釣）天井　129
つり（釣）屋根構造　64

■て
T形ばり（梁）　40, 183
定着　48
定着具　61
定着装置　61
T継手　78
手すり（摺）子　124
手すり（摺）高さ　122
手違いかすがい（鎹）　14
デッキガラス　117
鉄筋　37
鉄筋コンクリート構造　33
鉄筋コンクリート式　87
鉄筋コンクリート用棒鋼　37
鉄筋の周長　38
鉄骨構造　64
鉄骨式　87
鉄骨鉄筋コンクリート構造　87
照り破風　25, 182
テルミット溶接　51, 73

電気利用錠　175
天井　129
天井板　134
天井裏　129
天井下地構造　129
天井高さ　122, 129
天井ぬき（貫）　21
テンションオペレーター　174
電導セラミックタイル　163
電導テラゾ　163
電導ビニールタイル　163
電導床　162
天然軽量骨材　36

■と
戸当り　166, 174
ドアチェック　174
とい（樋）　18
土居ぶき（葺）　107
等価開口周比　47
等価断面　43
胴くぎ（釘）打ち　111
胴差し　18, 181
通し付子　114
通しぬき（貫）　21
胴突き　181
胴ぬき（貫）　21
胴縁　139
独立基礎　8
時計錠　175
溶け込み不良　76
トーションオペレーター　174
土蔵造り　21
土蔵扉　188
塗膜防水　188
土台　16, 181
取手　175
トップ筋　42
利根丸がわら（瓦）　187
飛ばり（梁）　23
留め　181
ともえがわら（巴瓦）　108, 187
トラス構造　64
トラスばり（梁）　30
トラックレール　174

■な
ナイトラッチ　175, 192
中空き階段　122
中げた（桁）階段　126
長継仕口　14, 181
長手　90

長手積み　92
中張り　148
長ほぞ（柄）　180
流れ　104
流れ破風　25, 182
投掛けばり（梁）　23
なげし（長押）　134, 141
なげしびき（長押挽き）　140
なつめ　175
鉛ガラス　193
波形亜鉛鉄板張り　145
波形ガラス　189
波形ガラスぶき（葺）　188
波形スレートぶき（葺）　112
波形石綿スレート張り　143
波形プラスチック板張り　147, 190
波形プラスチック板ぶき（葺）　188
並さんがわら（桟瓦）　185
並平がわら（瓦）　186
並丸がわら（瓦）　108, 187
なわ（縄）張り　2
南京落し　192

■に
握り玉　175
二重ばり（梁）　23
二重回り縁　133, 189
二重回り縁さるぼう（猿頬）回し
　　134
荷ずり（摺）木　137
二枚ほぞ（柄）　180
二面せん（剪）断　18
ニューマティックケーソン　6

■ぬ
布基礎　8
布張り　136, 149
布掘り　4
塗込みぬき（貫）　21
塗り天井　136

■ね
根がらみぬき（根搦貫）　28
根切り　3
ねこま（猫間）障子　169, 192
ねじ継手　51, 183
ねじり（捩り）座屈　83
根太掛け　17, 28
根太床　28
熱間圧延異形棒鋼　37
熱間圧延棒鋼　37
熱線吸収ガラス　193

熱線反射ガラス　193
ネットシャッター　170
眠り目地　94, 160
年　輪　10

■の
野石積み　93
軒げた（桁）　19
軒　先　23
軒先包み板　114
軒付け　107
野づら（面）　93
軒どい（樋）　118
のこぎり（鋸）小屋組　25
のこぎり（鋸）屋根　186
のしがわら（熨斗瓦）　186
伸　び　66
野縁受け　131
野縁小骨　131
登り広こまい（小舞）　25
登りよど（淀）　25
野　物　16
ノンスリップ　124

■は
配付け合掌組　25
はいどい（這樋）　119
バイブロフローテーション工法　179
配力筋　46
羽重ね　133
パーカッションボーリング　179
はかま（袴）板　65
パーケット張り　159, 191
パーケットブロック　191
羽子板ボルト　14
箱階段　125
箱形構造　100
箱金物　14
箱格縁板張り天井　133
箱　錠　175, 192
箱目地下見　140
端せん（栓）　14
端根太　31
パーシャルプレストレッシング方式　61
柱　181
旗丁番　173
パテ止め　177
鼻隠し　23
パニロック　175, 192
ばね丁番　173
幅　木　137

幅止め筋　42
破風板　25
羽目板張り　141
はめ（嵌め）殺し窓　170
はめ（嵌め）継ぎ　12
腹起し　4
張付け戸　167, 192
はり（張り）床　30
バルーン構法　31
板金材　167
パンチングシャー破壊　49

■ひ
火打土台　17
火打ばり（梁）　30, 182
引違い窓　170
引抜き材　167
ひし（菱）形ぶき（葺）　112, 188
ＰＣ鋼材　60
ＰＣ鋼線　60
ＰＣ鋼棒　60
ＰＣ鋼より線　60
非充腹ばり（梁）　77
非耐力壁　151
引掛けさんがわら（桟瓦）　187
引掛けさんがわらぶき（桟瓦葺）　109
ピッチビーム　30
ビット　76
引張り筋　42
引張り接合　72
引張り強さ　66
引張りボルト　14
ビード　72
ビニールクロス張り　149
ビニールタイル　159, 191
非破壊検査　76
被覆アーク溶接　72
ピボットヒンジ　173
病院丁番　173
標準貫入試験　2
標準ボルト張力　72
平板ガラスぶき（葺）　116
平かすがい（鎹）　14
平合掌組　25
平から草がわら（平唐草瓦）　108, 187
平がわら（瓦）　108, 186
開き窓　170
開き窓ハンドル　175
平　車　174
平勾配　106

平天井　129
平ほぞ（柄）　180
平やりかた（遣形）　3
平ラスボード　131
平レール　174
比例限度　66
疲労破壊　84
広こまい（小舞）　25
ひわだ（檜皮）　107, 186
ひわだぶき（檜皮葺）　107

■ふ
ファスナー　139, 151
深くぼ（窪）がわら（瓦）　186
ふき足（葺足）　107
吹寄せ　134, 187
吹寄せまいら戸（舞良戸）　192
複合板張り　145
複層ガラス　193
複配筋　48
ふすま（襖）　169
付　着　38
付着強度　38
普通板ガラス　192
普通丁番　171
普通れんが（煉瓦）　90
腹　筋　42
複筋ばり（梁）　43
フック　51
フックボルト　115
舟底天井　129
フープ　44
部分溶け込み溶接　73
踏　板　124
踏づら（面）　121
プラスチック製建具　169
フラッシュドア　169
フラットフォーム構法　31
フランス落し　192
フランスがわらぶき（瓦葺）　187
フランス丁番　171
フランス積み　92
フリクションヒンジ　171
プリズムガラス　193
フルプレストレッシング方式　61
プレストレッシング　61
プレストレストコンクリート構造　59
プレストレス力有効率　62
プレテンション方式　61
プレートばり（梁）　77
振れ止め　30

索 引

フロアヒンジ　173
ブロック割　101
フロートガラス　191
ブローホール　76
フローリングブロック　158

■へ

平板載荷試験　2
ペイブメントガラス　117
併用継手　77
壁体　16
ベースプレート　117
べた基礎　8
べた張り　148
へり（縁）継手　78
辺材（白太）　10
ベンチマーク　3
ベント筋　42

■ほ

防火シャッター　170
方形（ほうぎょう）張り　161
方形屋根　105
放射線透過試験　76
棒状形天井　134, 189
方づえ（杖）　25
坊主ふすま（襖）　169, 192
ほぞ（柄）　180
細長比　82
補強コンクリートブロック造　95
ポストテンション方式　61
ボーリング　1
ボルト　14
ボルト接合　69
ボルトランドセメント　35
ボールベアリングヒンジ　171
ホローシャッター　170
本いなご（稲子）　133
本がわらぶき（瓦葺）　109

■ま

まいら戸（舞良戸）　167, 192
まぐさ（楣）　16, 99
まくら座金　115
孫障子　192
摩擦ぐい（杭）　5
摩擦接合　72
摩擦損失　62
まさ（柾）目　10
間仕切り土台　17
まだ固まらないコンクリート　36
待ほぞ（柄）　180

窓台　16
招き屋根　186
間柱（まばしら）　16, 21
丸落し　192
丸がわら（瓦）　108, 187
丸鋼　37
丸のしがわら（熨斗瓦）　110
回り階段　122
回り縁　133
マンサード屋根（腰折れ屋根）　186

■み

みがき（磨き）以下ガラス　192
見切り縁　140
水返し　166
水切り　145
水切り目地　94
水ぐい（杭）　3
水勾配　166
水腰障子　169, 192
水セメント比　36
水ぬき（貫）　3
水盛り　3
みぞ（溝）形ガラス（プロフィリットガラス）張り　147, 190
みぞ（溝）形鋼ばり（梁）　30
みぞ（溝）付き車　174
みの（箕）甲　25, 182

■む

むくり（起り）破風　25, 182
むくり（起り）屋根　104
むな（棟）木　23
むね（棟）　104

■め

目板がわら（瓦）　186
目板張り　133, 141
目かすがい（鎹）　14
めがわら（牝瓦）　186
目地　90
目地彫り　91
目透し　133
メタルラス　131, 188
メタルラス下地　131, 149
目違いほぞ（柄）　180
目つぶし（潰）砂利　5
面戸　25
面戸板　25
面戸がわら（瓦）　108, 187
面取りさんがわら（桟瓦）　187

■も

もく（杢）　10
木質繊維板張り　159, 190
木製建具　167
木ねじ　15
木片セメント　142
木片セメント板　190
木毛（もくもう）セメント板　135, 142, 190
木毛セメント板下地　149
木毛セメント板張り　143
木理（または木目）　10
モザイクタイル　161
モザイクパーケットフローリング　191
文字合せ錠　175
元口　12
モノロック　175, 192
もや（母屋）　23, 181
モルタル防水　117

■や

矢板　4
やっこさん　187
雇いざねはぎ（実矧ぎ）　133, 141
屋根勾配　106
破り目地　91
山形ラーメン　64, 184
大和張り　141
山止め構　3
やりかた（遣形）　3
ヤング係数　37, 38, 66
ヤング係数比　43

■ゆ

有効断面積　79
有効長さ　74
有効のど厚　74
融合不良　76
有効プレストレス力　62
ゆう（釉）薬がわら（瓦）　186
床組　26
床づか（束）　28
床ばり（梁）　30
行合継ぎ　12
雪止めがわら（瓦）　187
雪見障子　169

■よ

洋がわらぶき（葺）　110
溶接　72
溶接金網　37

溶接記号　73
溶接欠陥　73, 76
溶接姿勢　73
溶接継手　51
溶接継目　72
　　——の許容応力度　74
　　——の有効面積　74
洋風小屋組　25
横座屈　80, 83
横ざる（猿）　192
横羽目　141
横目地　91
寄せ木　158
寄せ木張り　158
寄せむね（棟）小屋組　25
寄せむね（棟）屋根　105
よど（淀）　25
よびどい（呼樋）　119
よろい（鎧）下見　140

■ら
ラスボード　131, 149
ラスボード下地　131, 149
らせん（螺旋）階段　122, 126

ラーメン構造　33, 64
乱形（らんぎょう）張り　161

■り
立体トラス構造　64
リノリウム　191
リノリウムタイル　159, 191
リノリウム張り　160
リブプレート　85
リブラス　132
リベット接合　67
両自由開き丁番　173
リラクセーション　60
リラクセーション値　60, 184
理論のど厚　74, 76
リングシャッター　170

■る・れ・ろ
累加強度式　87
ルーフドレイン　118
レバーハンドル　175
レール　174
連子　168
ろう溶接　73

ろくばり，またはりくばり（陸梁）　25
ろく（陸）屋根　105, 117
ローズピンヒンジ　171
ローソク石　179
ローソク地業　179

■わ
ワイヤーラス　131, 188
輪形ジベル　15
ワーカビリティ　36
別れ継ぎ　12
わく（枠）組壁構（工）法　21, 31
渡し掛仕口　14, 181
和たたき（叩き）　157
渡りあご（腮）　181
輪なぎほぞ（薙枘）　180
和風小屋組（または和小屋）　22
笑　う　133
わらび（蕨）手金物　107
割くさび（楔）　14
割ぐり（栗）石　5
割ぐり（栗）地業　5
割のしがわら（熨斗瓦）　110

＜著者紹介＞

江上外人（えがみ　ほかと）

1940年　福井高等工業学校（現福井大学）建築科卒業

略　歴　逓信省中央航空研究所，株式会社 熊谷組・福井県建築課を経て，福井大学工学部建築学科教授を退官ののち，福井工業大学建設学科教授を経て，元福井工業大学名誉教授・工学博士

著　書　「分り易く図で学ぶ　建築構造力学」（共立出版）

林　静雄（はやし　しずお）

1971年　東京工業大学建築学科卒業

略　歴　福井大学工学部建築学科助教授，東京工業大学材料研究所助教授を経て，東京工業大学名誉教授・工学博士

分り易く図で学ぶ
建築一般構造
第2版

1984年11月 1日　初版 1刷発行
1999年 2月20日　初版30刷発行
2001年 3月15日　第2版 1刷発行
2025年 2月25日　第2版15刷発行

検印廃止
NDC 524

ISBN 978-4-320-07668-6

著者　江上外人 © 1984, 2001
　　　林　静雄

発行　**共立出版株式会社**／南條光章
　　　東京都文京区小日向4丁目6番19号
　　　電話 東京(03)3947-2511番（代表）
　　　郵便番号 112-0006
　　　振替口座 00110-2-57035番
　　　URL www.kyoritsu-pub.co.jp

印刷
製本　真興社

一般社団法人
自然科学書協会
会員

Printed in Japan

JCOPY ＜出版者著作権管理機構委託出版物＞

本書の無断複製は著作権法上での例外を除き禁じられています．複製される場合は，そのつど事前に，出版者著作権管理機構（TEL：03-5244-5088，FAX：03-5244-5089，e-mail：info@jcopy.or.jp）の許諾を得てください．

■建築学関連書

www.kyoritsu-pub.co.jp 共立出版

現場必携 建築構造ポケットブック 第6版
建築構造ポケットブック編集委員会編　ポケット判・926頁

机上版 建築構造ポケットブック 第6版
建築構造ポケットブック編集委員会編・・・・四六判・926頁

建築構造ポケットブック 計算例編
建築構造ポケットブック編集委員会編・・・・四六判・408頁

15分スケッチのすすめ 日本的な建築と町並みを描く
山田雅夫著・・・・・・・・・・・・・・・・・・・・・・A5判・112頁

建築法規 第2版増補（建築学の基礎 4）
矢吹茂郎・加藤健三著・・・・・・・・・・・・・A5判・336頁

西洋建築史（建築学の基礎 3）
桐敷真次郎著・・・・・・・・・・・・・・・・・・・A5判・200頁

近代建築史（建築学の基礎 5）
桐敷真次郎著・・・・・・・・・・・・・・・・・・・A5判・326頁

日本建築史（建築学の基礎 6）
後藤　治著・・・・・・・・・・・・・・・・・・・・・A5判・304頁

建築材料学
三橋博三・大濱嘉彦・小野英哲編集・・・・・・・A5判・310頁

新版 建築応用力学
小野　薫・加藤　渉共著・・・・・・・・・・・B5判・196頁

SI対応 建築構造力学
林　貞夫著・・・・・・・・・・・・・・・・・・・・・A5判・288頁

建築構造計画概論（建築学の基礎 9）
神田　順著・・・・・・・・・・・・・・・・・・・・・A5判・180頁

鋼構造の性能と設計
桑村　仁著・・・・・・・・・・・・・・・・・・・・・A5判・470頁

建築基礎構造
林　貞夫著・・・・・・・・・・・・・・・・・・・・・A5判・192頁

鉄筋コンクリート構造 第2版（建築学の基礎 2）
市之瀬敏勝著・・・・・・・・・・・・・・・・・・A5判・240頁

木質構造 第4版（建築学の基礎 1）
杉山英男編著・・・・・・・・・・・・・・・・・・A5判・344頁

実用図学
阿部・榊・鈴木・橋寺・安福著・・・・・・・B5判・138頁

住宅デザインの実際 進化する間取り/外断熱住宅
黒澤和隆編著・・・・・・・・・・・・・・・・・A5判・172頁

設計力を育てる建築計画100選
今井正次・櫻井康宏編著・・・・・・・・・・・B5判・372頁

建築施工法 最新改訂4版
大島久次原著／池永・大島・長内共著・・・・・・A5判・364頁

既存杭等再使用の設計マニュアル（案）
構造法令研究会編・・・・・・・・・・・・・・・A4判・168頁

建築・環境音響学 第3版
前川純一・森本政之・阪上公博著・・・・・・・・・A5判・282頁

都市の計画と設計 第3版
小嶋勝衛・横内憲久監修・・・・・・・・・・・・・B5判・260頁

都市計画 第3版増補
日笠　端・日端康雄著・・・・・・・・・・・・・・・A5判・376頁

都市と地域の数理モデル 都市解析における数学的方法
栗田　治著・・・・・・・・・・・・・・・・・・・・・B5判・288頁

風景のとらえ方・つくり方 九州実践編
小林一郎監修／風景デザイン研究会著・・・・・・B5判・252頁

景観のグランドデザイン
中越信和編著・・・・・・・・・・・・・・・・・・・A5判・192頁

東京ベイサイドアーキテクチュアガイドブック
畔柳昭雄＋親水まちづくり研究会編・・・・・・B6判・198頁

火災便覧 第4版
日本火災学会編・・・・・・・・・・・・・・・・・A5判・1580頁

基礎 火災現象原論
J.G.Quintiere著／大宮喜文・若月　薫訳・・・・・B5判・216頁

はじめて学ぶ建物と火災
日本火災学会編・・・・・・・・・・・・・・・・・B5判・194頁

建築防災（建築学の基礎 7）
大宮・奥田・喜々津・古賀・勅使川原・福山・遊佐著 A5判・266頁

都市の大火と防火計画 その歴史と対策の歩み
菅原進一著・・・・・・・・・・・・・・・・・・・・・A5判・244頁

火災と建築
日本火災学会編・・・・・・・・・・・・・・・・・B5判・352頁

造形数理（造形ライブラリー 01）
古山正雄著・・・・・・・・・・・・・・・・・・・B5変型判・220頁

素材の美学 表面が動き始めるとき…（造形ライブラリー 02）
エルウィン・ビライ著・・・・・・・・・・・・・B5変型判・200頁

建築システム論（造形ライブラリー 03）
加藤直樹・大崎　純・谷　明勲著・・・・・・B5変型判・224頁

建築を旅する（造形ライブラリー 04）
岸　和郎著・・・・・・・・・・・・・・・・・・・B5変型判・256頁

都市モデル読本（造形ライブラリー 05）
栗田　治著・・・・・・・・・・・・・・・・・・・B5変型判・200頁

風景学 風景と景観をめぐる歴史と現在（造形ライブラリー 06）
中川　理著・・・・・・・・・・・・・・・・・・・B5変型判・216頁

造形力学（造形ライブラリー 07）
森迫清貴著・・・・・・・・・・・・・・・・・・・B5変型判・248頁

論より実践 建築修復学（造形ライブラリー 08）
後藤　治著・・・・・・・・・・・・・・・・・・・B5変型判・198頁